全国高职高专经济管理专业“十三五”规划精品教材·会计类

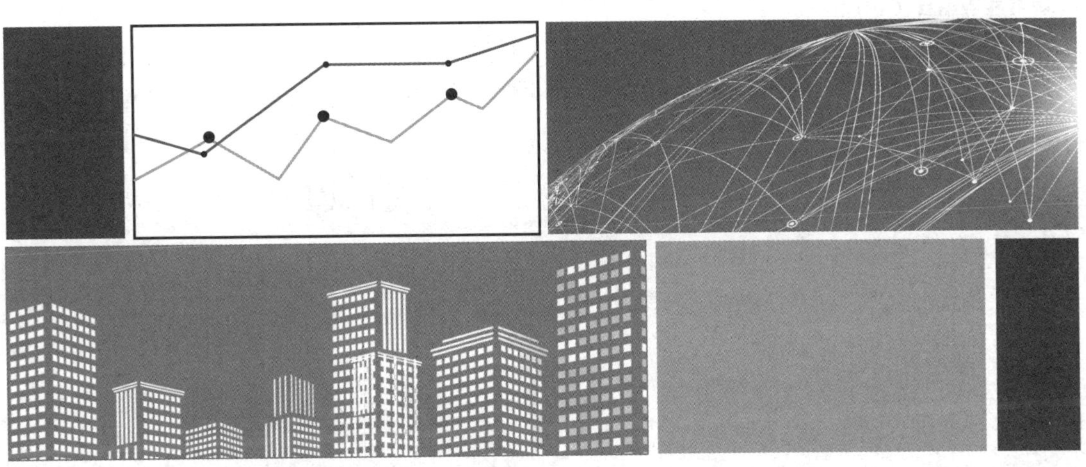

成本会计实务

主　编　金爱茹　梁　君　刘　锦
主　审　谢　轩
副主编　张丽丽　龚海洁　李艳艳

華中科技大學出版社
http://www.hustp.com
中国·武汉

图书在版编目(CIP)数据

成本会计实务/金爱茹,梁君,刘锦主编. —武汉：华中科技大学出版社,2019.1(2021.8 重印)
ISBN 978-7-5680-4229-1

Ⅰ.①成… Ⅱ.①金… ②梁… ③刘… Ⅲ.①成本会计 Ⅳ.①F234.2

中国版本图书馆 CIP 数据核字(2019)第 005951 号

成本会计实务 金爱茹 梁 君 刘 锦 主编

Chengben Kuaiji Shiwu

策划编辑：聂亚文
责任编辑：史永霞
封面设计：优 优
责任监印：朱 玢

出版发行：华中科技大学出版社(中国·武汉) 电话：(027)81321913
武汉市东湖新技术开发区华工科技园 邮编：430223

录 排：华中科技大学惠友文印中心
印 刷：武汉市籍缘印刷厂
开 本：787mm×1092mm 1/16
印 张：16.5
字 数：420 千字
版 次：2021 年 8 月第 1 版第 2 次印刷
定 价：42.00 元

前言

成本会计实务是财务会计类专业的一门核心专业课。为了适应高职高专成本会计教学改革的需要，突出成本会计核算技能的培养，我们把在成本会计课程教学中所积累的经验融入教材之中，使本书在实际教学中发挥更好的作用。

本书结合我国会计改革及有关成本管理制度的要求，吸收我国会计工作和会计教学的实践经验以及同类教材的优点编写而成。本书共十个项目，系统介绍了认识成本会计、成本核算基本程序、生产费用的归集与分配、生产费用在完工产品和在产品之间分配的方法、产品成本计算的品种法、产品成本计算的分批法、产品成本计算的分步法、产品成本计算的辅助方法、标准成本法、变动成本法和作业成本法、成本报表。

本书从"理论够用为度，重在实践技能"的职业教育目的出发，按照着重掌握成本会计实用技能的指导方针来安排教材的结构和内容，使本书结构合理、深浅适中，易于实践操作。此外，本书围绕教材内容，精心设计了大量例题，在重点项目之后配有技能训练，最后附有综合实训，便于学习和掌握本课程的岗位技能。

本书既可作为高职高专院校会计及相关专业的教学用书，也可作为在职财务会计人员的培训及自学参考书。

本书由秦皇岛职业技术学院金爱茹、梁君、刘锦担任主编，秦皇岛职业技术学院张丽丽、河北建材职业技术学院龚海洁、河北裕泰实业集团有限公司李艳艳担任副主编，秦皇岛职业技术学院谢轩主审。

本书在编写过程中参考了相关的著作文献，在此向原编著者表示衷心的感谢！

由于编者水平有限，书中难免存在不足和错漏之处，恳请读者批评指正。

编　者

2018 年 7 月

目录

项目1 认识成本会计

【知识目标】

掌握成本、费用的含义，理解广义成本与狭义成本、理论成本与现实成本的联系与区别；熟练掌握成本会计对象；了解成本会计的职能、成本会计的工作组织。

【能力目标】

掌握特定的企业怎样结合本单位的具体情况合理选择成本核算方式，科学设置成本会计机构，配备什么样的成本会计人员，制定哪些成本会计管理制度。

任务1 认识成本

一、成本的概念

所谓成本，是指企业为生产一定数量和种类的产品或为提供一定数量和种类的劳务而发生的各种耗费。它是按一定对象归集的费用，是对象化了的费用。而费用则是指企业在日常活动中发生的、会导致所有者权益减少的、与所有者分配利润无关的经济利益的总流出，也就是指企业在一定时期内，为生产和销售商品及提供劳务等日常活动中所发生的各种耗费。

生产活动是人类最基本的活动，在生产活动中，为获得一定的经济利益必须发生各种各样的耗费。而工业企业在生产过程中发生的耗费主要有消耗的材料、支付工人的工资、机器运转发生的磨损费用和维修费用等；在销售过程中发生的耗费主要有推销费用；为组织和管理生产经营活动而发生的办公费、水电费等。但是，企业发生的这些费用并不全部构成产品的成本，只有在生产过程中发生的各种生产耗费，即生产费用才能够作为产品成本，也就是说，只有生产费用才是产品成本的基础，而产品成本则是生产费用的归宿。从不同的角度看，成本有着不同的含义。

（一）产品的理论成本与产品的现实成本

产品的理论成本是指马克思主义的政治经济学中所指的成本。产品生产是物质生产企业的基本活动。产品的生产过程，同时也是物化劳动和活劳动的消耗过程。在社会主义市场经济中，产品的价值是由生产中消耗的生产资料价值（c）、劳动者为自己的劳动所创造的价值（v）和劳动者为社会创造的价值（m）这三个部分组成的。从理论上讲，产品的成本是指产品的价值减去劳动者为社会创造的价值，是补偿所消耗的生产资料价值和所使用的劳动力价值的部分货币表现，也就是企业在生产经营过程中所耗费的生产资料价值（c）和劳动者为自己的劳动所创造的价值（v）的总和（即 $c+v$）。它既是生产耗费的反映，又是生产补偿的尺度。因为只有当产品销售出去以后，产品价值（w）得以实现，才能补偿生产过程中垫支的成本（$c+v$），剩余价值（m）也才能得以实现。因此，理论成本包括了构成产品价值的全部耗费，既包括生产过程中发生的耗费，也包括销售过程中为实现产品价值发生的耗费，还包括管理生产经营活动以及筹集生产经营资金所发生的耗费。

产品的现实成本是指实际工作中计算的产品生产成本。在实际工作中，为了促使工业企业加强经济核算，节约生产耗费，减少生产损失，便于进行产品成本计算，某些不形成产品价值的损失（例如废品损失、停工损失）也作为生产费用计入产品成本。而某些形成产品价值的耗费，如工业企业为销售产品而发生的销售费用、为组织和管理生产经营活动而发生的管理费用，因其大多按时期发生，难以按产品归集，为了简化成本核算工作，都不计入产品成本，而作为期间费用核算，直接计入当期损益。因此，“现实成本”仅指产品制造过程中发生的耗费，不是企业为生产产品所发生的全部耗费。现实成本可以称为产品生产成本，也可以称为产品制造成本。本教材所讲的成本，通常是指现实成本。

（二）广义成本与狭义成本

广义成本是指凡是为取得一定的资产或为提供一定的劳务而发生的各种耗费，主要包括了存货的采购成本、产品的生产成本、股票和债券的投资成本、固定资产和无形资产的投资成本以及产品的销售成本等；狭义上的成本通常是指产品的生产成本。本教材所讨论与计算的成本就是工业企业为制造产品而发生的生产成本，即狭义上的成本概念。

（三）产品成本与生产费用

产品成本与生产费用有着密切的联系，生产费用是企业一定时期内生产经营活动中所发生的各种耗费，产品成本则是将这些耗费归属于某一特定产品。但是，生产费用与产品成本仍有很大区别：生产费用是以时期为归集对象，反映企业在一定时期内（如一个月）发生的、用货币表现的生产耗费，它强调耗费的期间性；而产品成本则是以产品为归集对象，反映企业为生产一定种类和一定数量的产品所支出的各种生产费用的总和，它强调了耗费的针对性而不论其发生在哪个时期。只有生产费用对象化于产品，才能称为产品成本。

二、成本的作用

成本的经济实质和客观内容决定了成本在经济管理工作中具有重要的作用，主要表现在以下几个方面：

（一）成本是生产耗费的补偿尺度

为了保证企业再生产的不断进行，企业在生产过程中的耗费必须得到补偿。而企业的生产耗费往往是用自己的商品销售收入得以补偿的。整个补偿数额的多少，是以成本作为衡量尺度的。只有生产过程的耗费得到补偿，企业的生产经营才能顺利进行，否则，企业正常生产所需资金就会短缺，就不能按照原有的规模进行。另外，成本也是划分生产耗费和纯收入的依据，在收入一定的情况下，成本越低，利润就越多。由此可见，成本作为生产耗费的补偿尺度对正确确定企业损益，处理企业和国家之间的分配关系，也有重要的意义。

（二）成本是制定产品价格的重要依据

在商品经济中，产品价格是产品价值的货币表现。因此，在制定产品价格时，无论是企业还是国家都应遵循价值规律的基本要求。成本是产品价格制定的最低经济界限。如果商品的价值低于其成本，企业生产经营费用就不能全部由商品销售收入补偿。所以，成本是制定产品价格的重要依据。但是，产品定价是一项复杂的工作，应当考虑的因素很多，如国家的价格政策及其他经济政策，各种产品的比价关系，产品在市场上的供求关系，市场上的竞争形势等，因而，产品成本只是产品定价的一个重要因素，但不是全部因素。

（三）成本是企业进行预测、决策和分析的重要依据

在市场经济条件下，市场竞争异常激烈。企业要在激烈的市场竞争中取胜，就要面向市场，对生产计划的安排、新产品的开发等都应采用科学的现代化管理手段进行预测，从而做出正确的决策。同时，为了更好地对企业的生产经营活动进行管理和控制，还必须定期或不定期地对企业的生产经营情况进行分析，从而采取有效措施，促进企业完成各项计划任务。

（四）成本是综合考核企业工作质量的重要指标

成本是一项综合性的经济指标，可以直接或间接反映企业经营管理中各方面的工作业绩。如产品设计的好坏，生产工艺的合理程度，固定资产的利用情况，劳动生产率的高低，产品质量的好坏，原材料的利用程度以及供、产、销各个环节是否衔接协调等，最终都会通过成本进行反映。因此，成本是综合考核企业工作质量的重要指标。企业可以通过对成本计划、控制、监督、考核和分析等来促使企业和内部各单位加强经济核算，努力改进管理，降低成本，提高经济效益。

任务 2 成本会计的对象和职能

一、成本会计的概念

成本会计是以提供成本信息为主要内容的一个会计分支，它是以成本为对象，主要应用于生产经营企业的一种专业会计。成本会计是为了适应经济发展的需要而产生的，并随着经济发展的需要在不断地发展和完善。成本有广义成本和狭义成本之分，与之相适应，成本会计也有广义和狭义之分。

广义的成本会计就是成本管理，它是成本核算与现代管理的结合，它是根据成本核算和其他资料，采用数学和统计的原理和方法，按照最优化的要求，对企业的生产经营活动进行预测、

决策、计划、控制、核算、分析和成本考核，促使企业生产经营实现最优化运行，提高企业的经济效益和竞争力。广义的成本会计包括成本预测、成本决策、成本计划、成本控制、成本核算、成本分析和成本考核等方面的内容。

狭义的成本会计通常是指成本核算的内容。成本核算是企业按照一定的程序、标准和方法，对其发生的各项费用进行归集和分配，从而计算出产品总成本和单位成本的一系列程序和方法。本教材主要介绍狭义的成本会计内容，关于广义成本会计的其他内容，则在企业财务管理等相关课程中加以介绍。

成本会计是根据会计资料和其他有关资料，运用财务会计方法，对企业生产经营活动中的成本进行预测、决策、控制、核算、分析和考核，促使企业降低成本，不断提高经济效益的一种管理活动。成本会计是适应成本管理的需要形成的，同时又是成本管理的重要组成部分，成本管理是企业为降低成本所进行的各项管理工作的总称，为适应成本管理的要求，企业必须及时提供可靠的成本信息。成本会计的主体应当是企业，各种类型的企业都应有成本会计。由于工业企业的生产活动是企业生产活动最典型的形式，通常以工业企业为主体来设计成本会计学科体系，但成本会计的基本方法和原则，也同样适用于施工企业、交通运输企业等其他各类企业。

成本核算是成本会计的最基础、最核心的内容。在我国，成本核算和成本会计工作要根据会计准则及相关的成本管理法规进行。成本会计提供的资料是财务会计进行资产计价和利润计算的必要依据，但成本会计只是提供企业内部管理使用的会计信息。

二、成本会计的对象

成本会计的对象是指成本会计反映和监督的具体内容。一般来讲，成本所包括的内容，也就是成本会计应该反映和监督的内容。概括来讲，成本会计的对象是企业生产经营过程中发生的产品生产经营成本和期间费用。由于不同行业的生产经营特点不同，各行业成本会计所要反映和监督的具体内容也有所不同。下面以工业企业的生产经营活动为例，说明其成本会计对象的具体内容。

工业企业的基本生产经营活动是生产和销售产品。在生产过程中，企业从原材料投入到产品制成，一方面会发生各种各样的生产耗费，另一方面也会制造出产品来。这一过程中的生产耗费，包括劳动资料与劳动对象等物化劳动耗费和活劳动耗费两大部分。其中，房屋、机器设备等作为固定资产的劳动资料，通过计提折旧的方式，逐渐地、部分地转移到所制造的产品中去，构成产品生产成本；原材料等劳动对象，其价值一次性全部地转移到新产品中去，也构成产品生产成本；生产过程中劳动者为自己劳动所创造的那部分价值，则以工资形式支付给劳动者，这部分工资也构成产品生产成本。由此可见，工业企业在产品生产过程中发生的各种生产耗费，主要包括了原料及主要材料、辅助材料、燃料等的各种劳动对象的耗费，生产单位（如分厂、车间）固定资产计提的折旧，直接生产人员及生产单位管理人员的工资以及其他一些货币支出等。所有这些耗费，构成了工业企业在产品制造过程中的全部生产费用，而为生产一定种类和一定数量产品而发生的各种生产费用支出的总和，就构成了产品的生产成本。工业企业在生产过程中各种生产费用的支出和产品生产成本的形成，就是工业企业成本会计要反映和监督的主要内容。

企业在销售产品过程中，也会发生各种各样的费用支出。如销售过程中应由企业负担的运输费、装卸费、包装费、保险费、展览费、广告费，以及为销售本企业商品而专设销售机构发生的各种费用等。所有这些为销售本企业产品而发生的费用，构成了企业的销售费用。销售费用也是企业在生产经营过程中所发生的一项重要费用，它的归集和结转过程也是成本会计所反映和监督的一项内容。

企业的行政管理部门为组织和管理生产经营活动，也会发生各种各样的费用。如企业行政管理部门人员的工资、差旅费、固定资产折旧、业务招待费、坏账损失等，这些费用构成了企业的管理费用。管理费用也是企业在生产经营过程中所发生的一项重要费用，它的归集和结转过程也是成本会计所反映和监督的一项内容。

企业为筹集生产经营所需资金等也会发生一些费用，如利息净支出、汇兑净损失、金融机构的手续费等，这些费用构成了企业的财务费用。财务费用也是企业在生产经营过程中发生的费用，它的归集和结转过程也是成本会计反映和监督的一项内容。

由此可见，工业企业成本会计的对象包括产品的生产成本和期间费用。

虽然商品流通企业、交通运输企业、施工企业、农业企业等其他行业企业的生产经营过程各有其特点，但按照现行企业会计准则和会计制度的有关规定，从总体上看，它们在生产经营过程中所发生的各种费用，同样是一部分形成企业的生产经营业务成本，另一部分则作为期间费用直接计入当期损益。因此，成本会计的对象可以概括为各行业企业生产业务的成本和期间费用。

三、成本会计的职能

成本会计的职能，是指成本会计在企业生产经营管理中的功能。成本会计的职能一般包括成本预测、成本决策、成本计划、成本控制、成本核算、成本分析和成本考核七个方面。

（一）成本预测

成本预测是事前根据历史成本资料及可能发生的发展变化和将要采取的各项措施，运用一定的专门方法，对未来的成本水平及其发展趋势做出的科学测算。成本预测有助于企业管理人员了解成本的发展前景，从而减少生产经营管理的盲目性，提高成本管理的前瞻性和科学性。进行成本预测，可以充分挖掘降低成本、费用的潜力。

（二）成本决策

成本决策是指根据成本预测的数据和其他有关资料，制订出优化成本的各种备选方案，运用一定的决策理论和方法，对各个备选方案进行比较分析，从中选择最优方案、确定目标成本的过程。成本决策是企业经营管理决策的重要组成部分。进行成本决策，确定目标成本是编制成本计划的前提，也是实现成本的事先控制、提高经济效益的重要途径。

（三）成本计划

成本计划是根据成本决策所确定的目标成本，按照计划期的生产任务、降低成本的要求以及有关资料，运用一定的方法，具体规定在计划期内为完成生产经营任务所应支出的成本、费用，并提出为达到规定的成本、费用所应采取的各项措施。成本计划是企业财务计划的重要组成部分，是企业降低成本、费用的具体目标，也是企业进行成本控制、成本分析和成本考核的依据。编制成本计划，也是进一步挖掘降低成本、费用潜力的过程。

（四）成本控制

成本控制是指在生产经营过程中，根据成本计划预定的目标，对实际发生或将要发生的成本、费用进行审核，并与成本计划进行比较，检测实际成本偏离成本计划的程度，评价其是否符合预定目标的要求，发现问题，及时采取措施进行处理。

上述的这种成本控制，可称为成本的事中控制。成本的事中控制可以监督成本、费用的发生过程，揭示成本、费用脱离定额或计划的差异，从而采取措施降低成本、费用，完成和超额完成成本计划所规定的目标。

为了实现成本的最优化，保证目标成本和成本计划的先进性和可行性，在进行成本预测、成本决策和编制成本计划的过程中，也应该进行成本控制，这种成本控制，可称为成本的事前控制。成本的事前控制对于最大限度地挖掘降低成本、费用的潜力，提高经济效益有着重要的意义。

（五）成本核算

成本核算是对生产经营过程中实际发生的各项生产费用，按照一定的成本计算对象和标准进行归集和分配；采用适当的方法，计算出各成本计算对象的总成本和单位成本以及各项期间费用，并进行相应的账务处理。

成本核算是对成本计划执行结果，也是成本控制结果的事后反映。进行成本核算，不仅可以考核和分析成本计划的执行情况，揭示生产经营中存在的问题，还可以为制定价格提供依据。

（六）成本分析

成本分析是根据成本核算提供的成本数据和其他有关资料，与本期计划成本、上年同期实际成本、本企业历史先进的成本水平，以及国内外先进企业的成本等进行比较，确定成本差异，进而查明成本变动的影响因素、成本差异产生的原因，以及成本超支的责任，并提出切实可行的措施，进一步降低成本，提高经济效益。

成本分析一般在事后进行，通过成本分析，可以正确认识和掌握成本变动的规律，有利于实现降低成本的目标，并为编制成本计划和制定新的经营决策提供依据。

（七）成本考核

成本考核是在成本分析的基础上，定期对成本计划及其他有关指标实际完成情况进行总结和评价。为了落实成本管理的经济责任制，企业应将编制的成本计划和费用预算层层分解，落实到企业内部的各责任单位以及职工个人身上，明确他们完成成本指标的经济责任。企业内部应逐级对下属单位或个人的责任成本指标的完成情况进行考核，并根据考核结果进行一定的奖惩。

为了分清经济责任，使成本考核更加合理，成本考核应当在剔除客观因素对成本变动影响的基础上进行，以便充分调动企业内部各单位和职工个人执行成本计划、努力降低成本、提高经济效益的积极性。

上述成本会计的各项职能是一个相互联系、相互配合、相互补充的有机整体。成本预测是成本决策的前提和依据；成本决策是成本预测的延伸和结果，又是制订成本计划的依据；成本计划是成本决策所确定成本目标的具体化；成本控制是对成本计划的实施进行监督，是实现成本决策既定目标的保证；成本核算是对成本决策目标是否实现的检验；只有将成本核算资料和成本计划资料对比，进行成本分析，才能对成本决策的正确性做出判断；把成本决策目标进行层层分解，落实责任，认真组织成本考核、正确评价成本工作业绩，才能调动各部门和职工完成成本决策目标的积极性，是实现决策目标的重要手段。

成本核算是成本会计的最基本职能，是发挥其他职能的基础。没有成本核算，成本的预测、决策、计划、控制、分析和考核，都无法进行，即没有成本核算就没有成本会计，可以说，成本核算是狭义的成本会计，而包括上述七种职能的成本会计则是广义的成本会计。本教材仅讲述成本的核算和分析，至于成本的预测、决策、计划、控制和考核的内容将在企业财务管理等相关课程中讲述。

任务3 成本会计的工作组织

为了充分发挥成本会计的作用，圆满完成成本会计的任务，企业必须科学地组织成本会计工作。成本会计工作的组织，主要包括设置成本会计机构，配备必要的成本会计人员，选择合适的成本核算方式，制定科学、合理的成本会计制度等。一般来说，企业应根据本单位生产经营的特点、规模的大小和成本管理的要求等具体情况来组织成本会计工作。

一、成本会计机构

企业的成本会计机构，是在企业中直接从事成本会计工作的职能部门。建立成本会计机构，就为搞好成本会计工作提供了组织上的保证。由于成本会计是企业会计的构成部分，所以在实际工作中，成本会计机构一般设在企业会计机构内部，是企业会计机构的组成部分。一般而言，大中型企业在专设的会计部门中，单独设置成本会计机构，专门从事成本会计工作；在规模较小、会计人员不多的企业，可以在会计部门中指定专人负责成本会计工作。另外，企业的有关职能部门和生产车间，也应根据工作需要设置成本会计机构，或者配备专职或兼职的成本会计人员，负责该职能部门和生产车间的成本会计工作。

成本会计机构内部，可以按成本会计所担负的各项任务分工，也可以按成本会计的对象分工，在分工的基础上建立岗位责任制，使每一个成本会计人员都明确自己的职责，每一项成本会计工作都有人负责。

二、成本会计人员

成本会计人员是专门从事成本会计工作的专业技术人员。在成本会计机构中，配备适当数量思想品德优秀、业务技能精通的专门从事成本会计工作的人员，是做好会计工作的关键。就思想品德而言，成本会计人员应具备廉洁奉公、遵纪守法、实事求是、坚持原则的工作作风和高度的敬业精神；就业务素质而言，成本会计人员不仅要熟悉会计法规、准则和制度，掌握能够适应成本会计工作的会计基础知识和实务操作技能，而且要具备一定的生产技术和经营管理方面的知识。

成本会计工作是一项涉及面很宽、综合性很强的管理工作，尤其是随着市场经济体制的不断发展和完善、科学技术的不断进步，按照市场经济的要求，靠技术进步降低成本，提高企业的经济效益，已经成为成本会计工作的重要内容。为此，成本会计人员必须刻苦钻研业务，认真学习有关的业务知识和业务技术，不断充实和更新自己的专业知识，提高自己的素质，以适应新形势的要求。

为了充分调动和保护会计人员的工作积极性，国家在有关的会计法规中对会计人员的职责、权限、任免、奖惩以及会计人员的技术职称等方面，都做了明确的规定。这些规定对于成本会计人员也是完全适用的。

成本会计机构和成本会计人员应在企业总会计师和会计主管人员的领导下，忠实地履行自己的职责，认真完成成本会计的各项任务，并从降低成本、提高企业经济效益的角度出发，参与企业的生产经营决策。成本会计人员应经常深入生产经营的各个环节，结合实际情况，向有关人员和职工宣传、解释国家的有关方针、政策和制度，以及企业在成本管理方面的计划和目标等，督促他们贯彻执行；深入了解生产经营的实际情况，注意发现成本管理中存在的问题并提出改进意见和措施。

根据成本会计人员的职责，应赋予他们相应的权限。这些权限主要有：有权要求企业有关单位和人员认真执行成本计划，严格遵守国家的有关法规、制度和财经纪律；有权参与制订企业生产经营计划和各项定额，参加与成本管理有关的生产经营管理会议；有权督促检查企业各单位对成本计划和有关法规、制度、财经纪律的执行情况。

三、成本核算方式

企业内部各级成本会计机构之间的组织分工，即成本的核算方式，一般有集中核算和分散核算两种方式，企业可以根据生产经营规模的大小和成本管理体制的要求进行选用。

（一）集中核算方式

所谓集中核算方式，是指企业的成本会计工作，主要由厂部成本会计机构集中进行。在这种核算方式下，厂部会计机构负责各种会计凭证的审核、整理和汇总，各种费用的归集和分配，生产费用的核算和产品成本的计算等。另外，企业的成本预测、决策、计划、分析和考核也集中在厂部会计机构进行。

车间等其他单位的成本会计人员只负责原始记录和原始凭证的填制，并对它们进行初步的审核、整理和汇总，为厂部成本会计机构进一步工作提供基础资料。

这种核算方式的优点是：便于厂部成本会计机构及时地掌握整个企业与成本有关的全面信息；便于企业对全厂的成本、费用进行监督和控制；便于集中使用计算机进行成本数据处理；可以减少成本会计机构的层次和成本会计人员的数量。但这种工作方式不便于责任成本的核算，不利于充分调动广大职工参与成本管理的积极性，也不便于直接从事生产经营活动的各单位和职工及时掌握本单位的成本信息。

（二）非集中核算方式

所谓非集中核算方式也称分散核算方式，是指成本会计工作中的计划、控制、核算和分析等主要内容由车间等其他单位的成本会计机构或人员分别进行。在这种核算方式下，主要会计凭证的审核、整理和汇总，各种费用的归集和分配，生产费用的核算和产品成本的计算等工作，都由各车间、各部门的成本会计机构或人员来完成。厂部成本会计机构根据各车间、部门上报的成本计算资料进行全厂成本的汇总核算，以及生产费用的总分类核算和少数费用的明细核算，并对全厂成本进行综合的计划、控制、分析和考核，同时还应负责对各车间、部门成本会计机构或人员进行业务上的指导和监督。成本的预测和决策工作一般仍由厂部成本会计机构集中进行。

非集中核算方式的优缺点与集中核算方式的正好相反。一般而言，大中型企业由于规模较大，组织结构复杂，会计人员数量较多，为了调动各级各部门控制成本费用，提高经济效益的积极性，一般应采用非集中核算方式；小型企业为了提高成本会计工作的效率和降低成本管理的费用，一般可采用集中核算方式。

四、成本会计制度

成本会计制度是组织和从事成本会计工作必须遵守的规范和具体依据，是会计制度的重要组成部分，具体包括《企业会计准则》及企业内部成本会计制度、规程或方法等。正确地制定和执行企业内部成本会计制度是做好成本会计工作的重要条件。企业内部成本会计制度，要以企业会计准则为基本依据来制定，应当适应企业生产经营的特点和成本管理的要求，使所提供的成本信息既能准确、及时、全面，又能满足简化核算手续的要求。

不同企业由于生产经营的特点和管理的要求不同，所制定的成本会计制度也有所不同，就工业企业而言，成本会计制度一般应包括以下几个方面的内容：

(1) 关于成本预测和决策的制度；

(2) 关于成本定额的制度和成本计划编制的制度；

(3) 关于成本控制的制度；

(4) 关于成本核算的制度；

(5) 关于成本分析和考核的制度；

(6) 关于成本报表的制度；

(7) 关于责任成本的制度；

(8) 关于企业内部结算价格和内部结算办法的制度；

(9) 其他有关成本会计的制度。

企业内部成本会计制度是开展成本会计工作的依据和行为规范，制定科学、合理的企业内部成本会计制度，是一项复杂而细致的工作。在企业内部成本会计制度的制定过程中，有关人员一方面要熟悉国家有关法规、准则的规定，另一方面要深入基层开展调查研究工作，在反复试点、具有充分依据的基础上进行企业内部成本会计制度的制定工作。企业内部成本会计制度一经制定，就应认真贯彻执行。但随着时间的推移，实际情况往往会发生一定的变化，会出现新的情况，这时应根据变化了的情况，对企业内部成本会计制度进行不断的修订和完善，以保证企业内部成本会计制度的科学性和先进性。在新制度未形成以前，原有的制度还要继续执行，以使成本会计工作经常处于有章可循的正常状态。

本项目学习了成本会计的基础知识，通过本项目的学习，要重点把握以下内容：

(1) 费用，是一定时期内，企业在生产经营活动中所发生的各种耗费。生产费用是以时期为归集对象，反映企业在一定时期内(如一个月)发生的、用货币表现的生产耗费。产品成本是反映企业为生产一定种类和一定数量的产品所支出的各种生产费用的总和。

(2) 理论成本是指马克思主义政治经济学中所指的成本，由 $c+v$ 构成；现实成本是指实际工作中计算的产品生产成本，它是按照会计准则和制度的规定对理论成本进行调整后形成的产品生产成本。

(3) 广义成本是指凡是为取得一定的资产或为提供一定的劳务而发生的各种耗费，包括存货的采购成本、产品的生产成本、股票和债券的投资成本、固定资产及无形资产的投资成本以及产品的销售成本等；狭义成本通常是指产品的生产成本。

(4) 狭义的成本会计是指成本核算，是按照一定的程序、标准和方法，对企业发生的各项费用进行归集和分配，从而计算出产品总成本和单位成本的一系列程序和方法。广义的成本会计不但包括成本核算，而且还包括成本预测、成本决策、成本预算、成本控制和成本考核等方面的内容。

(5) 成本会计是企业财务会计的一个分支，它是以提高经济效益为目的，运用财务会计方法对在企业生产经营活动中的成本及相关费用进行核算和监督的一种管理活动。

(6) 成本会计的对象是指成本会计反映和监督的具体内容，概括地讲，是企业生产经营过程中发生的产品生产经营成本和期间费用。

(7) 成本会计的职能，是指成本会计在企业的生产经营管理中的功能，一般包括成本预测、成本决策、成本计划、成本控制、成本核算、成本分析和成本考核等。

(8) 成本会计工作的组织，主要包括设置成本会计机构，配备必要的成本会计人员，选择合适的成本核算方式，制定科学、合理的成本会计制度等。

一、单项选择题

1. 产品的理论成本由(　　)构成。

A. 耗费的生产资料的价值　　B. 劳动者为社会创造的价值

C. 劳动者为自己的劳动所创造的价值　　D. 以上的 A 和 C

2. 下列各项不应计入产品成本的是(　　)。

A. 废品损失　　B. 管理费用

C. 修理期间的停工损失　　D. 季节性停工损失

3. 成本会计最基本的职能是(　　)。

A. 成本预算　　B. 成本决策　　C. 成本核算　　D. 成本考核

4. 成本会计的对象是(　　)。

A. 产品成本的形成过程

B. 各项生产费用的归集和分配

C. 各行业企业生产经营业务的成本和有关的期间费用

D. 制造业的成本

5. 从管理角度来看，成本会计是(　　)的一个组成部分。

A. 管理会计　　B. 财务会计　　C. 财务管理　　D. 预算会计

6. 成本会计的任务主要决定于(　　)。

A. 企业经营管理的要求　　B. 成本核算

C. 成本控制　　D. 成本决策

7. 成本会计最基本的任务和中心环节是(　　)。

A. 进行成本预测,编制成本计划

B. 审核和控制各项费用的支出

C. 进行成本核算,提供实际成本的核算资料

D. 参与企业的生产经营决策

8. 成本的经济实质是(　　)。

A. 生产经营过程中所耗费生产资料转移价值的货币表现

B. 劳动者为自己劳动所创造价值的货币表现

C. 劳动者为社会劳动所创造价值的货币表现

D. 企业在生产经营过程中所耗费的资金的总和

二、多项选择题

1. 产品成本的作用有(　　)。

A. 产品成本是补偿生产耗费的尺度

B. 产品成本是综合反映企业工作质量的重要指标

C. 产品成本是制定产品价格的一项重要因素

D. 产品成本是企业进行决策的重要依据

2. 制造业生产经营过程中发生的下列支出,(　　)不应计入产品成本。

A. 管理费用　　B. 财务费用　　C. 销售费用　　D. 制造费用

3. 下列关于成本会计职能的说法中,正确的有(　　)。

A. 成本预测是成本决策的前提

B. 成本计划是成本决策目标的具体化

C. 成本控制对成本计划的实施进行监督

D. 成本分析和考核对以后的预测和决策以及编制新的成本计划提供依据

4. 下列会计法规、制度中,属于企业内部的成本会计制度、规程和办法的有(　　)。

A. 关于成本预测和决策的制度　　B.《企业会计准则》

C. 关于成本定额、成本计划的编制制度　　D.《企业会计制度》

三、判断题

1. 成本是为实现一定目的而发生的耗费,是对象化的耗费。(　　)

2. 只有制造业才有成本会计。(　　)

3. 在成本会计工作组织上,大中型企业一般采用分散工作方式,小型企业一般采用集中工作方式。(　　)

4. 企业在经营过程中发生的各项经营管理费用,应计入产品成本。(　　)

5. 凡有经济活动的地方,就有成本的存在。(　　)

6. 成本预测是成本会计的基础。(　　)

7. 企业一定时期的生产费用等于同一时期的产品成本。(　　)

8. 成本是指企业为生产产品、提供劳务而发生的各种耗费。(　　)

项目 2 成本核算的基本程序

【知识目标】

了解费用的分类；掌握产品成本核算的要求，特别是各种费用界限的划分；掌握成本核算的一般程序，掌握产品成本核算基本账户的结构和用途及账户之间的对应关系，为后面相关章节成本核算具体方法的学习奠定基础。

【能力目标】

1. 能够设置和使用成本核算的有关账户。
2. 能够进行各种支出的合理划分。

任务 1 成本核算的基本要求

成本核算是按照会计准则和相关制度的规定，核算企业在生产经营过程中所支出的物质消耗、劳动报酬以及有关费用支出。成本是综合反映一个企业生产经营成果的一项重要指标，原材料和能源消耗的使用是否节约、生产工艺及设备利用是否合理以及劳动生产率的高低，都会综合反映在产品成本的水平上。为了充分发挥成本核算的作用，成本核算必须做到以下要求：

一、坚持成本核算与管理相结合的原则

成本核算是加强企业管理，特别是加强成本管理的重要手段，成本核算应该从满足企业管理的要求出发，做到成本核算与加强企业管理相结合，并为企业管理和企业决策所用。为此，成本核算不仅要对各项费用支出进行事后的核算，提供事后的成本信息，而且必须以国家有关的法规、制度和企业成本计划和相应的消耗定额为依据，加强对各项费用支出的事前、事中的审核和控制，并及时进行信息反馈。对于合法、合理、有利于发展生产、提高经济效益的开支，要积极予以支持，否则就要坚决加以抵制，确实已经无法制止的要追究责任，采取措施，防止以后再发生；对于各项费用的发生情况，以及费用脱离定额（或计划）的差异进行日常的计算和分析，及时进行反馈；对于定额或计划不符合实际情况的，要按规定程序予以修订。

同时，在成本计算中，既要防止片面追求简化，以致不能为管理提供所需资料的做法，也要防止为算而算，搞烦琐哲学，脱离管理实际需要的做法。成本核算应该做到：分清主次，区别对待，主要从细，简而有理，细而有用，做到算为管用，管算结合。

另外，为了满足企业经营管理和决策需要，成本核算不仅要按照国家有关法规、制度计算产品成本和各项期间费用，还应借鉴西方的一些成本概念和成本计算方法，为不同的管理目的提供不同的管理成本信息，如变动成本信息与固定成本信息、可控制成本信息与不可控制成本信息、作业成本信息等。

二、正确确定财产物资的计价和结转方法

工业企业的生产经营过程，同时也是各种劳动的耗费过程。在各种劳动耗费中，财产物资的耗费（生产资料价值的转移）占有相当的比重。因此，这些财产物资的计价和结转方法是否恰当，会对成本计算的正确性产生重要的影响。企业财产物资的计价和结转方法主要包括：固定资产原值的计算方法、折旧方法、折旧率的种类和高低；固定资产修理费用是否采用待摊和预提方法以及摊提期限的长短；固定资产和低值易耗品的划分标准；材料成本的组成内容、材料按实际成本进行核算时发出材料单位成本的计算方法、材料按计划成本进行核算时材料成本差异率的种类（个别差异率、分类差异率还是综合差异率，本月差异率还是上月差异率）、采用分类差异率时材料类距的大小等；低值易耗品和包装物的摊销方法、摊销率的高低及摊销期限的长短等。为了正确计算成本，对于各种财产物资的计价和结转方法，都应采用既较为合理又较为简便的方法。国家有统一规定的，应采用国家统一规定的方法。各种方法一经确定，应保持相对稳定，不能随意改变，以保证成本信息的可比性。要防止任意改变财产物资的计价和价值结转方法，借以人为调节成本和费用的错误做法。

三、正确划分各种费用界限

为了加强各种费用的控制，保证产品成本客观、准确，进行成本核算，必须正确划分以下几个方面的费用界限：

（一）正确划分资本性支出和收益性支出的界限

企业发生特定支出，必定是为了获得一定的收益而发生的，但一项支出的受益期可能仅为本期，也可能有多个会计期间。如企业支付职工工资，通常按月支付，工资费用的受益期仅为当期。但企业如购入一台机器设备，该设备可用8年，则该设备的受益期一般就是8年。通常，我们把支出的效益仅与本会计年度相关，因而应在本会计年度实现的收入得到补偿的支出，称为收益性支出；而把支出的效益与多个会计年度相关，应在多个会计年度所实现的收益中逐步得到补偿的支出称为资本性支出。企业用于产品生产和销售、用于组织和管理生产经营活动以及用于筹集生产经营资金的各种费用，属于收益性支出，应计入成本费用；企业用于购置和建造固定资产、购买无形资产以及对外投资等支出都属于资本性支出，不得列入成本、费用。

国家规定，企业的下列支出不得列入成本、费用：为购置和建造固定资产、无形资产的支出；对外投资的支出；利润分配支出；被没收的财物损失；支付的滞纳金、罚款、违约金、赔偿金以及企业赞助、捐赠支出、固定资产盘亏和清理损失、非正常原因的停工损失和自然灾害损失；国际法律、法规规定以外的各种付费；国家规定不得列入成本、费用的其他支出。企业在成本核算中，既不应乱计成本、费用，将不属于生产经营管理的费用列入成本费用，也不得将应计入成本

费用的生产经营管理费用不计入或少计入成本费用。乱计成本、费用会减少企业利润，进而减少国家财政收入；少计入成本费用，则会虚增企业利润，造成超额分配，使企业的生产经营管理费用得不到补偿，进而影响企业生产顺利进行。

有些费用支出虽按税法要求不能作为成本费用列入税前从所得税中扣除，但按成本会计要求计入成本费用，留待计算应税所得额时进行调整。

（二）正确划分计入产品成本和不计入产品成本的费用界限

在产品制造业中，生产一定种类和数量的产品而发生的材料耗费、工资等生产费用应计入产品成本，并要在收入实现后才转化为费用，计入企业的损益；为销售产品而发生的产品销售费用、为管理和组织企业生产经营活动而发生的管理费用，以及筹集资金发生的财务费用等，与产品生产无直接关系，作为期间费用直接计入当期损益。因此，为了正确计算产品成本和期间费用，正确计算各月损益，必须正确划分计入产品成本和不计入产品成本的费用界限。应当防止混淆产品生产费用和期间费用的界限，借以调节各月产品成本和各月损益的错误做法。

（三）正确划分各个会计期间的费用界限

为了按月分析和考核产品成本和经营管理费用，正确计算各月损益，还应将应计入产品成本生产费用和作为期间费用处理的经营管理费用，在各个月份之间进行划分。企业必须按照权责发生制的要求，对应计入产品成本的费用，进一步分清是由本期产品成本负担，还是由以后各期产品成本负担。凡是应由本期产品成本负担的费用，应全部计入本期产品成本，不应由本期产品成本负担的费用，则不应计入本期产品成本。正确划分各个月份的费用界限，是保证成本核算正确的重要环节。应当防止人为地调节各月成本，人为地调节各月损益的错误做法。

（四）正确划分各种产品应负担的费用界限

如果企业生产的产品不止一种，那么，为了正确计算各种产品的成本，正确地分析和考核各种产品成本计划或定额成本的执行情况，必须将应计入本月产品成本的生产费用在各种产品之间正确地进行划分。凡属于某种产品单独发生，能够直接计入该种产品的费用，均应直接计入该种产品成本；凡属于应由几种产品共同承担的不能直接计入某种产品的费用，则应该选择合理的分配方法，分配计入这几种产品的成本，应该防止在盈利产品与亏损产品之间、可比产品和不可比产品之间任意转移生产费用，借以掩盖成本超支或以盈补亏的错误做法。

（五）正确划分完工产品成本和在产品成本的费用界限

期末，如果某种产品已经完工，其各项成本费用之和就是该产品的完工成本；如果某种产品没完工，其各项成本费用之和就是该产品的期末未完工成本；如果部分完工，部分未完工，就需要采用适当的分配方法在完工产品和在产品之间进行分配，分别计算完工产品成本和月末在产品成本。期初在产品成本、本期成本费用、完工产品成本和期末在产品成本四者之间的关系如下式所示：

期初在产品成本＋本期成本费用＝完工产品成本＋期末在产品成本

上述五个方面费用界限的划分过程，也就是产品成本的计算和各项期间费用的归集过程。在这一过程中，应贯彻受益原则，即何者受益何者负担费用，何时受益何时负担费用，负担费用的多少应与受益程度的大小成正比。

四、做好成本核算的基础工作

为了加强成本审核、控制，正确、及时地计算成本和经营管理费用，企业应做好以下各项基础工作：

（一）做好定额的制定和修订工作

产品的各项消耗定额，既是编制成本计划、分析和考核成本水平的依据，也是审核和控制成本的标准；而且在计算产品成本时，往往要用产品的原材料和工时的定额消耗量或定额费用作为分配实际费用的标准。因此，为了加强生产管理和成本管理，企业必须建立和健全定额管理制度，凡是能够制定定额的各种耗费，都应该制定先进、合理、切实可行的消耗定额，并随着生产的发展、技术的进步、劳动生产率的提高，不断修订消耗定额，以充分发挥其应有的作用。

（二）建立和健全材料物资的计量、收发、领退和盘点制度

成本核算是以价值形式来核算企业生产经营管理中的各项费用的。但价值形式的核算是以实物计量为基础的。因此，为了进行成本管理，正确地计算成本，必须建立和健全材料物资的计量、收发、领退和盘点制度。凡是材料物资的收发、领退，在产品、半成品的内部转移，以及产成品的入库等，均应填制相应的凭证，办理审批手续，并严格进行计量和验收。库存的各种材料物资、车间的在产品、产成品均应按规定进行盘点。只有这样，才能保证账物相符，保证计算的正确性。

（三）建立和健全原始记录工作

原始记录是反映生产经营活动的原始资料，是进行成本预测、编制成本计划、执行成本核算、分析消耗定额和成本计划执行情况的依据。因此，工业企业对生产过程中材料的领用、动力与工时的耗费、费用的开支、废品的发生、在产品及半成品的内部转移、产品质量检验及产成品入库等，都要有真实的原始记录。成本核算人员要会同企业的计划统计、生产技术、劳动工资、产品物资供销等有关部门，认真制定既符合成本核算需要，又符合各方面管理需要，既科学又简便易行，讲究实效的原始记录制度；还要组织有关职工认真做好各种原始记录的登记、传递、审核和保管工作，以便正确及时地为成本核算和其他有关方面提供资料和信息。

（四）做好厂内计划价格的制定和修订工作

在计划管理较好的企业中，为了分清企业内部各单位的经济责任，便于分析和考核企业内各单位成本计划的完成情况和管理业绩，以及加速和简化核算工作，应对原材料、半成品、厂内各车间相互提供的劳务（如修理、运输等）制定厂内计划价格，作为企业内部结算和考核的依据。厂内计划价格应尽可能符合实际并保持相对稳定，一般在年度内不变。在制定了厂内计划价格的企业中，各项原材料的耗用、半成品的转移，以及各车间与部门之间相互提供劳务等，都首先要按计划价格计算。月末计算产品实际成本时，再在计划价格的基础上，采用适当的方法计算各产品应负担的价格差异，将产品的计划价格成本调整为实际成本。这样，既可以加速和简化核算工作，又可以分清内部各单位的经济责任。

五、根据企业的生产特点和管理要求，采取适当的方法计算产品成本

产品成本是在生产过程中形成的，产品生产组织和生产工艺特点及管理要求的不同是影响产品成本计算方法选择的重要因素。企业生产的特点按其组织方式，有大量生产、成批生产和单件生产；按工艺过程的特点，有连续式生产和装配式生产。企业采用何种成本计算方法，在很大程度上取决于产品生产的特点。计算产品成本是为了管理成本，管理要求不同的产品，也应该采用不同的成本计算方法。同一企业可以采用一种成本计算方法，也可以采用多种成本计算方法。

任务 2 费用的分类

一、费用按经济内容的分类

生产费用按经济内容(性质)划分,可分为劳动对象、劳动手段和活劳动方面的耗费,统称制造企业的生产费用的三大要素。具体可分为以下各项费用要素:

(1) 外购材料。外购材料是指企业为进行生产经营管理而耗用的从外部购入的原料及主要材料、半成品、辅助材料、修理用备件、包装物和低值易耗品等。

(2) 外购燃料。外购燃料是指企业为进行生产经营管理而耗用的从外部购入的各种燃料,包括固体燃料、液体燃料、气体燃料。

(3) 外购动力。外购动力是指企业为生产耗用而从外部购进的各种动力。

(4) 职工薪酬。职工薪酬是指企业为获得职工提供的服务而给予各种形式的报酬以及其他相关支出。职工薪酬包括:职工工资、奖金、津贴和补贴,职工福利费,医疗保险费、养老保险费、失业保险费、工伤保险费和生育保险费等社会保险费,住房公积金,工会经费和职工教育经费,非货币性福利,因解除与职工的劳动关系给予的补偿,其他与获得职工提供的服务相关的支出等。

(5) 折旧费。折旧费是指企业按照规定方法计提的固定资产折旧费。

(6) 利息支出。利息支出是指企业按规定计入生产费用的借款利息支出减去利息收入后的金额。

(7) 其他支出。其他支出是指不属于以上各要素的费用但应计入产品成本或期间费用的费用支出,如差旅费、办公费、租赁费、外部加工费、保险费和诉讼费等。

按照上列费用要素反映的费用,称为要素费用。按照要素费用分类核算工业企业费用的作用在于:可以反映工业企业在一定时期内共发生了哪些费用,数额是多少,据以分析各个时期的各种费用的结构和水平;可以反映外购材料和燃料费用以及职工薪酬的实际支出,因而可以为编制企业的材料采购资金计划和劳动工资计划提供资料;可以为企业核定储备资金定额和考核储备资金周转速度提供资料;可以划分物质消耗和非物质消耗,为计算工业净产值和国民收入提供资料。

这种分类核算的不足之处是不能反映各种费用的经济用途,因而不便于分析这些费用的支出是否节约、合理。因此,对于工业企业的这些费用还必须按经济用途进行分类。

二、费用按经济用途的分类

工业企业在生产经营中发生的费用,首先可以分为计入产品成本的生产费用和直接计入当期损益的期间费用两类。下面分别介绍这两类费用按照经济用途的分类。

(一) 生产费用按经济用途的分类

计入产品成本的生产费用在产品生产过程中的用途也不尽相同,有的直接用于产品生产,有的间接用于产品生产。因此，为具体反映计入产品成本的生产费用的各种用途，提供产品成本构成情况的资料，还应进一步划分为若干个项目，即产品生产成本项目产品生产成本项目简称产品成本项目或成本项目，就是生产费用按其经济用途分类核算的项目。工业企业一般应设置以下几个成本项目：

(1) 直接材料。直接材料指直接用于产品生产、构成产品实体的原材料、主要材料以及有助于产品形成的辅助材料。

(2) 直接人工。直接人工指直接参加产品生产的工人薪酬。

(3) 制造费用。制造费用指间接用于产品生产的各项费用，以及虽直接用于产品生产，但不便于直接计入产品成本，因而没有专设成本项目的费用(如机器设备的折旧费用)。制造费用包括为组织和管理生产所发生的生产单位管理人员工资，职工福利费，生产单位房屋、建筑物、机器设备等的折旧费，设备租赁费，机物料消耗，低值易耗品摊销，取暖费，水电费，办公费，差旅费，运输费，保险费，设计制图费，试验检验费，劳动保险费，季节性、修理期间的停工损失以及其他制造费用。

企业可根据生产的特点和管理要求对上述成本项目做适当调整。对于管理上需要单独反映、控制和考核的费用，以及成本中比重较大的费用，应专设成本项目；否则，为了简化核算，不必专设成本项目。例如，如果废品损失在产品成本中所占比重较大，在管理上需要对其进行重点控制和考核，则应单设“废品损失”成本项目。又如，如果工艺上耗用的燃料和动力较多，应设置“燃料及动力”项目，如果工艺上耗用的燃料和动力不多，为了简化核算，可将其中的工艺用燃料费用并入“直接材料”成本项目，将其中的工艺用动力费用并入“制造费用”成本项目。

(二) 期间费用按经济用途的分类

工业企业的期间费用按经济用途分类可分为管理费用、财务费用和销售费用。

(1) 管理费用。管理费用是指企业为组织和管理生产经营活动所发生的各种管理费用，包括企业在筹建期间发生的开办费、公司经费、工会经费、劳动保险费、待业保险费、董事会费、咨询费(含顾问费)、聘请中介机构费、审计费、诉讼费、排污费、绿化费、税金、土地使用费、土地损失补偿费、技术转让费、技术开发费、矿产资源补偿费、无形资产摊销、业务招待费、研究费用、存货盘亏或盘盈，以及企业生产车间(部门)和行政管理部门发生的固定资产修理费等。

(2) 财务费用。财务费用是指企业为筹集生产经营所需资金而发生的筹资费用，包括利息支出(减利息收入)、汇兑损益、调剂外汇手续费、金融机构等手续费以及企业发生的现金折扣或收到的现金折扣等。

(3) 销售费用。销售费用是指企业在销售产品和材料、提供劳务过程中发生的各项费用，以及为销售本企业产品而专设的销售机构的各项经费。销售费用包括运输费、装卸费、包装费、保险费、委托代销手续费、广告费、展览费、租赁费(不包括融资租赁费)和销售服务费，以及为销售本企业产品而专设的销售机构(含销售网点、售货服务网点等)的销售部门人员工资、职工福利费、办公费、差旅费、折旧费、修理费、物料消耗、低值易耗品摊销以及其他经费等。

费用按经济内容分类与按经济用途分类既有联系又有区别。费用按经济内容分类可以划分为七个费用要素，生产费用按经济用途分类一般可以划分为三个成本项目，它们的名称虽然有些相似，但两者反映的具体内容是不同的。

(1) 生产费用要素包括的是企业发生的全部生产费用，如外购材料，它指的是企业为进行生产经营管理而耗用的从外部购入的原料及主要材料等。不论是用于产品生产的直接材料还是间接材料，还是用于设备的维修或某一项工程耗用的材料，都包括在内。而成本项目中反映的直接材料则仅仅是指直接用于产品生产、构成产品实体的原料及主要材料等。同样，工资费用要素，指的是企业所有职工的工资费用，职工福利费费用要素指的是按所有职工工资总额一定比例计提的福利费。而直接人工成本项目，仅仅指的是按生产工人的工资及其工资总额一定比例计提的福利费。

(2) 生产费用要素反映的是某一时期内企业实际发生的生产费用，而成本项目反映的产品成本，是指某一时期某种产品所应负担的费用。在本期投产，本期全部完工的情况下，本期生产费用总额等于本期产品总成本，否则，本期的生产费用可能一部分计入本期产品的成本，一部分计入下一期产品的成本；而本期产品的成本有一部分是上一期的生产费用，一部分是本期的生产费用。

三、费用按计入产品成本方法的分类

(1) 直接计入费用。直接计入费用一般简称直接费用，是指可以分清哪种产品所耗用、能直接计入某种产品成本的生产费用。如直接用于某种产品生产的原材料费用，就可以根据有关的领料单直接计入该种产品成本。

(2) 间接计入费用。间接计入费用一般简称间接费用，是指不能分清哪种产品所耗用、不能直接计入某种产品成本，而必须按照一定标准分配后才能计入有关的各种产品成本的生产费用。如生产部门管理人员的工资、福利费，加工的几种产品共同耗用零件的生产设备折旧费等。

直接生产费用大多是直接计入费用，间接生产费用大多是间接计入费用，但也不都是如此。如在生产一种产品的生产单位中，直接生产费用和间接生产费用都可以直接计入该种产品成本，因而都是直接计入费用；而在用同一种材料同时生产几种产品的生产单位中，直接生产费用和间接生产费用都不能直接计入某种产品成本，因而都是间接计入费用。

四、费用按与产品产量的关系的分类

(1) 变动成本。变动成本是指费用总额随着产品产量(或业务量)变动而成正比例变动的费用。如直接材料、直接人工都是和单位产品的生产直接相联系的，其总额会随着产量的增减成正比例增减；但从产品的单位成本看，则恰恰相反，产品单位成本中的直接材料、直接人工将保持不变，不受产量变动的影响。

(2) 固定成本。固定成本是指费用总额不直接受产量变动的影响，产量在一定范围内变动，其总额仍能保持不变。但从产品的单位成本看，则恰恰相反，随着产量的增加，每单位产品分摊的份额将相应减少。

任务 3 成本核算的基本程序

成本核算的基本程序，是指对企业生产经营过程中发生的各项费用，按照成本核算的要求，逐步进行归集和分配，最终计算出各种产品的成本和各项期间费用的基本过程。产品成本核算过程，就是将生产过程的生产费用计入产品成本的过程。根据前述成本核算的要求和费用的分类，可归纳出企业成本核算的一般程序。

一、确定成本计算对象，设置生产成本明细账

成本计算对象是生产费用的承担者，即归集和分配生产费用的对象。确定成本计算对象，就是要解决生产费用由什么来承担的问题。成本计算对象的确立，是设置产品成本明细账、正确计算产品成本的前提，也是区别各种成本计算方法的主要标志。不同性质的企业，成本计算对象的确定是不相同的，可能是某种产品、某一生产步骤，也可能是某类产品或某批产品。至于选用什么作为成本计算对象，则取决于企业的生产特点和管理要求。对于这些问题，我们留待以后项目讲解。不论成本计算对象如何确立，最后都要达到计算各种产品生产成本的基本要求，即能够分成本项目确定某种产品的单位成本和总成本。

确定产品成本计算对象是计算产品成本的前提。由于企业的生产特点、管理要求、规模大小、管理水平的不同，企业成本计算对象也不同。企业应根据自身的生产特点和管理要求，选择合适的产品成本计算对象设置生产成本明细账。

二、对生产费用进行确认和计量

对生产费用进行确认和计量即对企业的各项支出进行严格的审核和控制，并按照国家的有关规定确定其应否计入产品成本、期间费用。对企业的各项支出进行严格的审核、控制，确定各项支出应不应该开支。对不符合规定的费用支出要控制，制止它的发生。对符合规定、已经发生的支出，应根据有关成本费用开支的规定，确定哪些开支应该计入生产经营管理费用，哪些费用应该计入产品成本，哪些费用应作为期间费用，直接计入当期损益。用于产品生产的直接费用和间接费用，应该计入产品成本；用于产品销售的费用、用于行政管理部门的管理费用以及用于筹集生产经营资金的财务费用，则属于期间费用，应直接计入当期损益。企业既不能乱计成本，把不应计入产品成本的费用计入产品成本，也不能少计成本，把应计入产品成本的费用不计入产品成本。同时，还要按照会计分期原则和权责发生制原则，划清应计入本期成本和不应计入本期成本的费用界限，以便正确确定各期的生产费用及完工产品应负担的产品成本。

三、将计入本期产品成本的费用在各种产品之间进行归集和分配

应计入本期产品成本的各项生产费用，还要在各种产品之间分配和归集，按成本项目分别反映，计算出按成本项目反映的各种产品成本，即将应计入本月产品成本的各要素费用在各有关产品之间按照成本项目进行归集和分配。归集和分配费用的原则为：产品生产直接发生的生产费用直接作为产品成本的构成内容，直接计入该产品成本；为产品生产服务发生的间接费用，可先按发生地点和用途进行归集汇总，然后分配计入各受益产品，最后计入有关产品成本明细账的相应成本项目。

四、将计入各种产品成本的费用在本期完工产品和在产品之间进行归集和分配

对既有完工产品又有月末在产品的产品，应将计入各种产品成本的费用，在其完工产品和在产品之间采用适当的方法进行划分，求得完工产品和月末在产品的成本。产品在生产过程中

所发生的费用，通过成本项目在各种产品之间进行分配和归集后，就将在各个会计期间为生产某一种特定产品所发生的生产费用，归集汇总到按成本项目所设置的生产成本明细账中。到了会计期末，还必须将同一产品的生产费用合计数在本期完工产品和月末在产品之间进行分配，计算出完工产品的实际总成本和单位成本。

这里的生产费用是合计数，包括期初在产品成本和本期生产费用两部分。月初在产品成本、本月生产费用、本月完工产品成本和月末在产品成本之间的关系如下：

月初在产品成本＋本月生产费用＝本月完工产品成本＋月末在产品成本

如果某种产品全部完工，则其所发生的全部生产费用计入完工产品成本。如果产品全部未完工，则其所发生的全部生产费用均为月末在产品成本。如果本期既有完工产品又有期末在产品，就要采用一定的方法将生产费用在完工产品和期末在产品之间进行分配。

任务 4 成本核算账户

一、产品成本核算的账户设置

为了核算和监督企业生产过程中发生的费用，正确计算产品成本，企业需要设置有关成本费用的账户，计算产品的总成本和单位成本。工业企业一般应设置以下账户：

（一）“生产成本”账户

为了核算产品成本，应设置“生产成本”账户。“生产成本”账户核算工业企业进行工业性生产，包括生产各种产品（包括产成品、自制半成品、提供劳务等）、自制材料、自制工具、自制设备等所发生的各项生产费用。为了分别核算基本生产成本和辅助生产成本，还应在“生产成本”账户下面分别设置“基本生产成本”和“辅助生产成本”两个二级账户。企业根据需要，也可以将“生产成本”账户分设为“基本生产成本”和“辅助生产成本”两个一级账户。

1.“基本生产成本”二级账户

基本生产是指为完成企业主要生产目的而进行的产品生产。为了归集基本生产所发生的各种生产费用，计算基本生产产品成本，应设置“基本生产成本”二级账户。基本生产所发生的各种生产费用，计入该科目的借方；完工入库的产品成本，计入该科目的贷方；该账户的余额，就是基本生产在产品的成本，即基本生产在产品占用的资金。该账户应按产品品种或产品批别、生产步骤等成本计算的对象分设基本生产成本明细账，账内按产品成本项目分设专栏或专行，登记各产品的各成本项目的月初在产品成本、本月生产费用、本月完工产品的成本和月末在产品成本。其格式见表 2-1。

表 2-1 生产成本明细账

产品名称：甲产品

完工产量：2 000 件

成本项目	直接材料	直接人工	制造费用	合计
月初在产品成本	15 000	6 000	9 000	30 000

续表

成本项目	直接材料	直接人工	制造费用	合计
本月生产费用	75 000	29 000	44 000	148 000
累计生产费用	90 000	35 000	53 000	178 000
月末在产品成本	18 000	7 700	11 660	37 360
完工产品成本	72 000	27 300	41 340	140 640
产成品单位成本	36	13.65	20.67	70.32

2. “辅助生产成本”二级账户

辅助生产是指为基本生产服务而进行的产品生产和劳务供应。辅助生产所提供的产品和劳务，有时也对外销售，但这不是它的主要目的。为了归集辅助生产所发生的各种生产费用，计算辅助生产所提供的产品和劳务的成本，应设置“辅助生产成本”二级账户。该账户的借方登记为进行辅助生产而发生的各种费用；完工入库产品的成本或分配转出的劳务成本，计入该账户的贷方；该账户的余额，就是辅助生产在产品的成本，即辅助生产在产品占用的资金。

“辅助生产成本”二级账户应按辅助生产车间和生产的产品、劳务分设明细分类账，账内按辅助生产的成本项目或费用项目分设专栏或专行进行明细登记。

（二）“制造费用”账户

为了核算企业为生产产品和提供劳务而发生的各项制造费用，应设置“制造费用”账户。该账户借方登记实际发生的制造费用；贷方登记分配转出的制造费用；除季节性生产企业外，该账户月末应无余额。

“制造费用”账户，应按车间、部门设置明细分类账，账内按费用项目设立专栏进行明细登记。

（三）“销售费用”账户

为了核算企业在产品销售过程中发生的各项费用，以及为销售本企业产品而专设的销售机构的各项经费，应设置“销售费用”账户。该科目借方登记实际发生的各项产品销售费用；贷方登记期末转入“本年利润”账户的产品销售费用；期末结转后该账户应无余额。

“销售费用”账户的明细分类账，应按费用项目设置专栏，进行明细登记。

（四）“管理费用”账户

为了核算企业行政管理部门为组织和管理企业生产所发生的各项费用，应设置“管理费用”科目。该科目借方登记发生的各项管理费用；贷方登记期末转入“本年利润”账户的产品管理费用；期末结转后该科目应无余额。

“管理费用”账户的明细分类账，应按费用项目设置专栏，进行明细登记。

（五）“财务费用”账户

为了核算企业为筹集生产经营所需资金而发生的各项费用，应设置“财务费用”账户。该账户借方登记发生的各项财务费用；贷方登记应冲减财务费用的利息收入、汇兑收益以及期末转入“本年利润”账户的财务费用；期末结转后该账户应无余额。

“财务费用”账户的明细分类账，应按费用项目设置专栏，进行明细登记。

二、产品成本核算账户之间的对应关系

产品成本核算的账户之间存在着一定的内在联系，这种联系是以相关的业务发生为主线的。企业成本计算过程中发生的基本业务有：

(1) 分配各项要素费用；

(2) 辅助生产费用的归集和分配；

(3) 制造费用的归集和分配；

(4) 结转不可修复废品成本；

(5) 分配废品损失和停工损失；

(6) 结转完工产品成本。

产品成本核算账户之间的对应关系图如图 2-1 所示。

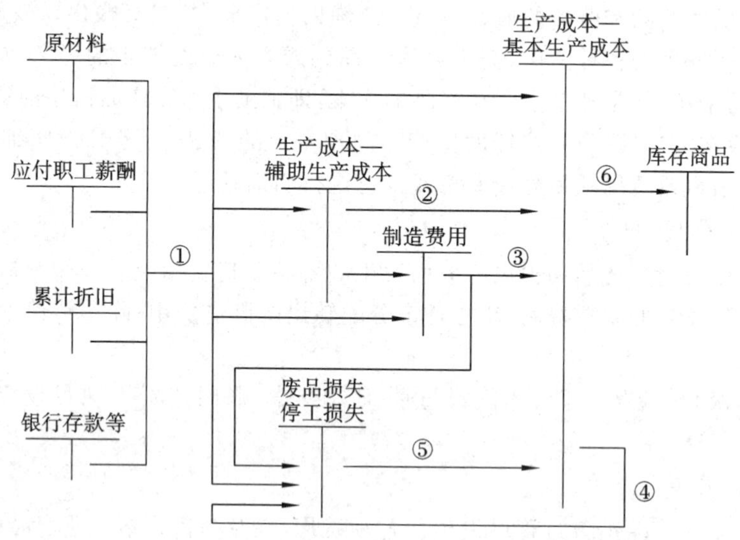

图 2-1　产品成本核算账户之间的对应关系图

本项目主要讲解了成本会计的基础知识，通过本项目的学习，要重点把握以下内容：

(1) 为了充分发挥成本核算的作用，在成本核算中，应贯彻成本核算的原则，特别要注意正确划分 5 个方面的费用界限：正确划分资本性支出和收益性支出的界限；正确划分计入产品成本和不计入产品成本的费用界限；正确划分各个会计期间的费用界限；正确划分各种产品应负担的费用界限；正确划分完工产品成本和在产品成本的费用界限。

(2) 生产费用按经济内容(性质)划分，可分为劳动对象、劳动手段和活劳动方面的耗费，具体包括外购材料外购燃料、外购动力、职工薪酬、折旧费、利息支出、税金和其他支出等。

(3) 生产费用按其经济用途的分类构成产品成本项目，基本的成本项目有直接材料、直接人工和制造费用。企业可根据生产的特点和管理要求做适当调整。如废品损失在产品成本中所

占比重较大时，可单设“废品损失”成本项目，如果工艺上耗用的燃料和动力较多时，可设置“燃料及动力”项目。

（4）产品成本核算的基本程序是：确定成本计算对象，设置生产成本明细账；对生产费用进行确认和计量；将计入本期产品成本的费用在各种产品之间进行归集和分配；将计入各种产品成本的费用在本期完工产品和在产品之间进行归集和分配。

（5）产品成本核算是通过设置和运用账户来进行的。企业一般应设置“生产成本”、“制造费用”、“销售费用”、“管理费用”等账户。企业可根据需要分别设置“基本生产成本”和“辅助生产成本”两个二级账户，用来分别核算基本生产车间和辅助生产车间的产品或劳务成本。也可以根据需要分别设置“基本生产成本”和“辅助生产成本”两个一级账户，用来分别核算基本生产车间和辅助生产车间的产品或劳务成本。

一、单项选择题

1. 下列费用中，应计入产品成本的有（　　）。

A. 管理费用　　B. 财务费用　　C. 制造费用　　D. 销售费用

2. 下列属于要素费用的是（　　）。

A. 直接材料　　B. 外购材料　　C. 直接人工　　D. 制造费用

3. 下列支出属于资本性支出的是（　　）。

A. 购入无形资产　　B. 支付本期照明用电费

C. 购入印花税票　　D. 支付利息费用

4. 用来核算企业为生产产品和提供劳务而发生的各项间接费用的账户是（　　）。

A. 基本生产成本　　B. 制造费用　　C. 管理费用　　D. 财务费用

5. 不在“财务费用”账户核算的项目是（　　）。

A. 业务招待费　　B. 利息费用　　C. 汇兑损失　　D. 金融机构结算手续费

6. 制造费用应分配计入（　　）账户。

A. 基本生产成本和辅助生产成本　　B. 基本生产成本和期间费用

C. 生产成本和管理费用　　D. 财务费用和销售费用

7. 下列各项中不应计入产品成本的是（　　）。

A. 企业行政管理部门用固定资产的折旧费

B. 车间厂房的折旧费

C. 车间生产用设备的折旧费

D. 车间辅助人员的工资

8. 下列各项中应计入管理费用的是（　　）。

A. 银行借款的利息支出　　B. 银行存款的利息收入

C. 企业的技术开发费　　D. 车间管理人员的工资

9. 下列各项中，属于产品生产成本项目的是（　　）。

A. 外购动力费用　　B. 制造费用

C. 工资及提取的职工福利费用　　D. 折旧费用

10. 为了保证按每个成本计算对象正确地归集应负担的费用，必须将应由本期产品负担的生产费用正确地在(　　)。

A. 各种产品之间进行分配　　B. 完工产品和在产品之间进行分配

C. 盈利产品与亏损产品之间进行分配　　D. 可比产品与不可比产品之间进行分配

二、多项选择题

1. 下列属于成本项目的有(　　)。

A. 工资　　B. 直接人工　　C. 直接材料　　D. 制造费用

2. 计入产品成本的生产费用按计入方式不同分为(　　)。

A. 制造费用　　B. 直接人工　　C. 直接计入费用　　D. 间接计入费用

3. “制造费用”账户核算的内容包括下列的(　　)。

A. 车间的固定资产折旧费　　B. 车间的办公费

C. 企业的业务招待费　　D. 印花税

4. 下列各项中属于销售费用的是(　　)。

A. 广告费　　B. 委托代销手续费

C. 展览费　　D. 专设销售机构的办公费

5. 为了正确计算产品成本，应做好的基础工作包括(　　)。

A. 定额的制定与修订　　B. 做好原始记录工作

C. 正确选择各种分配方法　　D. 材料物资的计量、收发、领退和盘点

6. 下列各项中，应计入产品成本的费用有(　　)。

A. 车间办公费　　B. 企业行政管理人员工资

C. 车间设计制图费　　D. 车间修理费

三、判断题

1. 要素费用中的外购材料与成本项目中的直接材料费用内涵是一致的。(　　)

2. 企业在生产经营活动中发生的一切费用支出都应计入产品成本。(　　)

3. 凡是在生产过程中发生的、与产品生产有关的所有直接或间接耗费，均应作为生产费用计入产品成本。(　　)

项目3 生产费用的归集与分配

【知识目标】

掌握要素费用的归集与分配方法;掌握辅助生产费用、制造费用的归集与分配方法;掌握生产损失的核算方法;理解各种分配方法的优劣并能结合企业实际情况选用。

【能力目标】

能够根据企业生产过程实际情况合理选择要素费用、辅助生产费用、制造费用的分配方法及废品损失的会计核算方法,正确进行要素费用等的归集与分配,为准确计算产品成本做好准备。

任务1 要素费用的归集与分配

要素费用的归集和分配,是指企业在生产经营过程中发生的各种耗费,按其性质、用途和发生地点,归集、分配给有关的产品和生产部门,计算出产品的制造成本。

生产成本明细账是按产品品种等成本计算对象设置和登记的,账内按成本项目分设专栏或专行。企业在发生各种要素费用如材料费、动力费、职工薪酬等费用时,对于直接用于产品生产且专设成本项目的直接生产费用,如构成产品实体的原材料费用、工艺用燃料或动力费用,应单独记入"生产成本—基本生产成本"账户,如果是某一种产品的直接计入费用,还应单独记入该种产品生产成本明细账的"直接材料"、"直接人工"等成本项目;如果是生产几种产品的间接计入费用,则应采用适当的分配方法,分配以后分别记入各种产品生产成本明细账的"直接材料"、"直接人工"等成本项目。

对于直接用于产品生产但没有专设成本项目的各项费用,如基本生产车间机器设备的折旧费、修理费等,应先记入"制造费用"账户及所属明细账有关的费用项目,然后通过一定的分配程序,转入或分配转入"生产成本—基本生产成本"账户及所属明细账"制造费用"等成本项目。

间接计入费用的分配，应该选择适当的分配方法进行分配。所谓分配方法适当，是指分配依据的标准与分配对象有比较密切的联系，因而分配结果比较合理，且分配标准的资料也要比较容易取得，计算比较简便。分配间接计入费用的标准主要有：①成果类，如产品的重量、体积、产量、产值等；②消耗类，如生产工时、生产工资、机器工时、原材料消耗量或原材料费用等；③定额类，如定额消耗量、定额费用等。分配费用的基本计算公式为：

$$费用分配率=\frac{待分配费用总额}{分配标准总额}$$

$$某受益对象应分配的费用=该对象的分配标准额\times 费用分配率$$

对于直接或间接用于辅助生产的费用，应记入“生产成本—辅助生产成本”账户及所属明细账，或者分别记入“生产成本—辅助生产成本”和“制造费用”账户及所属明细账有关科目进行归集，然后将用于基本生产产品的辅助生产费用，通过一定的分配程序、分配方法，转入“生产成本—基本生产成本”账户和所属各种产品生产成本明细账的各个成本项目。这样，在“生产成本—基本生产成本”账户及所属产品生产成本明细账的各成本项目归集了本月份基本生产各种产品发生的全部生产费用；再加上月初在产品成本，并将其在完工产品与月末在产品之间进行分配，即可计算出完工产品和月末在产品的成本。

各项要素费用的分配是通过编制各种费用分配表进行的，根据分配表编制会计分录，并据以登记各种成本、费用总账科目及其所属明细账。下面分别对各要素费用的归集和分配的方法进行阐述。

一、材料费用的归集与分配

材料费用包括企业在生产经营过程中实际消耗的各种原料及主要材料、辅助材料、外购半成品、修理用备件配件、燃料、包装物和低值易耗品等的费用。企业在生产经营过程中领用的各种材料无论是外购的或是自制的，都应根据审核后的领料凭证、退料凭证，按照材料的具体用途归集，然后再采用适当的分配方法进行分配。所以材料费用的核算，包括材料费用的归集和分配两个方面。

（一）原料及主要材料费用的归集与分配

原料及主要材料是指经过加工后能够构成产品主要实体的各种原料和材料。

原料及主要材料费用的归集是以材料发出时的原始凭证领料单、限额领料单或领料登记表等为依据的。有关领料单、限额领料单见表 3-1 和表 3-2。

表 3-1　领料单

领料单位：　　　　用途：　　　　日期：　　　　发料仓库：

材料编号	材料类别	名称	规格	计量单位	数量		成本	
					请领	实发	单价	金额

发料人：　　　　领料人：　　　　领料单位负责人：　　　　主管：

表 3-2　限额领料单

领料单位：　　　　　　　　　　　　　　　　　　　　　　　　　　　　　　编号：

用途：　　　　　　　　　　　　年　　月　　日　　　　　　　　　　　　　发料仓库：

<table>
<tr><td rowspan="2">材料编号</td><td rowspan="2">材料名称</td><td rowspan="2">规格</td><td rowspan="2">计量单位</td><td rowspan="2">单价</td><td rowspan="2">领用限额</td><td colspan="2">全月实用</td></tr>
<tr><td>数量</td><td>金额</td></tr>
<tr><td></td><td></td><td></td><td></td><td></td><td></td><td></td><td></td></tr>
<tr><td>领料日期</td><td>请领数量</td><td>实发数量</td><td colspan="2">领料人签章</td><td>发料人签章</td><td colspan="2">限额结余</td></tr>
<tr><td></td><td></td><td></td><td colspan="2"></td><td></td><td colspan="2"></td></tr>
<tr><td></td><td></td><td></td><td colspan="2"></td><td></td><td colspan="2"></td></tr>
<tr><td></td><td></td><td></td><td colspan="2"></td><td></td><td colspan="2"></td></tr>
<tr><td>合计</td><td></td><td></td><td colspan="2"></td><td></td><td colspan="2"></td></tr>
</table>

供应部门负责人：　　　　　　　生产部门负责人：　　　　　　　仓库管理人员：

直接用于生产产品、构成产品实体的原材料费用，在产品成本中一般占有较大的比重，按照重要性原则，规定有单独的成本项目，通常是按照产品品种(或成本计算对象)分别领用。对于不能按照产品品种(或成本计算对象)分别领用，而是几种产品共同耗用的原料及主要材料，属于间接计入费用，应采用既合理又简便的分配方法，在各种产品之间进行分配，再记入各种产品生产成本明细账的“直接材料”成本项目。

原料及主要材料费用的分配标准很多，可以按照产品的重量、体积等分配。如果难以确定适当的分配方法，或者作为分配标准的资料不易取得，而原料或主要材料的消耗定额比较准确的情况下，原材料费用可以按照产品的材料定额消耗量的比例或材料定额费用的比例分配。

1. 按重量(体积、面积)比例分配

这种分配方法是以产品的重量(体积、面积)为分配标准进行分配的，适用于耗用原材料费用的多少与产品的重量(体积、面积)大小有一定关系的产品。其计算公式一如下：

(1) $材料消耗量分配率=\dfrac{产品耗用某材料重量(体积、面积)之和}{全部产品重量(体积、面积)之和}$

(2) 该种产品应分配的材料耗用量=该种产品重量(体积、面积)×材料消耗量分配率

(3) 某种产品应负担的材料费用=该种产品应分配的材料耗用量×材料单价

此外，还可以直接分配材料费用，这样计算更为简便。其计算公式二如下：

(1) $材料费用分配率=\dfrac{产品耗用某材料费用总额}{全部产品重量(体积、面积)之和}$

(2) 某种产品应负担的材料费用=该种产品的重量(体积、面积)×材料费用分配率

例 3-1　新华工业企业 201×年 8 月生产甲、乙、丙三种产品，甲、乙、丙产品单件重量分别为 200 千克、250 千克和 300 千克，共同耗用 A 材料 935 000 元，其中甲产品产量为 20 件，乙产品产量为 10 件，丙产品产量为 15 件，根据按重量比例分配法分配三种产品应负担的材料费用。

计算过程如下：

甲产品总重量=200×20=4 000(千克)

乙产品总重量=250×10=2 500(千克)

丙产品总重量=300×15=4 500(千克)

$$材料费用分配率=\frac{产品耗用某材料费用总额}{全部产品重量之和}=\frac{935\ 000}{4\ 000+2\ 500+4\ 500}=85(元/千克)$$

甲产品应分配的材料费用=4 000×85=340 000(元)

乙产品应分配的材料费用=2 500×85=212 500(元)

丙产品应分配的材料费用=4 500×85=382 500(元)

编制会计分录：

借:生产成本—基本生产成本—甲产品　　340 000

　　　　　　　　　　　　—乙产品　　212 500

　　　　　　　　　　　　—丙产品　　382 500

　贷:原材料—A 材料　　935 000

2. 按定额消耗量比例分配

这种分配方法是原材料费用按照产品所耗材料定额消耗量的比例加以分配。

计算方法如下：

(1) 计算各种产品原材料定额消耗量：

某种产品原材料定额消耗量=该种产品实际产量×单位产品原材料消耗定额

(2) 计算原材料消耗量分配率：

$$原材料消耗量分配率=\frac{原材料实际消耗总量}{各种产品原材料定额消耗量之和}$$

(3) 计算各种产品应分配的原材料实际消耗量：

某种产品应分配的原材料实际消耗量=该种产品的原材料定额消耗量×原材料消耗量分配率

(4) 计算各种产品应分配的原材料实际费用：

某种产品应分配的实际原材料费用=该种产品应分配的原材料实际消耗量×材料单价

例 3-2　新华工业企业 201×年 9 月生产甲、乙两种产品，产量分别为甲产品 500 件、乙产品 400 件，共同耗用原材料 4 000 千克，每千克 5.4 元，共计 21 600 元，单件产品原材料定额消耗量:甲产品消耗定额为 6 千克，乙产品消耗定额为 5 千克。要求:运用定额消耗量比例分配法计算甲、乙产品实际耗用的原材料费用。

原材料分配计算过程如下：

(1) 甲产品原材料定额消耗量=500×6=3 000(千克)

乙产品原材料定额消耗量=400×5=2 000(千克)

(2) 原材料消耗量分配率$=\frac{4\ 000}{3\ 000+2\ 000}=0.8$

(3) 甲产品应分配的材料数量=3 000×0.8=2 400(千克)

乙产品应分配的材料数量=2 000×0.8=1 600(千克)

(4) 甲产品应分配的材料费用=2 400×5.4=12 960(元)

乙产品应分配的材料费用=1 600×5.4=8 640(元)

上例计算分配，可以考核原材料消耗定额的执行情况，有利于加强原材料消耗的实物管理，但分配计算的工作量较大。为了简化计算分配工作，也可以采用按原材料定额消耗量比例直接分配原材料费用的方法。其计算公式如下：

(1) 计算各种产品原材料定额消耗量：

某种产品原材料定额消耗量=该种产品实际产量×单位产品原材料消耗定额

(2) 计算原材料费用分配率：

$$原材料费用分配率=\frac{原材料实际费用总额}{各种产品原材料定额消耗量之和}$$

(3) 计算各种产品应分配的实际原材料费用：

某种产品应分配的原材料费用＝该种产品的原材料定额消耗量×原材料费用分配率

仍以上例资料计算分配如下：

(1) 甲产品原材料定额消耗量＝500×6＝3 000(千克)

乙产品原材料定额消耗量＝400×5＝2 000(千克)

(2) 原材料费用分配率$=\frac{4\ 000\times 5.4}{3\ 000+2\ 000}=4.32$(元/千克)

(3) 甲产品应分配的材料费用＝3 000×4.32＝12 960(元)

乙产品应分配的材料费用＝2 000×4.32＝8 640(元)

根据计算的分配结果编制“材料费用分配表”：

表 3-3 材料费用分配表

编制单位：新华工业企业　　　　201×年 9 月

产品名称	产量(件)	单位消耗定额(千克)	定额消耗量(千克)	分配率	应分配费用(元)
甲产品	500	6	3 000		12 960
乙产品	400	5	2 000		8 640
合计			5 000	4.32	21 600

上述两种分配方法计算结果相同，但后一种分配方法不能提供各种产品原材料实际消耗量资料，不利于加强原材料消耗的实物管理。

3. 按原材料定额费用比例分配

这种分配方法是原材料费用按照产品耗用材料定额费用的比例加以分配。企业在生产多种产品或多种产品共同耗用多种原材料的情况下，可以采用按原材料定额费用比例分配原材料费用的方法。

计算方法如下：

(1) 计算各种产品原材料定额费用：

某产品原材料定额费用＝该种产品实际产量×单位产品原材料费用定额

$$单位产品原材料费用定额=\sum 单位产品原材料消耗定额\times 该原材料单价$$

(2) 计算原材料费用分配率：

$$原材料费用分配率=\frac{各种原材料实际总费用}{各产品原材料定额费用之和}$$

(3) 计算出各种产品应分配的原材料实际费用：

某种产品应分配的原材料费用＝该种产品的原材料定额费用×原材料费用分配率

例 3-3 新华工业企业 201×年 10 月生产甲、乙两种产品，共同领用 A、B 两种材料，产量分别为 150 件和 120 件，共同发生材料费用 37 620 元。其中甲产品消耗定额：A 材料为 6 千克，B 材料为 8 千克；乙产品消耗定额：A 材料为 9 千克，B 材料 5 千克。根据定额费用比例分配法分配两种产品应负担的材料费用。A 材料单价 10 元，B 材料单价 8 元。原材料分配计算过程如下：

(1) 甲产品消耗A材料定额费用＝150×6×10＝9 000(元)

甲产品消耗B材料定额费用＝150×8×8＝9 600(元)

甲产品消耗A、B材料定额费用总额＝9 000＋9 600＝18 600(元)

或

甲产品消耗A、B材料费用定额＝6×10＋8×8＝124(元)

甲产品消耗A、B材料定额费用＝150×124＝18 600(元)

(2) 乙产品消耗A材料定额费用＝120×9×10＝10 800(元)

乙产品消耗B材料定额费用＝120×5×8＝4 800(元)

乙产品消耗A、B材料定额费用总额＝10 800＋4 800＝15 600(元)

或

乙产品消耗A、B材料费用定额＝9×10＋5×8＝130(元)

乙产品消耗A、B材料定额费用＝120×130＝15 600(元)

(3) 分配率$=\frac{37\ 620}{18\ 600+15\ 600}=1.1$

甲产品应分配的费用＝18 600×1.1＝20 460(元)

乙产品应分配的费用＝15 600×1.1＝17 160(元)

在实际工作中，材料费用的分配是通过编制材料费用分配表进行的。直接用于产品生产的各种原材料费用，应记入“生产成本—基本生产成本”账户及其所属明细账的“直接材料”成本项目；用于辅助生产的原材料费用，应记入“生产成本—辅助生产成本”账户及其所属明细账的费用(或成本)项目；基本生产车间管理耗用的原材料费用，应记入“制造费用”账户及其所属明细账；厂部管理耗用的原材料费用，应记入“管理费用”账户；产品销售耗用的原材料费用，应记入“销售费用”账户。

材料费用分配表是按车间、部门和材料的类别，根据归类后的领退料凭证和其他有关资料编制的。新华工业企业201×年9月根据发生的材料费用编制“材料费用分配表”如下：

表3-4　材料费用分配表

编制单位:新华工业企业　　201×年9月

应借科目			直接计入金额(元)	分配计入		费用合计(元)
				定额消耗量(千克)	分配金额(分配率4.32)	
生产成本	基本生产成本	甲产品	6 020	3 000	12 960	18 980
		乙产品	5 780	2 000	8 640	14 420
		小计	11 800	5 000	21 600	33 400
生产成本	辅助生产成本	供电车间	4 500			4 500
		供水车间	6 500			6 500
		小计	11 000			11 000
制造费用			2 000			2 000
管理费用			1 200			1 200
销售费用			1 180			1 180
合计			27 180		21 600	48 780

根据“材料费用分配表”编制记账凭证，据以登记有关总账及明细账。编制会计分录如下：

借：生产成本—基本生产成本—甲产品　　18 980
　　　　　　　　　　　　　—乙产品　　14 420
　　生产成本—辅助生产成本—供电车间　　4 500
　　　　　　　　　　　　　—供水车间　　6 500
　　制造费用　　2 000
　　管理费用　　1 200
　　销售费用　　1 180
　　贷：原材料—原料及主要材料　　48 780

上述原材料费用是按实际成本进行核算分配的。如果原材料费用是按计划成本进行核算分配，计入产品成本和期间费用的原材料费用是计划成本，还应该分配材料成本差异额，将计划成本调整为实际成本。

（二）辅助材料费用的归集和分配

辅助材料是指直接用于生产，有助于产品形成或便于生产进行，但不构成产品主要实体的各种材料。其中，有的是加入产品实体，同原料及主要材料相结合，或使主要材料发生变化，或使产品具有某种性能的辅助材料，如催化剂、染料、油漆等；有的是用于创造正常劳动条件而消耗的辅助材料，如工作地点清洁用的各种用具及管理维护用的各种材料等；有的是被劳动工具所消耗的辅助材料，如维护机器设备用的润滑油和防锈剂等。

直接用于产品生产、有助于产品形成的辅助材料，一般属于间接计入费用，应采用适当的分配方法进行分配以后，记入各种产品生产成本明细账的“直接材料”成本项目。对于耗用在原料及主要材料上的辅助材料，如油漆、染料等，应按原料及主要材料耗用量的比例分配，在辅助材料消耗定额比较准确的情况下，与分配原料及主要材料费用方法基本相同，可按照产品定额消耗量或定额费用的比例分配辅助材料费用；对于与产品产量直接有联系的辅助材料，如包装材料，可按产品产量比例分配。

（三）燃料费用的归集和分配

燃料是指在生产过程中用来燃烧、发热，或为创造正常劳动条件耗用的各种燃料，包括固体燃料、气体燃料和液体燃料等，如煤炭、各种油料、煤气、天然气。

燃料实际上也属于材料，如果燃料费用在产品成本中所占比重较大，则可以与动力费用一起专设“燃料及动力”成本项目，还应增设“燃料”账户，以便单独核算燃料的增减变动和结存，以及燃料费用的分配情况。燃料费用的分配与原材料费用的分配程序和方法相同。直接用于产品生产的燃料，在只生产一种产品或者是按照产品品种（或成本计算对象）分别领用时，属于直接计入费用，可以直接记入各种产品生产成本明细账的“燃料及动力”成本项目；如果不能按产品品种分别领用，而是几种产品共同耗用的燃料，属于间接计入费用，则应采用适当的分配方法，在各种产品之间进行分配后记入各种产品生产成本明细账的“燃料及动力”成本项目。燃料费用的分配标准可以按产品的重量、体积、所耗燃料的数量或费用，也可以按燃料的定额消耗量或定额费用等。

例3-4　新华工业企业201×年9月生产甲、乙两种产品，直接用于甲、乙两种产品生产的燃料费用90 000元，按燃料定额费用比例分配。根据耗用燃料的产品数量和单位产品的燃料费用定额算出的燃料定额费用为:甲产品 7 000 元,乙产品 5 000 元。

采用定额费用比例法分配计算如下:

$$燃料费用分配率=\frac{90\ 000}{7\ 000+5\ 000}=7.5$$

甲产品燃料费用=7 000×7.5=52 500(元)

乙产品燃料费用=5 000×7.5=37 500(元)

编制的“燃料费用分配表”如表 3-5 所示。

表 3-5　燃料费用分配表

编制单位:新华工业企业　　201×年 9 月　　单位:元

应借科目			成本或费用项目	直接计入	分配计入		合计
					定额燃料费用	分配金额(分配率 7.5)	
生产成本	基本生产成本	甲产品	燃料及动力		7 000	52 500	52 500
		乙产品	燃料及动力		5 000	37 500	37 500
		小计			12 000	90 000	90 000
生产成本	辅助生产成本	供电车间	燃料及动力	10 000			10 000
		供水车间	燃料及动力	5 000			5 000
		小计		15 000			15 000
制造费用			燃料及动力	3 000			3 000
管理费用			燃料及动力	6 000			6 000
合计				24 000		9 000	114 000

根据“燃料费用分配表”编制会计分录如下:

借:生产成本—基本生产成本—甲产品　　52 500
　　　　　　　　　　　　—乙产品　　37 500
　生产成本—辅助生产成本—供电车间　　10 000
　　　　　　　　　　　　—供水车间　　5 000
　制造费用　　3 000
　管理费用　　6 000
　贷:原材料—燃料　　114 000

(四) 低值易耗品费用的归集和分配

低值易耗品是劳动手段中单位价值和使用年限在规定限额以下的物品,包括工具、管理用具、玻璃器皿以及在经营过程中周转使用的包装容器等。低值易耗品的收入、发出、摊销和结存的核算,是通过设立“周转材料”账户及按其种类设置的明细账进行的。低值易耗品的日常核算一般按照实际成本进行,在按计划成本进行时,还应在“材料成本差异”总账科目下设置“周转材料”二级账户。

低值易耗品的摊销方法通常有一次摊销法和五五摊销法。

1. 一次摊销法

一次摊销法,即一次转销法或一次计入法。

采用这种方法领用时,将其全部价值一次计入当月(领用月份)产品成本、期间费用等,借记

“制造费用”、“管理费用”、“其他业务成本”等科目，贷记“周转材料—低值易耗品”科目。报废时，报废的残料价值冲减有关的成本、费用，作为当月摊销的减少，借记“原材料”等科目，贷记“制造费用”、“管理费用”或“其他业务成本”等科目。

低值易耗品采用计划成本进行日常核算时，领用低值易耗品应按计划成本编制会计分录；月末，还要调整领用低值易耗品的成本差异，按实际成本大于计划成本的差异借记“制造费用”、“管理费用”、“其他业务成本”等科目，贷记“材料成本差异”科目，实际成本小于计划成本做相反会计分录。

例 3-5 新华工业企业基本生产车间领用低值易耗品采用一次摊销法。9 月该车间领用一批生产工具，计划成本 800 元；以前月份领用的另一批生产工具在本月报废，计划成本为 400 元，残料验收入库计价 20 元。低值易耗品的成本差异率为－5%。编制会计分录如下：

(1) 领用生产工具时：

借：制造费用　　800

　　贷：周转材料—低值易耗品　　800

(2) 报废生产工具残料入库时：

借：原材料　　20

　　贷：制造费用　　20

(3) 月末，调整分配本月所领生产工具的成本节约差异 40 元(即 800 元×5%)。

借：材料成本差异—周转材料　　40

　　贷：制造费用　　40

一次摊销法的核算比较简便，但由于低值易耗品的使用期一般不止一个月，而采用这种方法会使各月成本、费用负担不太合理，还会产生账外财产，不便进行价值监督。这种方法一般适用于单位价值较低、使用期限较短、一次领用量不多以及容易破损的低值易耗品。

2. 五五摊销法

五五摊销法也称“五成法”，是指在领用低值易耗品时，摊销其价值的一半，报废时再摊销其价值的另一半。

为了反映在库、在用低值易耗品的价值和低值易耗品的摊余价值，应在“周转材料”科目下分设“低值易耗品—在库”、“低值易耗品—在用” 及“低值易耗品—摊销”三个明细科目。

使用部门从仓库领用低值易耗品时，借记“周转材料—低值易耗品—在用”科目，贷记“周转材料—低值易耗品—在库”科目；同时，按其价值的 50%计算摊销额，借记“制造费用”、“管理费用”、“其他业务成本”等科目，贷记 “周转材料—低值易耗品—摊销”科目。

报废时如有残值，借记 “原材料”等科目，贷记 “制造费用”、“管理费用”等科目，以示冲减。此外，还应将报废低值易耗品的价值及其累计摊销额注销，借记 “周转材料—低值易耗品—摊销”科目，贷记“周转材料—低值易耗品—在用”科目。

如果低值易耗品按计划成本进行日常核算，月末还要分配所领低值易耗品计划成本应分配的成本差异，将计划成本调整为实际成本。

例 3-6 新华工业企业行政管理部门领用管理用具一批，采用五五摊销法核算。该管理用具计划成本 1 800 元；以前月份领用的另一批管理用具在本月报废，计划成本为 1 400 元，残料验收入库计价 50 元。低值易耗品的成本差异率为－2%。编制会计分录如下：

(1) 领用生产工具时：

借:周转材料—低值易耗品—在用　　1 800
　　贷:周转材料—低值易耗品—在库　　1 800
摊销价值的50%:
借:管理费用　　900
　　贷:周转材料—低值易耗品—摊销　　900
(2) 报废以前领用管理用具摊销并收回残料时:
借:管理费用　　700
　　贷:周转材料—低值易耗品—摊销　　700
借:原材料　　50
　　贷:管理费用　　50
(3) 注销报废管理用具:
借:周转材料—低值易耗品—摊销　　1 400
　　贷:周转材料—低值易耗品—在用　　1 400
(4) 月末,调整分配本月所领管理用具的成本节约差异36元(即1 800元×2%)。
借:材料成本差异—周转材料　　36
　　贷:管理费用　　36

采用低值易耗品五五摊销法的优缺点与出借、出租包装物五五摊销法的优缺点相似,即能够对在用低值易耗品进行价值监督;各月成本、费用负担的低值易耗品比较合理,但核算工作量比较大。因此,该种方法适用于各月领用和报废低值易耗品的数量比较均衡、各月摊销额相差不多的低值易耗品。

二、外购动力费用的归集与分配

外购动力费用是指向外单位购买的电力、热力等各种动力所支付的费用。进行外购动力费用核算,一是动力费用支出的归集核算,二是动力费用分配核算。

(一) 外购动力费用的归集

在实际工作中,外购动力费用支出的核算一般分为两种情况:

(1) 每月支付动力费用的日期基本固定,而且每月付款日到月末的应付动力费用相差不多,将每月支付的动力费用作为应付动力费用,在付款时直接借记各成本、费用科目,贷记"银行存款"科目。

(2) 一般情况下要通过"应付账款"科目核算,即在付款时先作为暂付款处理,借记"应付账款"科目,贷记"银行存款"科目;月末按照外购动力的用途分配费用时,再借记各成本、费用科目,贷记"应付账款"科目,冲销原来记入"应付账款"账户借方的暂付款。"应付账款"账户借方所记本月所付动力费用与贷方所记本月应付动力费用,往往不相等。如果是借方余额,为本月支付款大于应付款的多付动力费用,可以抵冲下月应付费用;如果是贷方余额,为本月应付款大于支付款的应付未付动力费用,可以在下月支付。

(二) 外购动力费用的分配

外购动力有的直接用于产品生产,如生产工艺用电力;有的间接用于产品生产,如生产单位(车间或分厂)照明用电力;有的则用于经营管理,如企业行政管理部门照明用电力和取暖等。在有计量仪器记录的情况下,直接根据仪器所示的耗用数量以及动力单价计算;在没有计量仪器的情况下，要按照一定的标准在各种产品之间进行分配，如按生产工时比例、机器工时比例、机器功率时数比例，或定额消耗量的比例分配。各车间、部门的动力用电和照明用电一般都分别装有电表，外购动力费用在各车间部门可按用电度数分配；车间中的动力用电一般不按产品分别安装电表，因而车间动力用电费用在各种产品之间一般按产品的生产工时比例、机器工时比例、机器功率时数比例和定额消耗量比例等分配。

在进行外购动力费用分配的账务处理时，直接用于产品生产，设有“燃料及动力”成本项目的动力费用，应单独地记入“生产成本—基本生产成本”账户及所属有关产品生产成本明细账的借方；直接用于辅助生产的动力费用，记入“生产成本—辅助生产成本”账户及所属有关的产品生产成本明细账的借方；用于基本生产但未专设成本项目的动力费用和用于车间组织管理生产经营活动的动力费用，则应记入“制造费用”账户及所属有关的明细账的借方；用于全厂组织和管理生产经营活动的动力费用，则应记入“管理费用”账户和所属明细账的借方。外购动力费用总额应根据有关转账凭证或付款凭证记入“应付账款”或“银行存款”账户的贷方。

例 3-7 新华工业企业 201×年 9 月共耗电度数为 80 000 度，每度电 0.5 元，共发生电费 40 000元。月末查明各车间、部门耗电度数为：基本生产车间直接用于产品生产耗电 65 000 度，没有分产品安装电表，规定按生产工时比例分配电费，甲产品生产工时为 3 600 小时，乙产品生产工时为 6 400 小时；车间照明用电 4 000 度；辅助生产车间耗电 6 000 度，其中，供电车间 4 000 度，供水车间 2 000 度；企业行政管理部门耗电 5 000 度。该企业设有“燃料及动力”成本项目，甲、乙产品动力费用分配计算如下：

$$\text{甲、乙产品动力费分配率}=\frac{65\ 000\times 0.5}{3\ 600+6\ 400}=3.25(\text{元/时})$$

$$\text{甲产品应分配动力费}=3\ 600\times 3.25=11\ 700(\text{元})$$

$$\text{乙产品应分配动力费}=6\ 400\times 3.25=20\ 800(\text{元})$$

编制“外购动力费用分配表”如表 3-6 所示。

表 3-6 外购动力费用分配表

编制单位：新华工业企业　　　　201×年 9 月　　　　单位：元

应借科目			成本或费用项目	动力费分配		电费分配	
				生产工时	分配金额(分配率 3.25)	用电度数	分配金额(分配率 0.5)
生产成本	基本生产成本	甲产品	燃料及动力	3 600	11 700		11 700
		乙产品	燃料及动力	6 400	20 800		20 800
		小计		10 000	32 500	65 000	32 500
生产成本	辅助生产成本	供电车间	水电费			4 000	2 000
		供水车间	水电费			2 000	1 000
		小计				6 000	3 000
制造费用			水电费			4 000	2 000
管理费用			水电费			5 000	2 500
合计						80 000	40 000

根据“外购动力费用分配表”编制会计分录如下：

借：生产成本—基本生产成本—甲产品　　　　11 700
　　　　　　　　　　　　　—乙产品　　　　20 800

生产成本—辅助生产成本—供电车间　　2 000
　　　　　　　　　　　—供水车间　　1 000
制造费用　　2 000
管理费用　　2 500
贷:应付账款　　40 000

三、职工薪酬费用的归集与分配

(一) 职工薪酬费用的归集

1. 职工薪酬的内容

职工薪酬是指企业为获取职工提供服务而给予各种形式的报酬以及其他相关支出。具体包括:

(1) 职工工资、奖金、津贴和补贴;

(2) 职工福利费;

(3) 医疗保险费、养老保险费(包括基本养老保险费和补充养老保险费)、失业保险费、工伤保险费和生育保险费等社会保险费;

(4) 住房公积金;

(5) 工会经费和职工教育经费;

(6) 非货币性福利;

(7) 因解除与职工的劳动关系给予的补偿(辞退福利);

(8) 其他与获得职工提供的服务相关的支出。

以上所指"职工",包括与企业订立劳动合同的所有人员,含全职、兼职和临时职工,也包括未与企业订立劳动合同但由企业正式任命的人员,如董事会成员、监事会成员等。在企业的计划和控制下,虽与企业未订立劳动合同,或企业未正式任命的人员,但为企业提供了类似服务,也视同企业职工处理。

2. 职工薪酬的计算

企业职工的工资总额是指各单位在一定时期内直接支付给本单位全部职工的劳动报酬总额,包括计时工资、计件工资、奖金、津贴和补贴、加班加点工资及特殊情况下支付的工资等。企业进行工资费用的核算还必须有一定的原始记录作为依据,并且不同的工资制度所依据的原始记录是不同的,如:计算计时工资费用应以考勤簿(见表 3-7)为依据;计算计件工资费用,应以产量记录(见表 3-8)为依据。考勤记录和产量记录是工资费用核算的最主要的原始记录。

表 3-7　考勤簿

201×年 9 月

车间或部门__________ 工段__________ 生产小组__________ 考勤员__________

编号	姓名	工资等级	出勤和缺勤记录							出勤分类							缺勤分类								备注
			1	2	3	4	…	合计		计时工作	计件工作	中班次数	夜班次数	加班加点	停工	迟到早退	公假	工伤	探亲假	产假	婚丧假	病假	事假	旷工	
								出勤天数	缺勤天数																

表 3-8　工作班产量记录

工人			工作任务						交验结果										工资			
工号	姓名	等级	序列程单编号	产品型号	零件编号	工序名称	交发加工数量	工时定额	交验数量	合格数量	返工数量	工废数量	料废数量	短缺数量	专加工数	定额总工时	实际工时	检验员	计件单价	合格品工资	废品工资	合计
01																						
02																						
03																						
04																						

工资的计算是企业向职工支付工资和按用途分配工资费用的依据。工业企业可以根据具体情况采用不同的工资制度，其中最基本的工资制度是计时工资制度和计件工资制度。

1）计时工资的计算

职工的计时工资，是根据考勤记录登记的每一位职工出勤或缺勤天数，按照规定的工资标准计算的。计时工资的计算方法有两种：月薪制和日薪制。

（1）月薪制。月薪制不论各月日历天数多少，每月的标准工资相同，只要职工当月出满勤，就可以得到固定的月标准工资。企业固定职工的计时工资一般按月薪制计算。为了按照职工出勤或缺勤日数计算应付月工资，还应根据月工资标准计算日工资率。日工资率一般有以下两种计算方法：

①每月按固定日数 30 天计算。按照这种方法计算日工资不论大月或小月一律按 30 天计算。月内的星期日、法定假日视为出勤，照付工资。而缺勤期间的节假日也应算作缺勤，照扣工资。日工资率的计算公式为：

日工资率＝月标准工资÷30

②每月按 21.75 天计算。全年平均每月标准工作日数 21.75 天，是从全年日历天数 365 天减去 104 个法定休息日后的余额除以 12 个月所得的商数，即

(365－104)÷12＝21.75(天)

按照这种方法计算日工资率不论大小月一律按 21.75 天计算，月内的休息日不付工资，法定假日视为出勤，照付工资，缺勤期间的节假日视为缺勤，照扣工资。日工资率的计算公式为：

日工资率＝月标准工资÷21.75

此外，应付月工资可以按月标准工资扣除缺勤工资计算，其计算公式为：

应付计时工资＝月标准工资－(事假天数×日工资率＋病假天数×日工资率×病假扣款率)

也可以直接根据职工的出勤天数计算，其计算公式为：

应付计时工资＝本月出勤天数×日工资率＋病假天数×日工资率×(1－病假扣款率)

计算缺勤扣款时，应区别不同情况，根据国家有关规定执行。对事假和旷工缺勤按 100%的比例扣发工资；因工负伤、探亲假、婚丧假、女工产假等缺勤期间应按 100%的比例全部照发工资；病假应根据劳保条例的规定按病假期限和工龄长短扣发一定比例的工资。

(2) 日薪制。日薪制是按职工出勤天数和日标准工资计算应付计时工资的方法。一般企业的临时职工的计时工资大多按日薪制计算。按日薪制计算计时工资的企业里,职工每月的全勤月工资不是固定的,而是随着当月月份大小而发生变化的。对于非工作时间的工资,也应按前述有关规定计算。现举例说明前述计时工资的计算方法。

例 3-8 假定某企业某工人的月工资标准为 2 700 元,10 月 31 天,病假 4 天,事假 1 天,休假 11 天,出勤 15 天。根据该工人的工龄,其病假工资按工资标准的 90%计算。该工人的病假和事假期间没有节假日。采用月薪制计算该工人 10 月份的标准工资如下:

(1) 按 30 天计算日工资率:

$$日工资率=2\ 700\div30=90(元)$$

按缺勤天数扣月工资计算:

$$应付工资=2\ 700-90\times4\times10\%-90\times1=2\ 574(元)$$

按出勤天数计算月工资:

$$应付工资=90\times(15+11)+90\times4\times90\%=2\ 664(元)$$

(2) 按 21.75 天计算日工资率:

$$日工资率=2\ 700\div21.75=124.14(元)$$

按缺勤天数扣月工资计算:

$$应付工资=2\ 700-124.14\times4\times10\%-124.14\times1=2\ 526.20(元)$$

按出勤天数计算月工资:

$$应付工资=124.14\times(15+3)+124.14\times4\times90\%=2\ 681.42(元)$$

2) 计件工资的计算

计件工资是根据每人(或班组)当月生产的实际合格品数量和规定的计价单价计算的工资。针对废品,由于材料不合格造成的废品,应照付工资;由于加工人员的过失造成的废品,则不支付工资。有关计算公式为:

$$应付计件工资=\sum[(合格品数量+料废品数量)\times计件单价]$$

计件工资通常有个人计件和集体计件两种形式。

(1) 个人计件工资的计算。

例 3-9 某工人本月加工甲零件 800 个,计件单价 0.90 元;加工乙零件 300 个,计件单价 0.15元,经检验甲零件料废 3 个,工废 10 个;乙零件工废 4 个,其余均为合格品。则该工人本月应得计件工资:

$$应付计件工资=(800-10)\times0.90+(300-4)\times0.15=755.40(元)$$

(2) 集体计件工资的计算。

集体计件工资是以班组为对象计算的计件工资。常用的分配方法有两种:

①以计时工资为分配标准,在集体各成员之间进行分配。计算公式为:

$$工资分配率=班组计件工资总额\div班组计时工资总额$$

$$个人应得计件工资=个人应得计时工资\times工资分配率$$

例 3-10 某生产小组 3 个人共同完成某项加工任务,共得计件工资 3 280 元,有关资料及个人应得工资见表 3-9。

表 3-9 班组计件工资分配表(以计时工资为分配标准)

姓名	计时工资(元)	计件工资分配率	应得计件工资(元)
赵伟	3 000		1 500
李强	2 000		1 000
张三	1 560		780
合计	6 560	0.5	3 280

②以实际工作小时为分配标准，在集体各成员之间进行分配。计算公式为：

工资分配率＝班组计件工资总额÷班组实际工作小时合计

个人应得计件工资＝个人实际工作小时×工资分配率

仍以例 3-10 为例，采用按实际工作小时为分配标准，计算个人应得计件工资。编制小组计件工资分配表见表 3-10。

表 3-10 班组计件工资分配表(按实际工作小时为分配标准)

姓名	实际工作小时	计件工资分配率	应得计件工资(元)
赵伟	200		1 000
李强	256		1 280
张三	200		1 000
合计	656	5	3 280

从以上两种分配方法能明显看出，以计时工资作为分配标准进行分配能够体现技术因素，在生产人员技术等级相差悬殊，以及计件工作本身科技含量水平比较高的情况下，这种分配比较合理；而按实际工作小时作为分配标准进行分配，技术因素不能体现，在生产人员技术等级差别不大，或者计件工作本身技术性能不强的情况下，可以采用。

奖金、津贴和补贴以及加班加点工资的计算。奖金分为单项奖和综合奖两种。单项奖按规定的奖励条件和奖金标准及有关原始记录计算；综合奖由班组、车间或部门评定分配。各种津贴、补贴应根据国家规定的享受范围和标准进行计算。加班加点工资，应根据加班天数和加点时数，以及职工个人的日工资率和小时工资率计算。

根据上述计算出的计时工资、计件工资及其他奖金、津贴、加班加点工资以后，就可以计算职工的应付工资和实发工资。其计算公式为：

应付职工薪酬＝应付计时工资＋应付计件工资＋奖金＋津贴、补贴
＋加班加点工资＋特殊情况下支付的工资

在实际工作中，为了减少现金收付工作，便利职工收付有关款项，企业向职工支付工资时，一般可同时支付某些福利费用和交通补贴等代发款项，并且扣除职工应付的房租费、托儿费、个人所得税等代扣款项。实发工资计算公式为：

实发工资＝应付职工薪酬－代扣款项＋代发款项

有关工资结算和支付的内容及账务处理，在《财务会计实务》中已经述及，此处不再重述。

(二) 职工薪酬费用的分配

1. 职工工资、奖金、津贴和补贴

职工工资，这里指的是基本工资，如工资总额中的计时工资、计件工资，实行结构工资制的

单位支付给职工基础工资和职务(岗位)工资等。奖金是指支付给职工的超额劳动报酬和增收节支的劳动报酬;津贴和补贴是指为补偿职工特殊或额外的劳动消耗和因其他特殊原因支付给职工的津贴以及物价补贴等。

直接进行产品生产的生产工人工资,应记入"生产成本—基本生产成本"账户及所属明细账的"直接人工"成本项目。其中生产工人的计件工资,属于直接计入费用,根据工资结算凭证(产量记录)直接记入某种产品成本的"直接人工"成本项目。生产工人的计时工资一般属于间接计入费用,但是在只生产一种产品时,属于直接计入费用,可以直接记入该种产品成本的"直接人工"成本项目;在生产多种产品时,则属于间接计入费用,应按照产品的生产工时比例等分配标准分配后再记入各种产品生产成本明细账"直接人工"成本项目。按生产工时(实际或定额)比例分配计算的公式如下:

(1) $\text{工资费用分配率}=\dfrac{\text{某车间生产工人计时工资总额}}{\text{该车间各种产品生产工时(实际或定额)总数}}$

(2) 某产品应分配计时工资=该种产品生产工时×工资费用分配率

例 3-11 新华工业企业 201×年 9 月生产甲、乙两种产品,生产工人计件工资分别为:甲产品 18 000 元,乙产品 16 000 元;甲、乙产品计时工资共计 88 000 元。甲、乙产品生产工时分别为 560 小时和 320 小时。

按生产工时比例分配计算如下:

$$\text{工资费用分配率}=\frac{88\ 000}{560+320}=100(\text{元/时})$$

$$\text{甲产品分配工资费用}=560\times100=56\ 000(\text{元})$$

$$\text{乙产品分配工资费用}=320\times100=32\ 000(\text{元})$$

2. 职工福利费

职工福利费是企业准备用于企业职工福利方面的资金。这是企业使用了职工的劳动技能、知识等以后除了有义务承担必要的劳动报酬外,还必须负担的对职工福利方面的义务。我国企业中按规定用于职工福利方面的资金来源,包括从费用中提取和从税后利润中提取两个方面。企业每期应当按照工资总额的一定比例(一般为 14%)计算职工福利费,并按职工提供服务的受益对象,计入相关资产的成本或确认为当期费用。

工资费用分配以及职工福利费分配在企业实际工作中是通过编制"工资及福利费分配表"(见表 3-11)进行的,"工资及福利费分配表"是编制记账凭证和登记有关总账与明细账的依据。

表 3-11 工资及福利费分配表

编制单位:新华工业企业　　201×年 9 月　　单位:元

应借科目			成本或费用项目	直接计入	分配计入		工资费用合计	福利费(计提比例 14%)	合计
					生产工时	分配金额(分配率 100)			
生产成本	基本生产成本	甲产品	直接人工	18 000	560	56 000	74 000	10 360	84 360
		乙产品	直接人工	16 000	320	32 000	48 000	6 720	54 720
		小计		34 000	880	88 000	122 000	17 080	139 080

续表

应借科目			成本或费用项目	直接计入	分配计入		工资费用合计	福利费（计提比例14%）	合计
					生产工时	分配金额（分配率100）			
生产成本	辅助生产成本	供电车间	职工薪酬	12 000			12 000	1 680	13 680
		供水车间	职工薪酬	9 000			9 000	1 260	10 260
		小计		21 000			21 000	2 940	23 940
制造费用			职工薪酬	28 000			28 000	3 920	31 920
销售费用			职工薪酬	35 860			35 860	5 020.4	40 880.4
管理费用			职工薪酬	42 000			42 000	5 880	47 880
合计				160 860		88 000	248 860	34 840.4	283 700.4

根据“工资及福利费分配表”编制会计分录如下：

借:生产成本—基本生产成本—甲产品　　84 360
　　　　　　　　　　　　—乙产品　　54 720
　生产成本—辅助生产成本—供电车间　　13 680
　　　　　　　　　　　　—供水车间　　10 260
　制造费用　　31 920
　销售费用　　40 880.4
　管理费用　　47 880
　贷:应付职工薪酬—工资　　248 860
　　　　　　　　—福利费　　34 840.4

3. 社会保险费用

社会保险费用具体包括养老保险费、医疗保险费、失业保险费、工伤保险费、生育保险费等，是按国家规定提取、筹集和使用的专项基金，专款专用，任何单位和个人都无权自行决定该基金的其他用途。

(1) 养老保险费，是指依法由本市社会保险行政主管部门负责组织和管理，由企业和被保险人共同承担养老保险费缴纳义务，被保险人退休后依法享受养老保险待遇的基本养老保险制度。

(2) 医疗保险费，为了保障职工和退休人员患病时得到基本医疗，享受医疗保险待遇，企业、机关、事业单位、社会团体、民办非企业单位(以下简称用人单位)应当按时足额缴纳基本医疗保险费。

(3) 失业保险费，为了保障失业人员失业期间的基本生活，促进其再就业，企业、事业单位和城镇企业、事业单位职工缴纳失业保险费。

(4) 工伤保险费，为保障劳动者在工作中遭受事故和职业病伤害后获得医疗救治、经济补偿和职业康复的权利，保障因工死亡者供养直系亲属的基本生活，分散工伤风险，促进工伤预防，参加工伤保险的企业，应根据企业所属行业类别，对照“工伤保险行业基准费率和浮动档次表”，选择所属行业类别对应的浮动基准费率缴纳工伤保险。

(5) 生育保险费，是通过国家立法，在劳动者因生育子女而暂时中断劳动时，由国家和社会及时给予物质帮助的一项社会保险制度。生育保险提供的生活保障和物质帮助，通常由现金补助和实物供给两部分组成。现金补助主要是指及时给予生育妇女的生育津贴。有些国家还包括一次性现金补助或家庭津贴。实物供给主要是指提供必要的医疗保健、医疗服务，以及孕妇、婴儿需要的生活用品等。

企业为职工缴纳的医疗保险费、养老保险费、失业保险费、工伤保险费、生育保险费等社会保险费，应当在职工为其提供服务的会计期间，根据工资总额的一定比例计算，记入相应的成本费用中。

例 3-12 新华工业企业为职工建立了基本养老保险和补充养老保险，其中基本养老保险按照 20%计提并缴纳，其余部分由职工个人按照个人工资总额的 8%代扣代缴，补充养老保险按照企业本期净利润的 5%计提并缴纳给企业年金受托人管理，并按照职工人数进行平均分摊；职工个人账户按照个人工资总额的 3%计提并由企业代扣代缴，年终收益按职工工龄职务权重比例进行分配，计入个人账户。当期企业净利润为 1 000 000 元，则本期应缴纳的基本养老保险和补充养老保险见表 3-12。

表 3-12 基本养老保险和补充养老保险缴存表

项目	基本生产车间(50 人)		供电车间(5 人)	供水车间(4 人)	销售部门(14 人)	管理部门(7 人)	合计(80 人)
	生产工人 45 人	管理人员 5 人					
职工工资总额	122 000	28 000	12 000	9 000	35 860	42 000	248 860
基本养老保险费(20%)	24 400	5 600	2 400	1 800	7 172	8 400	49 772
补充养老保险费分配比率	45/80=0.56	5/80=0.06	5/80=0.06	4/80=0.05	14/80=0.18	0.09	1
补充养老保险费	28 000	3 000	3 000	2 500	9 000	4 500	50 000
合计	52 400	8 600	5 400	4 300	16 172	12 900	99 772

为职工缴纳的补充养老保险为 1 000 000×5%=50 000(元)，按职工人数比例进行分配。

按照应缴纳的基本养老保险、补充养老保险编制会计分录如下：

借：生产成本—基本生产成本　52 400
　　生产成本—辅助生产成本—供电车间　5 400
　　　　　　　　　　　　　—供水车间　4 300
　　制造费用　8 600
　　销售费用　16 172
　　管理费用—社会保险费　12 900
　　贷：应付职工薪酬—社会保险费　99 772

实际缴纳基本养老保险、补充养老保险时，编制会计分录如下：

借：应付职工薪酬—社会保险费　99 772
　　贷：银行存款　99 772

4. 住房公积金

住房公积金是指在职工工作年限内，由职工及其所在单位，按月交存一定数额的资金。住房公积金全部归职工个人所有，长期储蓄，专项用于住房支出。住房公积金缴存比例是公司自己定的，最低一般是5%，最高12%，以1%为单位累进，缴存比例分单位比例和个人比例。

企业为职工缴纳的住房公积金，应当在职工为其提供服务的会计期间，根据工资总额的一定比例计算，记入相应的成本费用中。

例3-13 新华工业企业的住房公积金缴存表如表3-13所示。

表3-13 住房公积金缴存表

项目	基本生产车间(50人)		供电车间(5人)	供水车间(4人)	销售部门(14人)	管理部门(7人)	合计(80人)
	生产工人(45人)	管理者(5人)					
职工工资总额	122 000	28 000	12 000	9 000	35 860	42 000	248 860
实际缴存住房公积金(10%)	12 200	2 800	1 200	900	3 586	4 200	24 886

按照应缴纳的住房公积金，编制会计分录如下：

借：生产成本—基本生产成本　12 200
　　生产成本—辅助生产成本—供电车间　1 200
　　　　　　　　　　　　—供水车间　900
　　制造费用　2 800
　　销售费用　3 586
　　管理费用—住房公积金　4 200
　　贷：应付职工薪酬—住房公积金　24 886

实际缴纳住房公积金时，编制会计分录如下：

借：应付职工薪酬—住房公积金　24 886
　　贷：银行存款　24 886

5. 工会经费、职工教育经费

(1) 工会经费，凡建立工会组织的全民所有制和集体所有制企业、事业单位和机关，应于每月15日以前按照上月份全部职工工资总额的2%，向工会拨交当月份的工会经费。

(2) 职工教育经费，为适应经济建设的需要，加强职工培训，提高企业职工队伍素质，企业可按列入成本的职工工资总额2.5%提取职工教育经费。

例3-14 新华工业企业工会经费、职工教育经费以工资总额为基数，计提比例分别为2%和2.5%，该企业201×年的工资总额为248 860元。提取工会经费和职工教育经费时，相关会计处理如下：

借：管理费用　11 198.7
　　贷：应付职工薪酬—工会经费　4 977.2
　　　　　　　　　　—职工教育经费　6 221.5

四、固定资产折旧费用的归集与分配

固定资产在长期使用过程中保持实物形态不变，但其价值随着固定资产的损耗而逐渐减少，这部分由于损耗而减少的价值就是固定资产折旧，它应该以折旧费用计入产品成本和期间费用。折旧费用也是产品成本的组成部分，应按照固定资产的使用车间、部门进行汇总，然后与生产单位(车间或分厂)、部门的其他费用一起分配计入产品成本和期间费用。生产某种产品往往需要使用多种机器设备，而某种机器设备可能生产多种产品。因此，机器设备的折旧费用虽是直接用于产品生产的费用，但一般属于分配工作比较复杂的间接计入费用，为了简化成本计算工作，没有专门设立成本项目。因此，与生产车间的其他固定资产折旧费用一并记入“制造费用”账户的借方，企业行政管理部门和其他经营业务部门的固定资产折旧费用，则分别记入“管理费用”、“销售费用”、“其他业务成本”等账户的借方，固定资产折旧总额，应记入“累计折旧”账户的贷方。

企业固定资产是多种多样的，不同的固定资产要分别采用年限平均法、工作量法、双倍余额递减法、年数总和法计提折旧。按照规定，有些固定资产是按单台计提的，有些固定资产是按类别计提的。企业也可以采用简化的方式，在上月固定资产折旧额的基础上，经过调整上月增、减固定资产应提折旧来计提当月固定资产折旧。企业车间(部门)每月计提的折旧额可按下列公式计算：

某部门本月折旧额＝该部门上月折旧额＋该部门上月增加固定资产应提折旧额
－该部门上月减少固定资产应停提的折旧额

折旧费用的分配是通过编制“折旧费用分配表”进行的，并据此编制会计分录，登记有关总账及所属明细账。新华工业企业201×年9月“折旧费用分配表”见表3-14。

表3-14 折旧费用分配表

编制单位：新华工业企业　　201×年9月　　单位：元

应借科目	车间或部门	上月固定资产折旧额	上月增加固定资产应提折旧额	上月减少固定资产应停提折旧额	本月固定资产折旧额
制造费用	基本生产车间	9 000	1 500	500	10 000
生产成本—辅助生产成本	供电车间	2 300	700	200	2 800
	供水车间	400	100	80	420
管理费用	行政管理部门	6 800		600	6 200
销售费用	专设销售机构	800	100		900
合计		19 300	2 400	1 380	20 320

根据“折旧费用分配表”编制会计分录如下：

借：制造费用　　10 000
　　生产成本—辅助生产成本—供电车间　　2 800
　　　　　　　　　　　　　—供水车间　　420
　　管理费用　　6 200
　　销售费用　　900
　　贷：累计折旧　　20 320

五、其他支出的归集与分配

其他支出是指除了前面所述各要素费用以外的其他费用支出，包括修理费、差旅费、邮电费、劳动保护费、运输费、办公费、水电费、技术转让费、业务招待费等。这些费用有的是产品成本的组成部分，有的则是期间费用的组成部分。因此，这些费用发生时，根据有关的付款凭证，按照费用的用途进行归类，分别记入“制造费用”、“生产成本”、“管理费用”、“销售费用”账户的借方，“银行存款”等账户的贷方。企业其他费用较多时，也可以根据具体费用项目以及受益对象编制“其他费用分配表”。

例 3-15 新华工业企业以银行存款支付本月发生的差旅费共计 5 586 元，其中，基本生产车间 3 381 元，辅助生产供电车间 160 元，辅助生产供水车间 445 元，行政管理部门 1 000 元，专设销售机构 600 元。会计分录如下：

借：制造费用　3 381
　生产成本—辅助生产成本—供电车间　160
　　　　　　　　　　　　—供水车间　445
　管理费用　1 000
　销售费用　600
　贷：银行存款　5 586

例 3-16 新华工业企业以银行存款支付办公费、运输费、业务招待费等共计 2 942 元，其中，基本生产车间 156 元，辅助生产供电车间 429 元，辅助生产供水车间 321 元，销售部门 1 021 元，管理部门 865 元，财务费用 150 元(手续费)。根据资料编制会计分录如下：

借：制造费用　156
　生产成本—辅助生产成本—供电车间　429
　　　　　　　　　　　　—供水车间　321
　管理费用　865
　销售费用　1 021
　财务费用　150
　贷：银行存款　2 942

任务 2 辅助生产费用的归集与分配

辅助生产是指主要为企业基本生产车间、企业行政管理部门等单位提供服务而进行的产品生产和劳务供应，是企业生产的重要组成部分。辅助生产车间的类型主要有两种：只生产一种产品或只提供一种劳务，如供电、供水、供气等辅助生产车间；生产多种产品或提供多种劳务，如从事工具、模具、修理用备件的制造及机器设备修理等的辅助生产车间。辅助生产费用是指辅助生产车间为生产产品或提供劳务而发生的原材料费用、动力费用、职工薪酬费用以及辅助生产车间发生的其他费用。为生产和提供一定种类和一定数量的产品或劳务所耗费的辅助生产费用之和，构成该种产品或劳务的辅助生产成本。

辅助生产产品和提供劳务成本的高低，影响到企业产品成本和期间费用的水平。因此，正确、及时地组织辅助生产费用的归集和分配，加强辅助生产费用的监督和控制，对于明确经济责任、节约生产费用、降低产品生产成本有着十分重要的意义。

一、辅助生产费用的归集

1. 账户

辅助生产费用的归集和分配是通过“生产成本—辅助生产成本”账户进行的。该账户一般应按车间以及产品或劳务的种类设置明细账，账内按照成本项目或费用项目设置专栏，进行明细核算。

2. 归集程序

第一种归集程序，就是“生产成本—辅助生产成本”账户与“生产成本—基本生产成本”账户一样，一般按车间以及产品或劳务设置明细账，账内按成本项目设立专栏或专行进行明细核算。辅助生产的制造费用，单独设置“制造费用”账户核算，先通过“制造费用”账户进行归集，然后转入“生产成本—辅助生产成本”账户的借方，计入辅助生产产品或劳务的成本。

第二种归集程序，就是辅助生产的制造费用不通过“制造费用”科目及其明细账单独核算，而是直接记入“生产成本—辅助生产成本”账户。辅助生产费用归集的两种程序的主要区别在于辅助生产制造费用归集的程序不同。

表 3-15 和表 3-16 所示分别为供电车间和供水车间的辅助生产成本明细账。

表 3-15　辅助生产成本明细账(供电车间)

车间名称:供电车间　　201×年 9 月　　单位:元

摘要	原材料	燃料及动力	职工薪酬	折旧费	其他	合计
材料费用分配表	4 500					4 500
燃料费用分配表		10 000				10 000
外购动力费用分配表		2 000				2 000
职工薪酬费用分配表			20 280			20 280
折旧费用分配表				2 800		2 800
其他支出					589	589
本月合计	4 500	12 000	20 280	2 800	589	40 169
分配转出	−4 500	−12 000	−20 280	−2 800	−589	−40 169

表 3-16　辅助生产成本明细账(供水车间)

车间名称:供水车间　　201×年 9 月　　单位:元

摘要	原材料	燃料及动力	职工薪酬	折旧费	其他	合计
材料费用分配表	6 500					6 500
燃料费用分配表		5 000				5 000
外购动力费用分配表		1 000				1 000
职工薪酬费用分配表			15 460			15 460
折旧费用分配表				420		420
其他支出					766	766

续表

摘要	原材料	燃料及动力	职工薪酬	折旧费	其他	合计
本月合计	6 500	6 000	15 460	420	766	29 146
分配转出	−6 500	−6 000	−15 460	−420	−766	−29 146

二、辅助生产费用的分配

辅助生产费用的分配，就是按照一定的标准和方法，将辅助生产费用分配到各受益单位或产品上的过程。

在单一辅助车间的情况下，核算较为简单。若存在多个车间（一般涉及两个），在存在相互提供产品和劳务时，核算就比较麻烦，因为各车间“生产成本—辅助生产成本”账户借方发生消耗的金额无法确定，所以贷方的分配工作就无法顺利进行，鉴于此，设计了一些算法。

辅助生产费用的分配，通常采用的分配方法有直接分配法、交互分配法、代数分配法、计划成本分配法和顺序分配法。

（一）直接分配法

1. 概念

直接分配法是指各辅助生产车间发生的费用，直接分配给除辅助生产车间以外的各受益产品和单位，而不考虑各辅助生产车间之间相互提供产品或劳务的情况。

2. 计算程序和公式

（1）$费用分配率=\frac{待分配辅助生产费用总额}{辅助生产部门以外各受益对象的产品或劳务之和}$

（2）某受益对象的分配额＝该受益对象耗用的产品或劳务×费用分配率

例 3-17 新华工业企业有供水和供电两个辅助生产车间，主要为本企业基本生产车间和行政管理部门等提供服务，根据“生产成本—辅助生产成本”明细账汇总的资料，供水车间本月发生费用为 29 146 元，供电车间本月发生费用为 40 169 元。各辅助生产车间提供产品或劳务见表 3-17。

表 3-17　供水供电车间本月提供劳务量资料

受益单位	供水车间（立方米）	供电车间（度）
基本生产—甲产品		41 200
基本生产车间	4 100	32 000
供电车间	2 000	
供水车间		12 000
行政管理部门	1 600	4 800
专设销售机构	560	2 000
合计	8 260	92 000

采用直接分配法对供水和供电两个车间的辅助生产费用进行分配，计算过程如下：

$$水单位成本(分配率)=\frac{29\ 146}{8\ 260-2\ 000}=4.655\ 9(元/米^3)$$

$$电单位成本(分配率)=\frac{40\ 169}{92\ 000-12\ 000}=0.502\ 1(元/度)$$

采用直接分配法编制“辅助生产费用分配表”见表3-18。

表3-18　辅助生产费用分配表

（直接分配法）

单位：元/天

项目		供水车间	供电车间	合计
待分配辅助生产费用		29 146	40 169	69 315
供应辅助生产车间以外的劳务数量		6 260 米^3	80 000 度	—
单位成本(分配率)		4.655 9 元/米^3	0.502 1 元/度	—
生产成本—甲产品	耗用数量		41 200 度	—
	分配金额		20 686.52	20 686.52
基本生产车间	耗用数量	4 100 米^3	32 000 度	—
	分配金额	19 089.19	16 067.2	35 156.39
行政管理部门	耗用数量	1 600 米^3	4 800 度	—
	分配金额	7 449.44	2 410.08	9 859.52
专设销售机构	耗用数量	560 米^3	2 000 度	—
	分配金额	2 607.30	1 005.2	3 612.57
合计		29 146	40 169	69 315

根据“辅助生产费用分配表”编制会计分录如下：

借：生产成本—基本生产成本—甲产品　　20 686.52
　　制造费用　　35 156.39
　　管理费用　　9 859.52
　　销售费用　　3 612.57
　　贷：生产成本—辅助生产成本—供水车间　　29 146
　　　　　　　　　　　　　　　—供电车间　　40 169

3. 优缺点及适用范围

采用直接分配法，各辅助生产费用只是进行对外分配，只分配一次，计算工作简便。但由于辅助生产费用在辅助生产车间内部不进行分配，当辅助生产车间相互提供产品或劳务量数量较大时，分配结果往往与实际不符，不利于考核辅助生产车间的成本费用水平。因此，这种分配方法只适宜在辅助车间内部相互提供产品劳务不多，不进行费用的交互分配对辅助生产成本和企业的产品生产成本影响不大的情况下采用。

（二）交互分配法

1. 概念

交互分配法，是对各辅助生产车间的成本费用进行两次分配。首先，根据各车间、部门相互提供的产品或劳务的数量和交互分配前的单位成本(费用分配率)，在各辅助生产车间之间进行一次交互分配;然后,将各辅助生产车间交互分配后的实际费用(交互分配前的费用加上交互分配转入的费用,减去交互分配转出的费用),再按提供产品或劳务的数量和交互分配后的单位成本(费用分配率),在辅助生产车间、部门以外的各受益单位进行分配。

2. 计算程序及公式

(1) 交互分配:

①计算辅助生产车间交互分配的费用分配率:

$$交互分配的分配率=\frac{交互分配前待分配费用总额}{提供的产品或劳务总量}$$

②计算内部交互分配额:

内部交互分配额=该辅助车间耗用的产品或劳务量×交互分配的分配率

③交互分配后(对外分配)的实际费用=交互分配前待分配费用+交互分配转入费用
−交互分配转出费用

(2) 对外分配:

以各辅助生产车间交互分配后的实际费用和外部门耗费的劳务量为依据进行对外分配。

①$对外分配率=\frac{交互分配后的实际费用}{对外提供的产品或劳务总量}$

②各受益对象的分配额=该受益对象耗用的产品或劳务量数量×对外分配率

例 3-18 以上例资料为例,采用交互分配法对供水和供电两个车间的辅助生产费用进行分配,计算过程如下:

(1) 交互分配前的单位成本(交互分配率):

$$水单位成本(分配率)=\frac{29\ 146}{8\ 260}=3.528\ 6(元/米^3)$$

$$电单位成本(分配率)=\frac{40\ 169}{92\ 000}=0.436\ 6(元/度)$$

(2) 交互分配:

供水车间负担电费=12 000×0.436 6=5 239.2(元)

供电车间负担水费=2 000×3.528 6=7 057.2(元)

(3) 交互分配后的实际费用(对外分配的费用):

供水车间实际水费=29 146+5 239.2−7 057.2=27 328(元)

供电车间实际电费=40 169+7 057.2−5 239.2=41 987(元)

(4) 对外分配的单位成本(对外分配率):

$$水单位成本=\frac{27\ 328}{6\ 260}=4.365\ 5(元/米^3)$$

$$电单位成本=\frac{41\ 987}{80\ 000}=0.524\ 8(元/度)$$

(5) 对外分配:

甲产品分配电费=41 200×0.524 8=21 621.76(元)

基本生产车间分配电费=32 000×0.524 8=16 793.6(元)

基本生产车间分配水费=4 100×4.365 5=17 898.55(元)

行政管理部门分配电费=4 800×0.524 8=2 519.04(元)

行政管理部门分配水费＝1 600×4.365 5＝6 984.8(元)

销售部门分配电费＝41 987－21 621.76－16 793.6－2 519.04＝1 052.6(元)

销售部门分配水费＝27 328－17 898.55－6 984.8＝2 444.65(元)

根据计算结果编制“辅助生产费用分配表(交互分配法)”见表 3-19。

表 3-19　辅助生产费用分配表

(交互分配法)

单位:元

项目			交互分配			对外分配		
辅助生产车间名称			供水	供电	合计	供水	供电	合计
待分配费用			29 146	40 169	69 315	27 328	41 987	69 315
供应劳务数量			8 260 米³	92 000 度		6 260 米³	80 000 度	
单位成本(分配率)			3.528 6 元/米³	0.436 6 元/度		4.365 5 元/米³	0.524 8 元/度	
辅助车间	供水	耗用数量		12 000 度				
		分配金额		5 239.2				5 239.2
	供电	耗用数量	2 000 米³					
		分配金额	7 057.2					7 057.2
甲产品		耗用数量					41 200 度	
		分配金额					21 621.76	21 621.76
基本生产车间		耗用数量				4 100 米³	32 000 度	
		分配金额				17 898.55	16 793.6	34 692.15
企业管理部门		耗用数量				1 600 米³	4 800 度	
		分配金额				6 984.8	2 519.04	9 503.84
专设销售机构		耗用数量				560 米³	2 000 度	
		分配金额				2 444.65	1 052.6	3 497.25
合计			29 146	40 169	69 315	27 328	41 987	69 315

根据“辅助生产费用分配表”编制会计分录如下:

(1) 交互分配:

借:生产成本—辅助生产成本—供水车间　　5 239.2

　　　　　　　　　　　　—供电车间　　7 057.2

　贷:生产成本—辅助生产成本—供电车间　　5 239.2

　　　　　　　　　　　　　—供水车间　　7 057.2

(2) 对外分配:

借:生产成本—基本生产成本—甲产品　　21 621.76

　制造费用　　34 692.15

　管理费用　　9 503.84

　销售费用　　3 497.25

　贷:生产成本—辅助生产成本—供水车间　　27 328

　　　　　　　　　　　　　—供电车间　　41 987

3. 优缺点及适用范围

采用交互分配法，辅助生产内部相互提供产品或劳务全都进行了交互分配，提高了分配结果的正确性，但是各辅助生产部门费用分配要计算两个单位成本（费用分配率），进行两次分配，因而增加了计算工作量。在各月辅助生产费用水平相差不大的情况下，为了简化计算工作，也可以用上月的辅助生产单位成本作为本月交互分配的单位成本。该方法适用于辅助生产车间之间提供产品或劳务比较多的情况。

（三）代数分配法

1. 概念

代数分配法，是运用代数中多元一次联立方程的原理，在辅助生产部门之间相互提供产品或劳务情况下的一种分配辅助生产费用的方法。

2. 计算程序

首先，应根据各辅助生产部门相互提供产品和劳务的数量，求解联立方程式，计算辅助生产产品或劳务的单位成本；然后，根据各受益单位（包括辅助生产内部、外部各单位）耗用产品或劳务的数量和单位成本，计算分配辅助生产费用。其计算程序和公式如下：

(1) 设各辅助生产部门提供产品或劳务的单位成本为未知数；

(2) 列联立方程的表达式；

(3) 解联立方程组；

(4) 计算各受益单位分配的辅助生产费用。

例 3-19 仍以前例资料为例，假设 x 是每立方米水的成本，y 是每度电的成本，列联立方程组如下：

$$\begin{cases}29\ 146+12\ 000y=8\ 260x \\ 40\ 169+2\ 000x=92\ 000y\end{cases} \quad \text{解得} \quad \begin{cases}x=4.298\ 7 \\ y=0.530\ 1\end{cases}$$

根据计算结果编制“辅助生产费用分配表（代数分配法）”见表 3-20。

表 3-20 辅助生产费用分配表

（代数分配法） 单位：元

项目	供水车间		供电车间		合计
	耗用量（米^3）	分配额	耗用量（度）	分配额	
待分配辅助生产费用		29 146		40 169	69 315
提供的劳务量	8 260		92 000		
分配率	4.298 7 元/米^3		0.530 1 元/度		
供水车间			12 000	6 361.2	6 361.2
供电车间	2 000	8 597.4			8 597.4
甲产品			41 200	21 840.12	21 840.12
基本生产车间	4 100	17 624.67	32 000	16 963.2	34 587.87
行政管理部门	1 600	6 877.92	4 800	2 544.48	9 422.4
专设销售机构	560	2 407.27	2 000	1 060.2	3 467.47
合计（账户贷方合计）	8 260	35 507.26	92 000	48 769.2	84 276.46

续表

项目	供水车间		供电车间		合计
	耗用量(米³)	分配额	耗用量(度)	分配额	
“辅助生产成本”账户借方合计		35 507.2		48 766.4	84 273.6
借贷方差额(尾差)		−0.06		−2.8	−2.86

注:供水车间辅助生产成本明细账借方金额合计数 35 507.2=29 146+6 361.2(供水车间承担电费);供电车间辅助生产成本明细账借方金额合计数 48 766.4=40 169+8 597.4(供电车间承担水费)。

根据“辅助生产费用分配表(代数分配法)”做会计分录如下:

(1) 借:生产成本—辅助生产成本—供水车间　　6 361.2
　　　　　　　　　　　　—供电车间　　8 597.4
　　生产成本—基本生产成本—甲产品　　21 840.12
　　制造费用　　34 587.87
　　管理费用　　9 422.4
　　销售费用　　3 467.47
　　贷:生产成本—辅助生产成本—供水车间　　35 507.26
　　　　　　　　　　　　—供电车间　　48 769.2

(2) 调整尾差:

借:生产成本—辅助生产成本—供水车间　　0.06
　　　　　　　　　　—供电车间　　2.8
　贷:管理费用　　2.86

3. 优缺点及适用范围

采用代数分配法分配辅助生产费用,分配结果最准确。但在辅助生产部门较多的情况下,未知数较多,计算工作比较复杂,因而这种分配方法适宜在计算工作已经实现电算化的企业采用。

(四) 计划成本分配法

1. 概念

计划成本分配法是指辅助生产部门生产的产品或劳务,按照计划单位成本计算、分配辅助生产费用的方法,辅助生产车间实际发生的费用与按计划单位成本分配转出的费用之间的差额,可以直接记入“管理费用”账户。

例 3-20 仍以前例资料为例,假定该企业的计划单位成本分别为:供水车间 3.6 元/米³,供电车间 0.5 元/度。根据资料按计划成本分配法编制“辅助生产费用分配表(计划成本分配法)”见表 3-21。

表 3-21 辅助生产费用分配表

(计划成本分配法)　　单位:元

项目	供水车间		供电车间		合计
	耗用量(米³)	分配额	耗用量(度)	分配额	
待分配辅助生产费用		29 146		40 169	69 315
提供的劳务量	8 260		92 000		

续表

项目	供水车间		供电车间		合计
	耗用量(米^3)	分配额	耗用量(度)	分配额	
计划分配率	3.6 元/米^3		0.5 元/度		
供水车间			12 000	6 000	6 000
供电车间	2 000	7 200			7 200
甲产品			41 200	20 600	20 600
基本生产车间	4 100	14 760	32 000	16 000	30 760
行政管理部门	1 600	5 760	4 800	2 400	8 160
专设销售机构	560	2 016	2 000	1 000	3 016
按计划成本分配合计		29 736		46 000	75 736
辅助生产实际成本		35 146		47 369	82 515
辅助生产成本差异		5 410		1 369	6 779

表中:辅助生产部门的实际成本计算为:

供水车间的实际成本=29 146+6 000=35 146(元)

供电车间的实际成本=40 169+7 200=47 369(元)

辅助生产部门的成本差异计算为:

供水车间的成本差异=35 146−29 736=5 410(元)

供电车间的成本差异=47 369−46 000=1 369(元)

根据“辅助生产费用分配表”编制会计分录如下:

(1) 按计划成本分配:

借:生产成本—辅助生产成本—供电车间　　7 200
　　　　　　　　　　　　　—供水车间　　6 000
　生产成本—基本生产成本—甲产品　　20 600
　制造费用　　30 760
　管理费用　　8 160
　销售费用　　3 016
　贷:生产成本—辅助生产成本—供电车间　　46 000
　　　　　　　　　　　　　　—供水车间　　29 736

(2) 结转辅助生产成本差异:

借:管理费用　　6 779
　贷:生产成本—辅助生产成本—供水车间　　5 410
　　　　　　　　　　　　　　—供电车间　　1 369

2. 优缺点及适用范围

采用计划成本分配法时,由于辅助生产车间的产品或劳务的计划单位成本有现成资料,只要有各受益单位耗用辅助生产车间的产品或劳务量,便可进行分配,从而简化和加速了辅助生产费用分配的计算工作。按照计划单位成本分配,排除了辅助生产实际费用的高低对各受益单位成本的影响,便于考核和分析各受益单位的经济责任;还能够反映辅助生产车间产品或劳务的实际成本脱离计划成本的程度。但是采用该种分配方法，辅助生产产品或劳务的计划单位成本必须比较准确可靠。所以，这种方法一般适用于有比较准确的计划成本资料的企业。

（五）顺序分配法

1. 概念

顺序分配法是指各辅助生产车间按受益多少的顺序依次排列，受益少的排在最前，先将费用分配出去，受益多的排在后面，后将费用分配出去。按照顺序，辅助生产费用只往后分配，排在前面的辅助生产车间不负担排在后面的辅助生产车间的费用，而排在后面的辅助生产车间不能再向前面的辅助生产车间分配费用，只能向后面的受益部门分配费用，但要负担前面辅助生产车间分配来的费用。

例 3-21 仍以前例资料为例，采用顺序分配法对供水和供电两个车间的辅助生产费用进行分配，因为供水车间受益比供电车间受益少，所以供水车间排在前面，供电车间排在后面。根据资料按顺序分配法编制“辅助生产费用分配表(顺序分配法)”见表 3-22。

表 3-22 辅助生产费用分配表

（顺序分配法）

单位：元

项目	分配数量	分配费用			分配率	供电车间		甲产品		基本生产车间		行政管理部门		专设销售机构	
		直接发生费用	分配转入费用	小计		数量	金额	数量	金额	数量	金额	数量	金额	数量	金额
供水	8 260 米^3	29 146		29 146	3.528 6 元/米^3	2 000 米^3	7 057.2			4 100 米^3	14 467.26	1 600 米^3	5 645.76	560 米^3	1 975.78
供电	80 000 度	40 169	7 057.2	47 226.2	0.590 3 元/度			41 200 度	24 320.36	32 000 度	18 889.6	4 800 度	2 833.44	2 000 度	1 182.8
合计		69 315		76 372.2			7 057.2		24 320.36		33 356.86		8 479.2		3 158.58

根据“辅助生产费用分配表”编制会计分录如下：

(1) 分配供水车间费用：

借：生产成本—辅助生产成本—供电车间　　7 057.2
　　制造费用　　14 467.26
　　管理费用　　5 645.76
　　销售费用　　1 975.78
　　贷：生产成本—辅助生产成本—供水车间　　29 146

(2) 分配供电车间费用：

借：生产成本—基本生产成本—甲产品　　24 320.36
　　制造费用　　18 889.6
　　管理费用　　2 833.44
　　销售费用　　1 182.8
　　贷：生产成本—辅助生产成本—供电车间　　47 226.2

2. 优缺点及适用范围

采用顺序分配法，各辅助生产车间之间不进行交互分配，各辅助生产费用只分配一次，计算简单。但排在前面的辅助生产车间不负担排在后面的辅助生产费用，分配结果的正确性受到一定的影响。因此，这种分配方法只适宜在各辅助生产车间或部门之间相互受益程度有明显顺序的情况下采用。

任务3 制造费用的归集与分配

制造费用是指工业企业为生产产品(或提供劳务)而发生的、应该计入产品成本但没有专设成本项目的各项生产费用。制造费用中大部分不是直接用于产品生产的费用，而是间接用于产品生产的费用，如机物料消耗、车间辅助人员的职工薪酬费，以及车间厂房的折旧费等；也有一部分直接用于产品生产，但管理上不要求单独核算，也不专设成本项目的费用，如机器设备折旧费等。生产工艺用燃料和动力，如果不专设成本项目也不单独核算，其成本也应包括在制造费用中。制造费用还包括车间用于组织和管理生产的费用，如车间管理人员职工薪酬费，这些费用虽然具有管理费用的性质，但由于车间是企业从事生产活动的单位，其管理费用和制造费用很难严格划分，为了简化核算工作，这些费用也作为制造费用核算。

一、制造费用的归集

制造费用的核算，是通过“制造费用”账户进行归集和分配的。该账户按车间(基本生产车间、辅助生产车间)设置明细账，账内按照费用项目设专栏或专行，分别反映各车间各项制造费用的支出情况。制造费用发生时，根据有关的付款凭证、转账凭证和前述各种费用分配表，记入“制造费用”账户的借方，并视具体情况，分别记入“原材料”、“应付职工薪酬”、“累计折旧”、“银行存款”等账户的贷方；期末按照一定的标准进行分配时，从该科目贷方转出，记入“生产成本—基本生产成本”等账户的借方；除季节性生产的车间外，“制造费用”账户期末应无余额。应该指出，辅助生产车间发生的费用，如果辅助生产车间的制造费用是通过“制造费用”科目单独核算的，则应比照基本生产车间发生的费用核算；如果辅助生产车间的制造费用不通过“制造费用”科目单独核算，则应全部记入“生产成本—辅助生产成本”账户及其明细账的有关成本或费用项目。

例 3-22 新华工业企业 201×年 9 月份，根据各种费用分配表及付款凭证登记制造费用明细账，见表 3-23。

表 3-23 制造费用明细账

车间名称：基本生产车间　　201×年 9 月　　单位：元

摘要	原材料	燃料及动力	职工薪酬费	折旧费	水电费	低值易耗品	其他	合计
材料费用分配表	2 000							2 000

续表

摘要	原材料	燃料及动力	职工薪酬费	折旧费	水电费	低值易耗品	其他	合计
燃料费用分配表		3 000						3 000
低值易耗品摊销						740		740
动力费用分配表		2 000						2 000
职工薪酬费用分配表			43 320					43 320
折旧费用分配表				10 000				10 000
其他费用分配表							3 537	3 537
辅助生产费用分配表					35 156.39			35 156.39
合计	2 000	5 000	43 320	10 000	35 156.39	740	3 537	99 753.39
制造费用分配转出	−2 000	−5 000	−43 320	−10 000	−35 156.39	−740	−3 537	−99 753.39

二、制造费用的分配

基本生产车间的制造费用是产品生产成本的组成部分，在只生产一种产品的车间，制造费用可以直接计入该种产品生产成本；在生产多种产品的车间中，制造费用则应该采用既合理又较简便的分配方法，分配计入各种产品的生产成本，即记入“生产成本—基本生产成本”账户及其明细账“制造费用”成本项目。

由于各车间的制造费用水平不同，所以制造费用应该按照各车间分别进行分配，而不得将各车间的制造费用统一起来在整个企业范围内分配。分配制造费用通常采用的方法有生产工人工资比例法、生产工人工时比例法、机器工时比例法和年度计划分配率分配法等。

（一）生产工人工资比例法

1. 概念

生产工人工资比例法是以各种(批、类)产品所耗用的生产工人工资的比例分配制造费用的一种方法。

2. 计算公式

$$制造费用分配率=\frac{制造费用总额}{各种产品生产工人工资总额}$$

某种产品应负担的制造费用＝该种产品生产工人工资×制造费用分配率

3. 特点

由于工资费用分配表中有现成的生产工人工资的资料，所以该种分配方法核算比较简便。这种方法适用于各种产品生产机械化程度大致相同的情况，否则影响费用分配的合理性。

例 3-23 新华工业企业 201×年 9 月基本生产车间同时生产甲、乙两种产品，共发生制造费用 99 753.39 元。生产工人工资费用 122 000 元，其中甲产品生产工人工资为 74 000 元，乙产品生产工人工资为 48 000 元。

$$制造费用分配率=\frac{99\ 753.39}{122\ 000}=0.817\ 7$$

$$甲产品应负担制造费用=74\ 000\times 0.817\ 7=60\ 509.8(元)$$

$$乙产品应负担制造费用=99\ 753.39-60\ 509.8=39\ 243.59(元)$$

根据上列计算结果，应编制“制造费用分配表”（见表 3-24）。

表 3-24 制造费用分配表

车间名称：基本生产车间 单位：元

应借科目			生产工人工资	分配率	分配金额
生产成本	基本生产成本	甲产品	74 000		60 509.8
		乙产品	48 000		39 243.59
合计			122 000	0.817 7	99 753.39

根据“制造费用分配表”编制会计分录如下：

借：生产成本—基本生产成本—甲产品 60 509.8

—乙产品 39 243.59

贷：制造费用 99 753.39

（二）生产工人工时比例法

1. 概念

生产工人工时比例法是指按照各种（批、类）产品所耗用的生产工人实际（定额）工时的比例分配制造费用的一种方法。

2. 计算公式

$$制造费用分配率=\frac{制造费用总额}{各种产品生产工人实际(定额)工时总数}$$

某种产品应分配的制造费用＝该种产品生产工人实际（定额）工时×制造费用分配率

3. 特点

按生产工时比例法分配是一种常用的分配方法，它能将劳动生产率的高低与产品负担费用的多少联系起来，分配结果比较合理。由于生产工时是分配间接计入费用常用的分配标准之一，因此，必须正确组织好产品生产工时的记录和核算等基础工作，以保证生产工时的准确、可靠。

例 3-24 假设某企业第二基本生产车间同时生产丙、丁两种产品。本月共发生制造费用 48 000元。生产产品耗用工时 4 800 小时，其中丙产品生产工时为 3 600 小时，丁产品生产工时为 1 200 小时。

$$制造费用分配率=\frac{48\ 000}{4\ 800}=10(元/时)$$

丙产品负担的制造费用=3 600×10=36 000(元)

丁产品负担的制造费用=1 200×10=12 000(元)

编制会计分录如下：

借:生产成本—基本生产成本—丙产品　　36 000

　　　　　　　　　　　　—丁产品　　12 000

　贷:制造费用　　48 000

(三) 机器工时比例法

1. 概念

机器工时比例法是指以各种产品生产所用机器设备的运转工作时间的比例作为分配标准分配制造费用的一种方法。

2. 计算公式

$$制造费用分配率=\frac{制造费用总额}{各种产品耗用机器工时总数}$$

某种产品应分配的制造费用=该种产品耗用的机器工时×制造费用分配率

3. 特点

机器工时比例法是按机器工时比例分配的,主要适用于机械化、自动化程度较高的车间。在机械化程度较高的车间中,有相当大部分的制造费用与机械设备有关,因此,采用机器工时比例法分配制造费用比较符合配比原则。

(四) 年度计划分配率分配法

1. 概念

年度计划分配率分配法是按照年度开始前确定的全年适用的计划分配率分配费用的方法,各月制造费用按年度计划确定的计划分配率分配,无论各月实际发生的制造费用是多少。

2. 计算公式

$$年度计划分配率=\frac{年度制造费用计划总数}{年度各种产品计划产量的定额工时总数}$$

某月某产品应负担的制造费用=该月该种产品实际产量的定额工时数×年度计划分配率

3. 特点

采用年度计划分配率分配制造费用,实际发生的制造费用与本月分配转出的制造费用往往存在差异,产生余额。“制造费用”账户月末可能有借方余额,也可能有贷方余额。对于月末余额不需要处理,如果出现年末余额,一般应在年末调整计入12月份的产品成本。

例3-25　假设某工业企业基本生产车间全年制造费用计划发生额为400 000元;全年各种产品的计划产量为:甲产品2 500件,乙产品1 000件。单件产品工时定额为:甲产品6小时,乙产品5小时。本月实际产量为:甲产品200件,乙产品80件。本月实际发生制造费用为33 000元,“制造费用”账户本月期初余额为借方1 000元。

(1) 各种产品年度计划产量的定额工时:

甲产品年度计划产量的定额工时=2 500×6=15 000(小时)

乙产品年度计划产量的定额工时=1 000×5=5 000(小时)

（2）制造费用年度计划分配率：

$$年度计划分配率=\frac{400\ 000}{15\ 000+5\ 000}=20(元/时)$$

（3）各种产品实际产量的定额工时：

本月甲产品实际产量的定额工时＝200×6＝1 200（小时）

本月乙产品实际产量的定额工时＝80×5＝400（小时）

（4）各种产品应分配的制造费用：

本月甲产品应分配的制造费用＝1 200×20＝24 000（元）

本月乙产品应分配的制造费用＝400×20＝8 000（元）

该车间按计划分配率分配转出的制造费用为：

24 000＋8 000＝32 000（元）

“制造费用”的期末余额为借方 2 000 元。

承上例，假定本年度实际发生制造费用 408 360 元，至年末累计已分配制造费用 415 000 元（其中甲产品已分配 311 250 元，乙产品已分配 103 750 元），将“制造费用”账户的差额进行调整。

年末，“制造费用”账户有贷方余额 6 640 元，应按已分配比例调整冲回。

$$甲产品应调减制造费用=6\ 640\times\frac{311\ 250}{415\ 000}=4\ 980(元)$$

$$乙产品应调减制造费用=6\ 640\times\frac{103\ 750}{415\ 000}=1\ 660(元)$$

调整分录：

借：制造费用　　6 640

　贷：生产成本—基本生产成本—甲产品　　4 980

　　　　　　　　　　　　　　—乙产品　　1 660

4. 优缺点及适用范围

这种分配方法核算工作简便，特别适用于季节性生产的车间，因为它不受淡月和旺月产量相差悬殊的影响，从而不会使各月单位产品成本中制造费用忽高忽低，便于进行成本分析。但是，采用这种分配方法要求计划工作水平较高，否则会影响产品成本计算的正确性。

无论采用哪一种制造费用分配方法，都应根据分配计算的结果，编制制造费用分配表，并据以进行制造费用的总分类核算和明细核算。制造费用的分配，除了采用年度计划分配率分配法的企业外，“制造费用”账户月末无余额。

任务 4 生产损失的归集与分配

生产损失是指在生产过程中，因产品报废、生产停工或在产品盘亏、毁损而造成的各种人力、物力、财力上的损失。本节仅介绍废品损失和停工损失的归集和分配。

一、废品损失的归集与分配

废品是指不符合规定的技术标准，不能按照原定用途使用，或者需要加工修理后才能使用的在产品、半成品或产成品。废品按其废损程度和经济上是否有修复价值可分为可修复废品和不可修复废品。可修复废品是指技术上可以修复而且所花费的修复费用在经济上合算的废品。不可修复废品是指技术上不可修复或者技术上可以修复但所花费的修复费用在经济上不合算的废品。由于生产原因而造成的废品所形成的损失称为废品损失，一般由不可修复废品的生产成本和可修复废品的修复费用扣除回收的废品残料价值和应收赔款以后的损失构成。不可修复废品的废品损失是指不可修复废品生产成本扣除回收残料价值和赔款后的净损失。可修复废品的废品损失是指可修复废品的修复费用扣除回收残料价值和赔款后的净损失。可修复废品的修复费用指可修复废品在返修过程中所发生的修理费用(耗用的材料、人工等)。需要特别指出的是，下列情况不应作为废品损失处理：经过质量检验部门鉴定不需要返修、可以降价出售的不合格品；产成品入库后，由于保管不善等原因而损坏变质形成的损失；实行包退、包修、包换“三包”的企业，在产品出售后发现的废品所发生的一切损失。

单独核算废品损失的企业，应设置“废品损失”账户，在成本项目中增设“废品损失” 成本项目。废品损失的归集和分配，应根据废品损失计算表和分配表等有关凭证，通过“废品损失”账户进行。“废品损失”账户应按车间设置明细账，账内按产品品种和成本项目登记废品损失的详细资料。该账户的借方归集不可修复废品的生产成本和可修复废品的修复费用。不可修复废品的生产成本，应根据不可修复废品损失计算表，借记“废品损失”账户，贷记“生产成本—基本生产成本”账户；可修复废品的修复费用，应根据各种费用分配表所列废品损失数额，借记“废品损失”账户，贷记“原材料”、“应付职工薪酬”、“生产成本—辅助生产成本”和“制造费用”等账户。该账户的贷方登记废品残料回收的价值、应收赔款和应由本月生产的同种合格产品成本负担的废品损失，即从“废品损失”账户的贷方转出，分别借记“原材料”、“其他应收款”、“生产成本—基本生产成本”等账户。通常情况下，期末在产品不负担废品损失，废品损失全部由本期完工产品负担。“废品损失”账户月末没有余额。

(一) 不可修复废品损失的归集与分配

为了归集和分配不可修复废品损失，必须首先计算不可修复废品的成本。不可修复废品成本是指生产过程中截至报废时所耗费的一切费用。不可修复废品的损失是废品成本扣除废品的残值和应收赔款后的净损失。由于不可修复废品的成本与合格产品的成本是归集在一起同时发生的，因此需要采取一定的方法予以确定。一般有两种方法：一是按废品所耗实际成本计算；二是按废品所耗定额费用计算。

1. 按废品实际成本计算的方法

采用这一方法，就是在废品报废时根据废品和合格品发生的全部实际费用，采用一定的分配方法，在合格品与废品之间进行分配，计算出废品的实际成本，从“生产成本—基本生产成本”账户的贷方转入“废品损失”账户的借方。

例 3-26 某工业企业第一车间本月生产甲产品 328 件，验收入库时发现不可修复废品 8 件。合格品生产工时为 4 800 小时，废品生产工时为 120 小时，全部生产工时 4 920 小时。甲产品成本明细账所记录的合格品和废品共同发生的生产费用为：直接材料 17 056 元，直接人工 12 792 元，制造费用 13 530 元，合计 43 378 元。废品残料入库作价 96 元。原材料在生产开始时一次投入。直接材料费用按合格品数量和废品数量的比例分配;其他费用按生产工时比例分配。

(1) 计算废品实际成本:

①计算废品应负担的材料费用:

$$材料费用分配率=\frac{17\ 056}{320+8}=52(元/件)$$

$$废品应负担的材料费用=8\times 52=416(元)$$

②计算废品应负担的直接人工费:

$$直接人工费用分配率=\frac{12\ 792}{4\ 800+120}=2.6(元/工时)$$

$$废品应负担的直接人工费用=120\times 2.6=312(元)$$

③计算废品应负担的制造费用:

$$制造费用分配率=\frac{13\ 530}{4\ 800+120}=2.75(元/工时)$$

$$废品应负担的制造费用=120\times 2.75=330(元)$$

④计算废品实际成本:

$$废品实际成本=416+312+330=1\ 058(元)$$

(2) 计算废品损失:

$$废品损失=1\ 058-96=962(元)$$

根据计算过程编制“废品损失计算表”(见表 3-25)。

表 3-25　废品损失计算表

(按实际成本计算)

产品名称:甲产品

车间名称:一车间　　201×年 9 月　　废品数量:8 件　　单位:元

项目	数量(件)	直接材料	生产工时	直接人工	制造费用	合计
费用总额	328	17 056	4 920	12 792	13 530	43 378
费用分配率		52 元/件		2.6 元/工时	2.75 元/工时	—
废品实际成本	8	416	120	312	330	1 058
减:残料价值		96				96
废品损失		320	120	312	330	962

(3) 根据“废品损失计算表”编制会计分录如下:

①结转废品实际成本:

借:废品损失—甲产品　　1 058

　贷:生产成本—基本生产成本—甲产品　　1 058

②结转废品残料价值:

借:原材料　　96

　贷:废品损失—甲产品　　96

③结转废品损失:

借:生产成本—基本生产成本—甲产品　　962

贷:废品损失—甲产品　　962

在完工以后发现废品,其单位废品负担的各项生产费用应与该单位合格品完全相同,可按合格品数量和废品数量的比例分配各项生产费用,计算废品的实际成本。按废品的实际成本计算和分配废品损失,符合实际,但核算工作量较大。

2. 按废品所耗定额费用计算的方法

这种方法也称按定额成本计算的方法,它是根据各项费用定额和不可修复废品的数量计算废品定额成本,而不考虑废品实际发生费用数额的方法。该方法是按不可修复废品的数量和各项费用定额计算废品的定额成本,再将废品的定额成本扣除废品残料回收价值等,计算出废品损失,而不考虑废品实际发生的费用。

例 3-27　某工业企业基本生产车间生产乙产品,在生产过程中发现不可修复废品 10 件,原材料在生产开始时一次投入,单件原材料费用定额为 200 元,已完成的定额工时共计 150 小时,每小时的费用定额为:直接人工费 5 元、制造费用 6.2 元。回收废品残料价值为 380 元,已交原材料仓库验收入库。

(1) 计算废品定额成本:

废品的直接材料费用=200×10=2 000(元)

废品的直接人工费用=150×5=750(元)

废品的制造费用=150×6.2=930(元)

废品的定额成本=2 000+750+930=3 680(元)

(2) 计算废品损失:

废品损失=3 680−380=3 300(元)

根据计算过程编制“不可修复废品损失计算表”(见表 3-26)。

表 3-26　不可修复废品损失计算表

(按定额费用计算)

产品名称:乙产品　　废品数量:10 件

车间名称:基本生产车间　　201×年 9 月　　单位:元

项目	数量(件)	直接材料	定额工时	直接人工费用	制造费用	合计
费用定额		200		5	6.2	
废品定额成本	10	2 000	150	750	930	3 680
减:残料价值		380				380
废品损失		1 620		750	930	3 300

(3) 根据“不可修复废品损失计算表”编制会计分录如下:

结转废品成本:

借:废品损失—乙产品　　3 680

　　贷:生产成本—基本生产成本—乙产品　　3 680

结转废品残料价值:

借:原材料　　380

　　贷:废品损失—乙产品　　380

结转废品损失:

借:生产成本—基本生产成本—乙产品　　3 300
　　贷:废品损失—乙产品　　3 300

采用按废品所耗定额费用计算废品成本和废品损失的方法,核算工作比较简便,计算及时,有利于考核和分析废品损失和产品成本。但必须具备比较准确的定额成本资料,否则会影响成本计算的正确性。

(二)可修复废品损失的归集与分配

可修复废品返修以前发生的生产费用,在"生产成本—基本生产成本"账户及有关的成本明细账中不必转出。返修时发生的修复费用,应根据原材料、直接人工、辅助生产费用和制造费用等分配表记入"废品损失"账户的借方。如有残值和应收赔款,应根据废料交库凭证及其他有关结算凭证,记入"原材料"、"其他应收款"等账户的借方,记入"废品损失"账户的贷方。废品损失(修复费用减残值和赔款)应从"废品损失"账户的贷方转入"生产成本—基本生产成本"账户的借方及其有关成本明细账的"废品损失"成本项目。

不单独核算废品损失的企业,不设"废品损失"账户和"废品损失"成本项目,在回收废品残料时,记入"原材料"账户的借方和"生产成本—基本生产成本" 账户的贷方,并从所属有关产品成本明细账的"直接材料"成本项目中扣除残料价值。辅助生产车间一般不单独核算废品损失。

例 3-28　某工业企业第二车间本月在生产丙产品时发现可修复废品 5 件,当即进行修复。修复时耗用材料费 300 元,直接人工费 220 元,分配制造费用 128 元,向过失人索赔 75 元。

(1) 可修复废品损失计算:

修复费用＝300＋220＋128＝648(元)

废品损失＝648－75＝573(元)

(2) 编制会计分录为:

借:废品损失—丙产品　　648
　　贷:原材料　　300
　　　　应付职工薪酬　　220
　　　　制造费用　　128
借:其他应收款　　75
　　贷:废品损失—丙产品　　75
借:生产成本—基本生产成本—丙产品　　573
　　贷:废品损失—丙产品　　573

二、停工损失的归集与分配

停工损失是指生产车间或车间内某个班组在停工期间发生的各项费用,包括停工期内支付的生产工人的职工薪酬费、所耗燃料和动力费以及应负担的制造费用等。过失单位、过失人员或保险公司负担的赔款,应从停工损失中扣除。计算停工损失的时间界限,由主管企业部门规定,或由主管企业部门授权企业自行规定。为了简化核算工作,停工不满一个工作日的,可以不计算停工损失。企业发生停工的原因很多,应区别不同情况进行处理。由于自然灾害引起的停工损失,应按规定转作营业外支出;其他停工损失,如原材料供应不足、机器设备发生故障,以及计划减产等原因发生的停工损失,应计入产品成本。停工时车间应填列停工报告单,经有关部门审核后的停工报告单,作为停工损失核算的根据。

单独核算停工损失的企业，应增设“停工损失”账户和“停工损失”成本项目。根据停工报告单、各种费用分配表和分配汇总表等有关凭证，将停工期内发生的、应列作停工损失的费用记入“停工损失”账户的借方进行归集，贷记“原材料”、“应付职工薪酬 ”和“制造费用”等账户。该账户的贷方登记应由过失单位及过失人员或保险公司支付的赔款，属于自然灾害应计入营业外支出的损失以及本月产品成本的损失，分别借记“其他应收款”、“营业外支出”和“生产成本—基本生产成本” 账户，贷记“停工损失”账户。“停工损失”账户月末无余额。

不单独核算停工损失的企业，不设“停工损失”账户和“停工损失”成本项目。停工期间发生的属于停工损失的各项费用，分别记入“制造费用”和“营业外支出”等账户。

为了简化核算工作，辅助生产车间一般不单独核算停工损失。季节性生产企业的季节性停工，是生产经营过程中的正常现象，停工期间发生的各项费用不属于停工损失，不作为停工损失核算。

例 3-29 某企业第一车间由于设备大修停工 6 天，停工期间应支付工人工资 6 000 元，停工期间应负担制造费用 1 000 元。第三车间由于外部供电线路原因停工 2 天，停工期间应支付工人工资 3 000 元，应负担制造费用 600 元。根据以上资料，编制会计分录如下：

借：停工损失—第一车间　　7 000
　　　　　　—第三车间　　3 600
　贷：应付职工薪酬　　9 000
　　　制造费用—第一车间　　1 000
　　　　　　　—第三车间　　600

例 3-30 上例中，第一车间设备大修为正常停工，停工损失 7 000 元，应计入成本中；第三车间停工为非正常停工，应计入营业外支出。假设供电局同意赔偿由于停工给企业造成的损失 3 000元。根据以上资料，编制会计分录如下：

借：生产成本—基本生产成本—某产品　　7 000
　　其他应收款　　3 000
　　营业外支出　　600
　贷：停工损失—第一车间　　7 000
　　　　　　　—第三车间　　3 600

本项目按照生产费用计入产品成本的程序，较为详细地介绍了各项费用的归集与分配的基本方法。要求重点把握以下内容：

(1) 分配要素费用时，以“特定产品耗用的费用直接计入该种产品成本，多种产品共同耗用的费用分配计入各种产品成本”为原则。分配间接费用时，应该按照“合理、简便”的原则选择分配标准。

(2) 企业归集到的辅助生产费用应该根据受益情况，结合企业的特点，选择采用直接分配法、交互分配法、代数分配法、计划成本分配法、顺序分配法等进行分配，并转入“生产成本”、“制造费用”、“销售费用”等账户。

(3) 制造费用是生产单位为组织和管理生产或提供劳务而发生的各项间接生产费用,通过“制造费用”账户归集,期末全部分配计入本车间产品基本生产成本。

(4) 废品损失是生产过程中因产生废品而形成的损失,包括不可修复废品的净损失和可修复废品的修复费用。废品损失通过“废品损失”账户进行归集,期末分配计入产品成本或营业外支出。

一、单项选择题

1. 企业为生产产品发生的原料及主要材料的耗费,应通过( )账户核算。

A. 基本生产成本　B. 辅助生产成本　C. 管理费用　D. 制造费用

2. 月末编制材料费用分配表时,对于退料凭证的数额,可采取( )。

A. 冲减有关成本费用　B. 在下月领料数中扣除

C. 从当月领料数中扣除　D. 不需考虑

3. 用来核算企业为生产产品和提供劳务而发生的各项间接费用的账户是( )。

A. 基本生产成本　B. 制造费用　C. 管理费用　D. 财务费用

4. “基本生产成本”月末借方余额表示( )。

A. 本期发生的生产费用　B. 完工产品成本

C. 月末在产品成本　D. 累计发生的生产费用

5. 下列各项中,属于直接生产费用的是( )。

A. 生产车间厂房的折旧费　B. 产品生产专用设备的折旧费

C. 企业行政管理部门固定资产的折旧费　D. 生产车间的办公费用

6. 基本生产车间本期应负担照明电费 1 500 元,应记入( )账户。

A. “基本生产成本”(燃料动力)　B. “制造费用”(水电费)

C. “辅助生产成本”(水电费)　D. “管理费用”(水电费)

7. 核算每个职工的应得计件工资,主要依据( )的记录。

A. 工资卡片　B. 考勤记录　C. 产量工时记录　D. 工资单

8. 某职工 10 月份病假 3 日,事假 2 日,出勤 17 日,法定假日及星期双休 9 日。若日工资率按 30 天计算,按出勤日数计算月工资,假若病事假期间无双休日,则该职工应得出勤工资按( )天计算。

A. 17　B. 20　C. 23　D. 26

9. 将辅助生产车间发生的各项费用直接分配给辅助生产车间以外的受益单位,这种分配方法为( )。

A. 计划成本分配法　B. 直接分配法

C. 顺序分配法　D. 代数分配法

10. 在采用交互分配法分配辅助生产费用的情况下,各辅助生产车间交互分配后的实际费用等于( )。

A. 交互分配前的费用

B. 交互分配前的费用加上交互分配转入的费用

C. 交互分配前的费用减去交互分配转出的费用

D. 交互分配前的费用加上交互分配转入的费用，减去交互分配转出的费用

11. 辅助生产费用分配，首先在辅助生产车间之间进行交互分配，然后再对辅助生产车间以外的受益单位进行直接分配，这是辅助生产费用分配的（　　）。

A. 直接分配法　　B. 代数分配法　　C. 交互分配法　　D. 计划成本分配法

12. 在辅助生产劳务或产品的计划单位成本比较准确的情况下，辅助生产费用的分配可采用（　　）。

A. 计划成本分配法　　B. 直接分配法

C. 代数分配法　　D. 顺序分配法

13. 采用计划成本分配法分配辅助生产费用，辅助生产的实际成本是（　　）。

A. 按计划成本分配前的实际费用

B. 按计划成本分配前的实际费用加上按计划成本分配转入的费用

C. 按计划成本分配前的实际费用减去按计划成本分配转出的费用

D. 按计划成本分配前的实际费用加上按计划成本分配转入的费用，减去按计划成本分配转出的费用

14. 辅助生产费用采用交互分配法，其说法正确的是（　　）。

A. 准确性高，但计算工作量大　　B. 分配结果不准确，计算工作简单

C. 计算工作简单，分配结果准确　　D. 计算工作简单，费用只分配一次

15. 辅助生产车间发生的制造费用（　　）。

A. 必须通过“制造费用”总账账户核算

B. 不必通过“制造费用”总账账户核算

C. 根据具体情况，可以记入“制造费用”总账账户，也可以直接记入“辅助生产成本”账户

D. 首先记入“辅助生产成本”账户

16. 辅助生产交互分配后的实际费用，应再在（　　）进行分配。

A. 各基本生产车间　　B. 各受益单位之间

C. 辅助生产以外的受益单位之间　　D. 各辅助生产车间

17. 产品生产车间管理人员的工资应借记的账户是（　　）。

A. “基本生产成本”　B. “制造费用”　　C. “管理费用”　　D. “应付职工薪酬”

18. 基本生产车间计提固定资产折旧应记入的账户是（　　）。

A. “基本生产成本”　B. “制造费用”　　C. “管理费用”　　D. “销售费用”

19. 除了按年度计划分配率分配制造费用以外，“制造费用”账户月末（　　）。

A. 没有余额　　B. 一定有借方余额

C. 一定有贷方余额　　D. 有借方或贷方余额

20. 按年度计划分配率分配制造费用的方法适用于（　　）。

A. 制造费用数额较大的企业　　B. 季节性生产的企业

C. 基本生产车间规模较小的企业　　D. 制造费用数额较小的企业

21. 下列关于停工损失的说法中，不正确的是（　　）。

A. 停工损失中的原材料、水电费、人工费等，一般可根据有关原始凭证确认后直接计入停工

损失

B. 停工不满一个工作日的，一般不计算停工损失

C. 由于自然灾害等引起的非生产停工损失，计入营业外支出

D. 应取得赔偿的停工损失，计入管理费用

22. 不可修复废品是指(　　)。

A. 技术上不可修复的废品

B. 修复费用过大的废品

C. 虽然技术上可修复但所花费的修复费用在经济上不合算的废品

D. 包括 A 和 C

二、多项选择题

1. 企业发生的各种材料费用，按其用途进行分配，应记入的账户有(　　)。

A.“管理费用”　B.“基本生产成本”　C.“制造费用”　D.“财务费用”

2. 下列支出在发生时直接确认为当期费用的是(　　)。

A. 行政人员工资　B. 支付的本期广告费

C. 预借差旅费　D. 固定资产折旧费

3. 计提固定资产折旧，应借记的账户可能是(　　)。

A.“基本生产成本”　B.“辅助生产成本”

C.“制造费用”　D.“固定资产”

4. 用于几种产品生产的共同耗用材料费用的分配，常用的分配标准有(　　)。

A. 工时定额　B. 生产工人工资

C. 材料定额费用　D. 材料定额消耗量

5. 根据有关规定，下列不属于工资总额内容的是(　　)。

A. 退休工资　B. 差旅费　C. 福利人员工资　D. 长病假人员工资

6. 企业进行辅助生产费用分配时，可能借记的账户有(　　)。

A.“基本生产成本”　B.“辅助生产成本”　C.“制造费用”　D.“在建工程”

7. 下列方法中，属于辅助生产费用分配方法的有(　　)。

A. 直接分配法　B. 交互分配法　C. 约当产量法　D. 代数分配法

8. 采用代数分配法分配辅助生产费用(　　)。

A. 分配结果最准确　B. 能够简化费用的分配计算工作

C. 便于分析考核各受益单位的成本　D. 适用于实行电算化的企业

9. 某企业采用代数分配法分配辅助生产费用。某月份供电车间的待分配费用为 12 500 元，供电总量为 30 000 度，其中供水车间耗用 5 000 度；供水车间的待分配费用为 8 000 元，供水总量为 10 000 吨，其中供电车间耗用 1 000 吨。设电的单位成本为 x，水的单位成本为 y，根据上述资料，应设立的方程式有(　　)。

A. $12\ 500+5\ 000x=30\ 000y$　B. $8\ 000+5\ 000x=10\ 000y$

C. $12\ 500+1\ 000y=30\ 000x$　D. $8\ 000+1\ 000y=10\ 000x$

10. 辅助生产车间发生的固定资产折旧费，可能借记的账户有(　　)。

A. 制造费用　B. 辅助生产成本　C. 基本生产成本　D. 管理费用

11. 下列应记入“制造费用”账户的是(　　)。

A. 生产车间生产工人工资
B. 劳动保护费
C. 厂部管理人员工资
D. 生产车间固定资产折旧费

12. 对制造费用进行分配，可采用(　　)方法。
A. 生产工时比例法
B. 约当产量法
C. 年度计划分配率法
D. 机器工时比例法

13. 下列项目中，计入“制造费用”账户项目的有(　　)。
A. 生产车间的保险费
B. 厂部办公楼折旧
C. 在产品正常短缺
D. 车间负担的低值易耗品摊销

14. “废品损失”账户借方登记的内容是(　　)。
A. 不可修复废品的实际成本
B. 不可修复废品回收的残料价值
C. 可修复废品的修复费用
D. 可修复废品返修前的实际成本

15. 结转废品净损失应做的会计分录是(　　)。
A. 借记“制造费用”
B. 借记“基本生产成本”
C. 贷记“废品损失”
D. 贷记“基本生产成本”

16. 可修复废品应具备的条件是(　　)。
A. 只要能修复就行
B. 在技术上可以修复
C. 在经济上合算
D. 不必考虑修复费用的多少

17. 下列(　　)不应作为废品损失处理。
A. 不需返修而降价出售的不合格品
B. 产成品入库后，由于保管不善等原因而损坏变质的损失
C. 出售后发现的废品，由于退回废品而支付的运杂费
D. 实行“三包”(包退、包修、包换)的企业，在产品出售后发现的废品，所发生的一切损失

三、判断题

1. 一个要素费用按经济用途可能记入几个成本项目，一个成本项目可以归集同一经济用途的几个要素费用。(　　)

2. 基本生产车间发生的各种费用均应直接记入“基本生产成本”账户。(　　)

3. 企业固定资产折旧费应全部计入产品成本。(　　)

4. 不设“燃料及动力”成本项目的企业，其生产消耗的燃料可计入“直接材料”成本项目。(　　)

5. 凡是发放给企业职工的货币，均作为工资总额的组成部分。(　　)

6. 计件工资只能按职工完成的合格品数量乘以计件单价计算发放。(　　)

7. 在计划成本分配法下，为简化分配工作，对辅助生产成本差异全部调整计入制造费用。(　　)

8. 辅助生产费用的交互分配法，是只进行辅助生产车间之间的交互分配，不进行对外分配。(　　)

9. 辅助生产费用的直接分配法是对所有的受益部门按受益数量进行费用分配。(　　)

10. 采用交互分配法分配辅助生产费用，对外分配时劳务数量是交互分配前劳务数量加上交互分配转入的数量减去交互分配转出的数量。(　　)

11. 在计划成本分配法中，辅助生产车间的实际费用是指其直接发生的费用加上按计划成

本分配转入的费用。（　　）

12. 在企业只有一个辅助生产车间的情况下，才能采用辅助生产费用分配的直接分配法。（　　）

13. 制造费用是为组织和管理生产而发生的各种直接费用。（　　）

14. 辅助生产车间发生的制造费用可以不通过“制造费用”账户核算。（　　）

15. 生产工人的工资费用如果按生产工时比例分配计入各种产品成本，那么制造费用按生产工人工资比例法进行分配的结果与按生产工时比例法进行分配的结果应一致。（　　）

16. “制造费用”账户月末肯定没有余额。（　　）

17. 若生产车间只生产一种产品，则该车间发生的制造费用无须列入“制造费用”账户核算。（　　）

18. 按机器工时比例法分配制造费用，适用于机械化程度较高的车间。（　　）

19. 年度计划分配率法在平时工作量较少，但年末工作量较大。（　　）

20. 采用年度计划分配率法分配制造费用，在平时“制造费用”账户肯定有余额。（　　）

四、实务操作题

（一）练习材料费用的分配

【资料】 海东企业201×年7月生产的甲、乙两种产品共同耗用A、B两种原材料，耗用量无法按产品直接划分。具体资料如下：

1. 甲产品投产400件，原材料消耗定额为A材料8千克，B材料3千克。
2. 乙产品投产200件，原材料消耗定额为A材料5千克，B材料4千克。
3. 甲、乙两种产品实际消耗总量为：A材料4 116千克，B材料2 060千克。
4. 材料实际单价为：A材料8元/千克，B材料6元/千克。

【要求】 根据定额消耗量的比例，分配甲、乙两种产品的原材料费用，填入表3-27。

表3-27　原材料费用分配表

单位：元

原材料		A材料	B材料	原材料实际成本
甲产品 投产（　　）件	消耗定额（千克）			
	定额消耗量（千克）			
乙产品 投产（　　）件	消耗定额（千克）			
	定额消耗量（千克）			
定额消耗总量				
实际消耗总量				
消耗量分配率				
实际消耗量的分配	甲产品			
	乙产品			
原材料实际单位成本				
原材料费用	甲产品			
	乙产品			
	合计			

（二）练习材料费用、人工费用的分配

【资料】 海东企业有两个基本生产车间和一个供电车间、一个机修车间。第一生产车间生产A产品和B产品，第二生产车间生产C产品。

1. 耗用材料的分配：

(1) 该厂201×年7月份材料成本差异率为+4%（包括燃料）。

(2) 第一生产车间A、B两种产品共同耗用原材料按定额费用的比例进行分配，共同耗用燃料按A、B两种产品的产量比例分配（原材料、燃料耗用情况见表3-28、表3-29）。两种产品的产量及定额资料如下：A产品产量1 000件，原材料单件消耗费用定额30元；B产品产量1 400件，原材料单件消耗费用定额25元。

2. 人工费用的资料：

(1) 该企业201×年7月各车间、部门的工资汇总表见表3-30。

(2) 第一生产车间生产工人的工资及福利费，按A、B两种产品的生产工时进行分配，A产品生产工时为28 000小时，B产品的生产工时为30 000小时，第二生产车间只生产一种C产品，所以其生产工人工资及福利费全部计入C产品的成本（该厂提取的职工福利费按工资额的14%计提）。

表3-28 原材料耗用汇总表

单位：元

领料车间、部门	用途	计划成本
第一生产车间	制造A产品	39 000
第一生产车间	制造B产品	31 000
第一生产车间	制造A、B产品共同耗用	78 000
第一生产车间	机器设备维修用	2 600
第一生产车间	劳动保护用	800
第一生产车间	一般性消耗	1 600
第二生产车间	制造C产品	46 000
第二生产车间	机器设备维修用	1 300
第二生产车间	劳动保护用	730
第二生产车间	一般性消耗	1 100
供电车间	生产用	12 000
机修车间	生产用	13 500
企业管理部门	固定资产日常维修用	900
合计		228 530

表3-29 燃料耗用汇总表

单位：元

领料车间	用途	计划成本
第一生产车间	制造A、B产品共同耗用	9 600

续表

领料车间	用途	计划成本
第二生产车间	制造C产品	6 800
合计		16 400

表 3-30　工资费用汇总表

单位:元

车间、部门	各类人员	工资
第一生产车间	生产工人	12 400
	管理人员	900
第二生产车间	生产工人	5 800
	管理人员	700
供电车间	车间人员	1 400
机修车间	车间人员	2 600
企业管理部门	管理人员	4 500
合计		28 300

【要求】

1. 根据资料,编制“原材料费用分配表”(填入表3-31)和“燃料费用分配表”(填入表3-32)。
2. 根据资料,编制“工资及福利费用分配表”(填入表3-33)。
3. 根据各费用分配汇总表编制会计分录。

表 3-31　原材料费用分配表

年　　月

单位:元

应借账户		成本或费用项目	共同消耗					直接耗用(计划成本)	原材料计划成本合计	材料成本差异(差异率4%)	原材料实际成本合计
			产量(件)	单位费用定额	定额费用	分配率	计划成本				
基本生产成本	A产品	原材料									
	B产品	原材料									
	小计										
	C产品	原材料									
制造费用	第一车间	消耗材料									
		劳动保护费									
	第二车间	消耗材料									
		劳动保护费									

续表

<table>
<tr><th colspan="2" rowspan="2">应借账户</th><th rowspan="2">成本或费用项目</th><th colspan="5">共同消耗</th><th rowspan="2">直接耗用（计划成本）</th><th rowspan="2">原材料计划成本合计</th><th rowspan="2">材料成本差异（差异率4%）</th><th rowspan="2">原材料实际成本合计</th></tr>
<tr><th>产量（件）</th><th>单位费用定额</th><th>定额费用</th><th>分配率</th><th>计划成本</th></tr>
<tr><td rowspan="2">辅助生产成本</td><td>供电车间</td><td>材料费</td><td></td><td></td><td></td><td></td><td></td><td></td><td></td><td></td><td></td></tr>
<tr><td>机修车间</td><td>材料费</td><td></td><td></td><td></td><td></td><td></td><td></td><td></td><td></td><td></td></tr>
<tr><td colspan="3">管理费用</td><td></td><td></td><td></td><td></td><td></td><td></td><td></td><td></td><td></td></tr>
<tr><td colspan="3">合计</td><td></td><td></td><td></td><td></td><td></td><td></td><td></td><td></td><td></td></tr>
</table>

表 3-32　燃料费用分配表

年　　月　　　　单位：元

<table>
<tr><th rowspan="3">分配对象</th><th rowspan="3">产量（件）</th><th colspan="6">燃料</th></tr>
<tr><th colspan="2">间接分配部分（计划成本）</th><th rowspan="2">直接计入部分（计划成本）</th><th rowspan="2">计划成本合计金额</th><th rowspan="2">材料成本差异（差异率4%）</th><th rowspan="2">实际成本合计</th></tr>
<tr><th>分配率</th><th>应分配费用</th></tr>
<tr><td>A产品</td><td></td><td></td><td></td><td></td><td></td><td></td><td></td></tr>
<tr><td>B产品</td><td></td><td></td><td></td><td></td><td></td><td></td><td></td></tr>
<tr><td>小计</td><td></td><td></td><td></td><td></td><td></td><td></td><td></td></tr>
<tr><td>C产品</td><td></td><td></td><td></td><td></td><td></td><td></td><td></td></tr>
<tr><td>小计</td><td></td><td></td><td></td><td></td><td></td><td></td><td></td></tr>
<tr><td colspan="2">合计</td><td></td><td></td><td></td><td></td><td></td><td></td></tr>
</table>

表 3-33　工资及福利费用分配表

年　　月　　　　单位：元

<table>
<tr><th colspan="2" rowspan="2">应借账户</th><th colspan="3">工资</th><th rowspan="2">福利费（计提比例14%）</th><th rowspan="2">合计</th></tr>
<tr><th>生产工时</th><th>分配率</th><th>分配金额</th></tr>
<tr><td rowspan="4">基本生产成本</td><td>A产品</td><td></td><td></td><td></td><td></td><td></td></tr>
<tr><td>B产品</td><td></td><td></td><td></td><td></td><td></td></tr>
<tr><td>小计</td><td></td><td></td><td></td><td></td><td></td></tr>
<tr><td>C产品</td><td></td><td></td><td></td><td></td><td></td></tr>
<tr><td colspan="2">小计</td><td></td><td></td><td></td><td></td><td></td></tr>
<tr><td rowspan="2">制造费用</td><td>第一车间</td><td></td><td></td><td></td><td></td><td></td></tr>
<tr><td>第二车间</td><td></td><td></td><td></td><td></td><td></td></tr>
<tr><td colspan="2">小计</td><td></td><td></td><td></td><td></td><td></td></tr>
</table>

续表

应借账户		工资			福利费（计提比例 14%）	合计
		生产工时	分配率	分配金额		
辅助生产车间	供电车间					
	机修车间					
小计						
管理费用						
合计						

（三）练习辅助生产费用的归集和分配

【资料】 海东企业辅助生产车间的制造费用不通过“制造费用”账户核算。供电、供水两个辅助生产车间，其费用分配情况：

(1) 供电车间为A、B、C三种产品直接提供生产用电力，为车间、厂部提供照明用电，产品共同耗用的电费，按生产工时比例分配。

(2) 供水车间为各车间、部门供水，其费用按所提供的水量直接分配。

1. 201×年7月份辅助生产车间发生各项费用如下：

(1) 分配原材料费用，其中：供电车间负担 12 000 元，供水车间负担 14 000 元。

(2) 分配工资费用，其中：供电车间负担 1 500 元，供水车间负担 2 500 元。

(3) 计提职工福利费，其中：供电车间负担 200 元，供水车间负担 350 元。

(4) 以银行存款支付办公费，其中：供电车间负担 600 元，供水车间负担 850 元。

(5) 以银行存款支付劳动保护费，其中：供电车间负担 1 500 元，供水车间负担1 000元。

(6) 以银行存款支付运输费，其中：供电车间负担 400 元，供水车间负担 200 元。

(7) 计提折旧费，其中：供电车间负担 3 000 元，供水车间负担 2 500 元。

(8) 摊销保险费，其中：供电车间负担 3 000 元，供水车间负担 2 500 元。

2. 201×年7月份辅助生产车间对生产车间、管理部门及产品提供的电量、生产工时及供水量见表 3-34。

表 3-34 辅助生产车间提供的劳务量

辅助生产车间名称	使用车间、部门、产品和耗用数量						
	计量单位	生产产品耗用			车间、部门一般耗用		
		A产品	B产品	C产品	第一生产车间	第二生产车间	管理部门
供电车间	生产工时	25 000	30 000	15 000			
	供电量(度)	10 000			2 000	2 500	5 500
供水车间	供水量(吨)				3 000	2 000	1 000

【要求】

1. 根据资料，编制会计分录，登记辅助生产明细账（见表 3-35 和表 3-36）。

2. 根据资料，采用直接分配法（见表 3-37 和表 3-38）计算各产品、各部门应负担的辅助生产费用，并根据计算结果编制会计分录。

表 3-35　辅助生产成本明细账

车间名称:供电车间

年		凭证字号	摘要	费用项目							
月	日			材料费	工资及福利费	办公费	劳动保护费	运输费	折旧费	保险费	合计

表 3-36　辅助生产成本明细账

车间名称:供水车间

年		凭证字号	摘要	费用项目							
月	日			材料费	工资及福利费	办公费	劳动保护费	运输费	折旧费	保险费	合计

表 3-37　辅助生产费用分配表

(直接分配法)

辅助生产车间名称	供电车间	供水车间	合计
待分配费用			
供应劳务量			
分配率			

续表

辅助生产车间名称			供电车间	供水车间	合计
产品耗用		耗用数量			
		分配金额			
一般耗用	一车间	耗用数量			
		分配金额			
	二车间	耗用数量			
		分配金额			
企业管理部门		耗用数量			
		分配金额			
合计					

表 3-38　产品用电分配表

201×年 7 月 31 日　　单位:元

产品名称	生产工时(小时)	分配率	分配金额
A 产品			
B 产品			
C 产品			
合计			

(四) 练习辅助生产费用的分配

【资料】 海东企业 201×年 9 月有供电、供水两个辅助生产车间,其有关资料见表 3-39。

表 3-39　辅助生产车间发生的费用和提供的劳务量

项目		供电车间	供水车间
待分配费用		38 000 元	4 200 元
供应劳务数量		80 000 度	1 250 吨
计划单位成本		0.50 元	4 元
耗用劳务数量	供电车间		150 吨
	供水车间	1 000 度	
	第一基本生产车间	55 000 度	600 吨
	第二基本生产车间	21 000 度	400 吨
	企业管理部门	3 000 度	100 吨

【要求】

1. 根据上列资料,分别采用直接分配法、交互分配法、代数分配法和计划成本分配法,对辅助生产费用进行分配(见表 3-40、表 3-41、表 3-42、表 3-43)。

2. 根据以上四种分配方法计算的结果,分别编制会计分录。

表 3-40　辅助生产费用分配表

（直接分配法）

辅助生产车间名称			供电车间	供水车间	合计
待分配费用					
对外供应劳务数量					
单位成本(分配率)					
基本生产车间	一车间	耗用数量			
		分配金额			
	二车间	耗用数量			
		分配金额			
企业管理部门		耗用数量			
		分配金额			
合计					

表 3-41　辅助生产费用分配表

（交互分配法）

项目			交互分配			对外分配		
辅助生产车间名称			供电	供水	合计	供电	供水	合计
待分配费用								
供应劳务数量								
单位成本(分配率)								
辅助车间	供电	耗用数量						
		分配金额						
	供水	耗用数量						
		分配金额						
基本车间	一车间	耗用数量						
		分配金额						
	二车间	耗用数量						
		分配金额						
企业管理部门		耗用数量						
		分配金额						
合计								

表 3-42　辅助生产费用分配表

（代数分配法）

辅助生产车间名称	供电车间	供水车间	合计
待分配费用			

续表

辅助生产车间名称			供电车间	供水车间	合计
供应劳务数量					
分配率					
辅助车间	供电	耗用数量			
		分配金额			
	供水	耗用数量			
		分配金额			
基本车间	一车间	耗用数量			
		分配金额			
	二车间	耗用数量			
		分配金额			
企业管理部门		耗用数量			
		分配金额			
辅助生产成本分配金额合计					
辅助生产成本借方合计					
辅助生产成本尾差					

表 3-43　辅助生产费用分配表

（计划成本分配法）

辅助生产车间名称			供电车间	供水车间	合计
待分配费用					
供应劳务数量					
计划单位成本					
辅助车间	供电	耗用数量			
		分配金额			
	供水	耗用数量			
		分配金额			
基本车间	一车间	耗用数量			
		分配金额			
	二车间	耗用数量			
		分配金额			
企业管理部门		耗用数量			
		分配金额			
按计划成本分配金额合计					
辅助生产实际成本					
辅助生产成本差异					

（五）练习制造费用按生产工人工时比例和机器工时比例分配法

【资料】 海东企业基本生产第一车间生产甲、乙、丙三种产品，201×年8月该车间共发生制造费用26 400元，甲、乙、丙三种产品生产工人工时和机器工时见表3-44。

表3-44 生产工人工时和机器工时

产品品种	生产工人工时	机器工时
甲产品	3 400	2 100
乙产品	2 700	2 400
丙产品	1 900	3 000
合计	8 000	7 500

【要求】

1. 分别采用生产工人工时比例法和机器工时比例法分配制造费用并填列制造费用分配表（见表3-45和表3-46）。

2. 根据生产工人工时比例法的分配结果编制相应的会计分录。

表3-45 制造费用分配表(生产工人工时比例法)

车间： 年 月

应借账户	生产工人工时	分配率	分配金额
合计			

表3-46 制造费用分配表(机器工时比例法)

车间： 年 月

应借账户	机器工时	分配率	分配金额
合计			

（六）练习制造费用按年度计划分配率分配法

【资料】 海东企业第三车间属于季节性生产部门，201×年全年制造费用计划为156 000元，全年各产品的计划产量为：甲产品2 500件，乙产品900件。单件产品的工时定额为：甲产品3小时，乙产品5小时。

1. 该车间201×年4月份的实际产量为：甲产品150件，乙产品100件；该月实际制造费用为14 300元。截至3月31日，制造费用账户无余额。

2. 年末该车间全年度制造费用实际发生额为157 000元，全年计划累计分配数为160 000元，其中甲产品已分配100 000元，乙产品已分配60 000元。

【要求】

1. 计算制造费用年度计划分配率。

2. 计算4月份甲、乙产品应负担的制造费用并做相应的会计分录，然后登记制造费用总账（见表3-47）。

3. 分摊制造费用全年实际发生数与计划累计分配数的差额并编制年末调整差额的会计分录。

表3-47　制造费用总账

车间：

年		摘要	借方	贷方	借或贷	余额
月	日					

（七）练习不可修复废品损失的核算——实际成本法

【资料】 海东企业201×年7月生产车间生产甲产品，本月完工240件，经检验发现其中5件为不可修复废品。甲产品生产成本明细账上所列示的合格品和废品的生产费用为：直接材料60 000元，直接人工24 000元，制造费用14 700元，合计98 700元。甲产品耗用工时为：合格品5 910小时，废品90小时，合计6 000小时。原材料系生产开始时一次投入，废品回收的残料计价320元，应由责任人赔偿150元。

【要求】

1. 根据以上资料编制废品损失计算表（见表3-48）；

2. 根据废品损失计算表编制会计分录。

表3-48　废品损失计算表

产品：　　件　　　　　　　　　　　　　　　　　　废品数量：　　件

车间：　　　　　　　　　　年　　月　　　　　　　　　　单位：元

项目	数量（件）	直接材料	生产工时（小时）	直接人工	制造费用	合计
合格品和废品生产费用						
费用分配率						
废品的生产成本						
减：废品残值						
应收赔偿款						
废品损失						

（八）练习不可修复废品损失的核算——定额成本法

【资料】 海东企业201×年7月生产车间在生产乙产品的过程中，产生不可修复废品12件，按其所耗定额费用计算废品的生产成本。其直接材料费用定额为35元，已完成的定额工时共计56小时，每小时的费用定额为：直接人工2.5元，制造费用3元。废品残料回收价值为140元。

【要求】

1. 根据以上资料编制“废品损失计算表”（见表3-49）；
2. 根据“废品损失计算表”编制会计分录。

表3-49 废品损失计算表

产品： 件　　　　　　　　　　　　　　　　　　　　　　废品数量： 件

车间：　　　　　　　　　　　　年　　月　　　　　　　　　　　单位：元

项目	直接材料	定额工时	直接人工	制造费用	合计
单位产品的费用定额					
废品的定额成本					
减：残值					
废品损失					

（九）练习可修复废品修复费用的核算

【资料】 海东企业201×年8月生产车间在生产丙产品的过程中，产生10件可修复废品。在返修过程中共发生材料费用230元，耗用工时10小时，单位小时人工费30元，单位小时制造费用20元。

【要求】

1. 计算修复费用；
2. 编制有关的会计分录。

（十）练习停工损失的核算

【资料】 海东企业201×年8月生产车间因故障停工一周，停工期间发生如下费用：生产工人工资3 000元，计提福利费420元，制造费用1 600元。经查，停工系某职工违规操作造成，应由其赔偿1 000元，其余由该车间生产的甲、乙两种产品按生产工时比例分配负担。甲产品的生产工时为18 000小时，乙产品的生产工时为12 000小时。

【要求】

1. 计算该车间的停工净损失；
2. 在甲、乙两种产品之间分配停工净损失；
3. 编制有关的会计分录。

项目4 生产费用在完工产品和在产品之间的归集与分配

【知识目标】

了解在产品和完工产品的含义；理解生产费用在完工产品与在产品之间分配的基本原理；掌握各种生产费用分配方法的特点、适用范围和计算方法等。

【能力目标】

1. 能够结合企业生产类型及成本管理实际，合理正确选择生产费用在完工产品与在产品之间分配的方法，以求准确合理计算完工产品成本。

2. 能够根据《企业会计准则》正确结转完工产品成本并登记有关账簿。

任务1 在产品的核算

一、在产品数量的核算

企业的在产品是指已经投入生产，但尚未最后完工，不能作为商品销售的产品。在产品依据所包含的范围的不同，又可分为广义的在产品和狭义的在产品。

广义的在产品是就整个企业而言的，即指产品生产从投料开始，到最终制成产成品交付验收入库前的一切产品，包括正在车间加工中的在产品；已经完成一个或几个生产步骤，但仍需继续加工的半成品；尚未验收入库的产成品和正在返修或等待返修的废品等。

狭义的在产品是就某一生产车间（或生产步骤）来说的，它仅指本生产车间或生产步骤正在加工尚未完成的产品。该车间或生产步骤完工的半成品不包括在内。

在产品结存的数量,同其他材料物资等存货的结存数量一样,同时具备账面核算资料和实际盘点资料。企业一方面做好车间在产品收发结存的日常核算工作,通过"在产品收发结存账"、"在产品台账"等进行在产品实物数量核算,另一方面要做好在产品的清查工作。"在产品收发结存账"的基本格式见表4-1。

表4-1 在产品收发结存账

车间名称:二车间　　201×年6月　　零件名称:甲产品　单位:件

××年		摘要	收入		发出			结存	
月	日		凭证号数	数量	凭证号数	合格品	废品	完工	未完工
		合计							

二、在产品清查的核算

为核实在产品数量,保证在产品的安全完整,企业必须定期和不定期地做好在产品的清查工作,以准确地计算产品成本。在产品的清查一般于月末结账前进行,并采用实地盘点法。

(一)在产品盘盈的核算

企业在清查中发现在产品盘盈时,应按实际平均单位成本、定额成本或计划成本予以入账,借记"基本生产成本"科目,贷记"待处理财产损溢—待处理流动资产损溢"科目;经批准按规定核销时,则借记"待处理财产损溢—待处理流动资产损溢"科目,贷记"制造费用"科目,并从"制造费用明细账"在产品盘亏及毁损项目中转出,以冲减制造费用。

(二)在产品盘亏或毁损的核算

在产品发生盘亏或毁损时,借记"待处理财产损溢—待处理流动资产损溢"科目,贷记"基本生产成本"科目,并将盘亏或毁损在产品成本从产品成本明细账各成本项目中转出,以冲减在产品的账面价值。毁损的在产品残值,应借记"原材料"科目,贷记"待处理财产损溢—待处理流动资产损溢"科目,以冲减其损失;对于由保险公司、过失人赔偿的部分,应借记"银行存款"或"其他应收款"科目,贷记"待处理财产损溢—待处理流动资产损溢"科目,以冲减其损失。经审批,按规定核销在产品盘亏或毁损损失时,应按实际损失扣除残值和赔款后计算的净损失,根据盘亏、毁损原因的不同,将损失从"待处理财产损溢—待处理流动资产损溢"账户的贷方转出,贷记"待处理财产损溢—待处理流动资产损溢"科目,对于意外灾害造成的非常损失,借记"营业外支出"科目;对于车间管理不善造成的损失,借记"制造费用"科目,并记入制造费用明细账"在产品盘亏及毁损"项目。

任务 2 生产费用在完工产品和在产品之间分配的方法

一、生产费用在完工产品与在产品之间分配的基本原理

月末，产品成本明细账中按成本项目归集了设账产品本月生产费用总和(包括月初在产品成本和本月发生生产费用)，如果产品全部完工，产品成本明细账中归集的生产费用总和就是该完工产品的成本；如果产品全部没有完工，产品成本明细账中归集的生产费用总和就是该在产品的成本；如果既有完工产品又有在产品，产品成本明细账中归集的生产费用总和则需要采用适当的方法在完工产品与在产品之间进行分配，以计算完工产品成本和月末在产品成本。

本月生产费用、本月完工产品成本和月初、月末在产品成本四者之间的关系，可以用下列关系式表明：

月初在产品成本＋本月生产费用＝本月完工产品成本＋月末在产品成本

本月完工产品成本＝月初在产品成本＋本月生产费用－月末在产品成本

二、生产费用在完工产品与在产品之间分配的方法

生产费用在完工产品与在产品之间分配受企业在产品数量的多少、各月末在产品数量变化的大小、成本中各项费用比重的大小以及定额管理水平的高低等因素影响，应结合这些因素选择适当的分配方法。通常采用的分配方法有：不计算在产品成本法、在产品成本按年初固定数计算法、在产品成本按所耗原材料费用计算法、在产品成本按完工产品计算法、约当产量比例法、在产品成本按定额成本计算法和定额比例法。

(一) 不计算在产品成本法

不计算在产品成本法是指月末在产品不分摊成本即月末在产品成本为零，当月归集的生产费用全部为当月完工产品成本。这种方法适用于各月月末在产品数量很少的企业。其计算公式为：

本月完工产品成本＝本月生产费用

(二) 在产品成本按年初固定数计算法

在产品成本按年初固定数计算法，是指以年初在产品成本作为各月末在产品成本的方法。在这种方法下，各月(1—11 月)末的在产品成本相同，即等于年初在产品成本，各月发生的产品生产费用则全部由完工产品负担，构成完工产品成本。在年末(12 月月末)，应根据实际盘点的在产品数量具体计算在产品成本，并据以计算 12 月份产品成本，且将计算出的年末在产品成本作为下一年度各月固定的在产品成本。这种方法适用于各月月末在产品数量很小，或各月末在产品数量虽然较大，但各月之间相差不多，变化较小的产品生产。其计算公式为：

月末在产品成本＝年初在产品成本

本月完工产品成本＝本月生产费用

（三）在产品成本按所耗原材料费用计算法

在产品成本按所耗原材料费用计算法，是指在产品成本只计算所耗用的原材料费用，不计算直接人工、制造费用等加工费用，加工费用则全部由当月完工产品成本负担。这种方法适用于月末在产品数量较大，各月末在产品数量变化也较大，但原材料费用在产品成本中占有较大比重的产品成本计算。其计算公式为：

月末在产品成本＝月末在产品耗用原材料费用

本月完工产品成本＝完工产品所耗原材料费用＋本月发生加工费用

＝生产费用总和－月末在产品成本

例 4-1 某企业生产甲产品，月初在产品成本为 10 000 元，本期原材料费用 35 000 元，生产工人工资及制造费用 3 000 元。本月有完工产品 1 000 件，月末在产品 200 件。原材料费用在产品成本中占较大比重，且在生产开始时一次投入，因而原材料费用按完工产品和月末在产品的数量比例分配。企业采用在产品成本按所耗原材料费用计算法计算完工产品成本及月末在产品成本。

原材料费用分配率＝(10 000＋35 000)÷(1 000＋200)＝37.50(元/件)

月末在产品成本＝200×37.50＝7 500(元)

本月完工产品成本＝10 000＋35 000＋3 000－7 500＝40 500(元)

（四）在产品成本按完工产品计算法

在产品成本按完工产品计算法就是将月末在产品视同完工产品来分配生产费用。这种方法适用于月末在产品已经完工或者接近完工，只是尚未验收入库或只是尚未包装的情况。在这种情况下，在产品已基本加工完成或已加工完成，在产品的成本也已经接近或等于完工产品成本，为了简化产品成本计算工作，可以把在产品看成完工产品，按两者的数量比例分配各项费用。

（五）约当产量比例法

约当产量就是将月末在产品的数量按其投料程度或完工程度折算为相当于完工产品的数量。约当产量比例法，是将本期产品生产费用总和按照月末完工产品数量和月末在产品的约当产量比例进行分配以计算出完工产品成本和月末在产品成本的方法。其计算公式如下：

$$某项费用分配率=\frac{该项费用累计总额}{完工产品数量+在产品约当产量}$$

在产品约当产量＝在产品数量×投料程度(或完工程度)

完工产品应分配该项费用＝完工产品数量×该项费用分配率

在产品应分配该项费用＝在产品约当产量×该项费用分配率

＝该项费用累计总额－完工产品应分配该项费用

$$完工产品成本=\sum 完工产品应分配各项费用$$

月末在产品成本＝生产费用总和－完工产品成本

1. 用以分配“直接材料”费用的在产品约当产量计算

分配“直接材料”费用的在产品约当产量是按投料程度折算的约当产量，投料程度计算的是否准确直接影响着材料费用的分配结果，进而影响产品成本的计算。投料程度的计算又与投料方式密切相关，不同的投料方式下，投料程度的计算主要有以下三种情况：

(1) 如果原材料在生产开始时一次投入，则一件在产品和一件完工产品所耗材料数量相同，且在产品的投料程度为100%，它并不会因为在产品加工程度的提高而发生变化，在产品的约当产量等于在产品的数量，因此，原材料费用可以直接按完工产品数量和月末在产品数量分配。

(2) 如果原材料在生产过程中陆续投入，则原材料的投料程度与生产工时的投入进度基本一致，即投料程度与完工程度一致，分配原材料费用时，在产品的约当产量必须按在产品的完工程度折算。

(3) 如果原材料是分阶段投入且在每道工序开始时一次投入，则月末在产品的投料程度按下列公式计算：

某工序在产品投料程度(%)＝

$$\frac{\text{在产品上道工序累计投入材料费用(或数量)}+\text{在产品本工序投入材料费用(或数量)}}{\text{完工产品应投入材料费用(或数量)}}\times 100\%$$

例 4-2 某企业生产的乙产品须经过三道工序加工完成，原材料分别在各个工序开始时一次投入。乙产品单位成本原材料消耗定额为500元，其中各工序投料定额分别为300元、150元、50元。

201×年5月月末盘点确定的乙产品数量为350件，其中各工序分别为90件、100件、160件。则每道工序的在产品投料程度及约当产量计算如下：

①各道工序的在产品投料程度为：

第一道工序投料程度＝300÷500×100%＝60%

第二道工序投料程度＝(300＋150)÷500×100%＝90%

第三道工序投料程度＝(300＋150＋50)÷500×100%＝100%

②各道工序月末在产品的约当产量：

第一道工序约当产量＝90×60%＝54(件)

第二道工序约当产量＝100×90%＝90(件)

第三道工序约当产量＝160×100%＝160(件)

在产品约当产量＝54＋90＋160＝304(件)

2. 用以分配除“直接材料”以外的其他成本项目的在产品约当产量计算

采用约当产量比例法分配除“直接材料”以外的其他成本项目时，在产品完工程度的测定直接影响分配结果的准确性。根据不同企业生产情况的差异，在产品完工程度的测定方法主要有以下两种：

(1) 当各工序在产品数量和单位产品在各工序的加工量都相差不多的情况下，或者后面各工序在产品多(少)加工的程度可以抵补前面各工序少(多)加工的程度。因此，在这种情况下，全部月末在产品的完工程度均可按50%平均计算。

(2) 除了各工序在产品加工量相差不多的情况外，均需分别测定在产品完工程度。各工序分别测定在产品完工程度，是指根据各工序的累计工时定额占完工产品工时定额的百分比来确定各工序在产品完工程度的一种方法。其计算公式如下：

某工序在产品完工程度(%)＝

$$\frac{\text{在产品上道工序累计工时定额之和}+\text{在产品本工序工时定额}\times 50\%}{\text{完工产品工时定额}}\times 100\%$$

例 4-3 仍以上例资料为例，企业生产的乙产品定额工时为 90 小时，各工序分别为 18 小时、36 小时和 36 小时，201×年 5 月月末盘点确定的乙产品数量为 350 件，其中各工序分别为 90 件、100 件和 160 件。则每道工序的在产品完工程度及约当产量计算如下：

①各道工序的在产品完工程度为：

第一道工序完工程度＝(18×50％)÷90×100％＝10％

第二道工序完工程度＝(18＋36×50％)÷90×100％＝40％

第三道工序完工程度＝(18＋36＋36×50％)÷90×100％＝80％

②各道工序月末在产品的约当产量：

第一道工序约当产量＝90×10％＝9(件)

第二道工序约当产量＝100×40％＝40(件)

第三道工序约当产量＝160×80％＝128(件)

在产品约当产量＝9＋40＋128＝177(件)

例 4-4 某企业生产丙产品，分三道工序加工完成。201×年 6 月份有关丙产品的产量、工时定额及成本费用等资料如下：原材料在生产开始时一次投入；当月完成丙产品 500 件；月末各道工序在产品的数量分别为 80 件、100 件和 60 件；各工序的工时定额工时分别为 50 小时、30 小时和 20 小时；月初在产品成本为原材料 9 200 元，直接人工 1 170 元，制造费用 1 280 元；本月发生生产费用为原材料 50 000 元，直接人工 18 000 元，制造费用 11 500 元。

①各道工序的在产品完工程度为：

第一道工序完工程度＝(50×50％)÷100×100％＝25％

第二道工序完工程度＝(50＋30×50％)÷100×100％＝65％

第三道工序完工程度＝(50＋30＋20×50％)÷100×100％＝90％

②各道工序月末在产品的约当产量：

第一道工序约当产量＝80×25％＝20(件)

第二道工序约当产量＝100×65％＝65(件)

第三道工序约当产量＝60×90％＝54(件)

月末在产品的约当产量＝20＋65＋54＝139(件)

③完工产品成本和月末在产品成本的计算：

原材料费用分配率＝(9 200＋50 000)÷(500＋240)＝80(元/件)

完工产品负担原材料费用＝500×80＝40 000(元)

月末在产品负担原材料费用＝240×80＝19 200(元)

直接人工费用分配率＝(1 170＋18 000)÷(500＋139)＝30(元/件)

完工产品负担直接人工成本＝500×30＝15 000(元)

月末在产品负担直接人工成本＝139×30＝4 170(元)

制造费用分配率＝(1 280＋11 500)÷(500＋139)＝20(元/件)

完工产品负担制造费用＝500×20＝10 000(元)

月末在产品负担制造费用＝139×20＝2 780(元)

本月完工产品总成本＝40 000＋15 000＋10 000＝65 000(元)

月末在产品成本＝19 200＋4 170＋2 780＝26 150(元)

编制产品成本计算表见表4-2。

表4-2 产品成本计算表

产品名称:丙产品　　　　　　　　　　　　　　　　　　　　　　　　　完工产量:500件

投料方式:生产开始时一次投入　　　201×年6月　　　　单位:元　　　　月末在产品:240件

摘要	直接材料	直接人工	制造费用	合计
月初在产品成本	9 200	1 170	1 280	11 650
本月发生生产费用	50 000	18 000	11 500	79 500
生产费用合计	59 200	19 170	12 780	91 150
约当产量合计(件)	740	639	639	
分配率(单位成本)	80	30	20	130
本月完工产品成本	40 000	15 000	10 000	65 000
月末在产品成本	19 200	4 170	2 780	26 150

约当产量比例法适用于月末在产品数量较大,各月末在产品数量变化也较大,产品成本中原材料费用和人工费用等加工费用所占的比重相差不多的企业。

(六)在产品成本按定额成本计算法

在产品成本按定额成本计算法,是指按照事先制定的单位定额成本和在产品的实存数量计算月末在产品的定额成本,再将生产费用总和减去月末在产品的定额成本得到完工产品成本。每月生产费用脱离定额的节约差异或超支差异则全部计入当月完工产品成本。因此,这种方法适用于定额管理基础较好,各项消耗定额或费用定额比较准确、稳定,而且各月末在产品数量变化不大的产品成本计算。其计算公式如下:

$$\text{在产品单位定额成本}=\sum\text{该在产品材料或费用的定额}$$

$$\text{月末在产品成本}=\text{月末在产品数量}\times\text{在产品单位定额成本}$$

$$\text{完工产品单位成本}=\frac{\text{完工产品总成本}}{\text{完工产品数量}}$$

$$\text{完工产品成本}=\text{生产费用总和}-\text{月末在产品成本}$$

例4-5 某企业生产丁产品,产品成本采用月末在产品成本按定额成本计算法计算。201×年7月月末丁产品在产品的数量为100件,完工产品数量为500件,原材料系生产开始时一次投入。单位产成品的原材料费用定额为120元,单位在产品的工时定额为8小时,小时人工费用定额为8元,小时制造费用定额为6元。月初在产品和本月发生的生产费用合计资料如下:原材料160 000元,直接人工52 000元,制造费用36 000元。丁产品的完工产品与在产品的成本计算见表4-3。

表4-3 产品成本计算表

产品名称:丁产品　　　　　　　　　　　　　　　　　　　　　　　　　完工产量:500件

投料方式:生产开始时一次投入　　　201×年7月　　　　单位:元　　　　月末在产品:100件

成本项目	直接材料	直接人工	制造费用	合计
累计生产费用	160 000	52 000	36 000	248 000
月末在产品成本	100×120=12 000	100×8×8=6 400	100×8×6=4 800	23 200

续表

成本项目	直接材料	直接人工	制造费用	合计
完工产品成本	148 000	45 600	31 200	224 800
产成品单位成本	296	91.2	62.4	449.6

（七）定额比例法

定额比例法是指将归集的生产费用总和按照完工产品和月末在产品的定额耗用量、定额费用或定额工时等比例进行分配的方法。其中，原材料费用按定额消耗量或定额费用的比例分配；直接人工、制造费用等加工费用按定额费用或定额工时的比例分配。定额比例法弥补了在产品成本按定额成本计算法计算时，定额脱离实际的差异全部由完工产品负担的缺陷。但该种方法要逐项计算费用的定额比例，再根据比例分配给完工产品成本与在产品成本，计算工作量较大。因此，这种方法适用于定额管理基础较好，各项消耗定额或费用定额比较准确、稳定，月末在产品数量变动较大的产品。

定额比例法的计算公式如下：

(1)

$$\text{直接材料费用分配率}=\frac{\text{月初在产品材料成本}+\text{本月发生的材料费用}}{\text{完工产品定额材料耗用量(或费用)}+\text{月末在产品定额材料耗用量(或费用)}}$$

完工产品应分配直接材料费用＝完工产品定额材料耗用量(或费用)×直接材料费用分配率

月末在产品应分配直接材料费用＝月末在产品定额材料耗用量(或费用)×直接材料费用分配率

(2)

$$\text{直接人工等费用分配率}=\frac{\text{月初在产品直接人工费用等}+\text{本月发生的直接人工费用等}}{\text{完工产品定额工时}+\text{月末在产品定额工时}}$$

完工产品应分配的直接人工费用等＝完工产品定额工时×直接人工等费用分配率

月末在产品应分配的直接人工费用等＝月末在产品定额工时×直接人工等费用分配率

例 4-6 某企业生产加工戊产品，201×年 7 月份有关费用及定额资料如表 4-4 所示。

表 4-4 戊产品费用及有关定额资料

单位：元

项目内容	直接材料	直接人工	制造费用	合计
月初在产品成本	56 000	26 000	14 000	96 000
本月生产费用	448 000	190 000	168 400	806 400
单位完工产品定额	60 千克	40 小时	40 小时	
月末在产品定额	60 千克	20 小时	20 小时	
完工产品产量(件)				500
月末在产品产量(件)				200

根据上述资料采用定额比例法，计算本月完工产品成本和月末在产品成本如表 4-5 所示。

表 4-5　产品成本计算表

产品名称:戊产品　　201×年 7 月　　单位:元

成本项目			直接材料	直接人工	制造费用	合计
月初在产品成本		1	56 000	26 000	14 000	96 000
本月生产费用		2	448 000	190 000	168 400	806 400
生产费用合计		3=1+2	504 000	216 000	182 400	902 400
分配率		4=3/(5+7)	12	9	7.6	
本月完工产品	定额耗用量或工时	5	30 000	20 000	20 000	
	实际费用	6=4×5	360 000	180 000	152 000	692 000
月末在产品	定额耗用量或工时	7	12 000	4 000	4 000	
	实际费用	8=4×7	144 000	36 000	30 400	210 400

表 4-5 中完工产品定额耗用量或工时以及月末在产品定额耗用量或工时计算如下:

完工产品直接材料定额耗用量=60×500=30 000(千克)

月末在产品直接材料定额耗用量=60×200=12 000(千克)

完工产品直接人工(制造费用)定额工时=40×500=20 000(小时)

月末在产品直接人工(制造费用)定额工时=20×200=4 000(小时)

三、完工产品成本结转的账务处理

工业企业的完工产品包括产成品、自制半成品、自制材料、自制工具等。完工产品在经过检验入库后,应填制“产品入库单”作为产品入库的原始凭证。月末,财务部门的财务人员应根据“产品入库单”和产品生产成本明细账或产品成本计算单进行相关会计处理。其会计处理如下:

借:库存商品—×产品

　　贷:生产成本—基本生产成本—×产品

完工产品成本由“基本生产成本”账户的贷方转入“库存商品”账户的借方,“基本生产成本”账户的月末余额就是基本生产在产品的成本,也就是工业企业在生产过程中占用的生产资金,同时也是资产负债表“存货”项目的组成部分。

本项目是在费用横向归集分配的基础上,进行完工产品与月末在产品之间的纵向分配。通过学习,应当把握以下要点:

(1) 生产费用分配方法包括两大类,即倒算法和比例分配法。影响生产费用分配方法选择的因素主要有四个:一是月末在产品数量的多少;二是各月末在产品数量变化的大小;三是各项费用在产品成本中所占比重的大小;四是定额管理基础的好坏。

(2) 当月末在产品数量较少时,可以采用不计算月末在产品成本法。

(3) 当月末在产品数量较多,各月末在产品数量变化不大时,可以采用在产品按年初固定数计算法。

（4）当月末在产品数量较多，各月末在产品数量变化也较大，且原材料费用在产品成本中所占的比重较大时，可以采用月末在产品成本按所耗原材料费用计算法。

（5）当企业定额管理的基础较好，且各月末在产品数量变化不大时，可以采用月末在产品成本按定额成本计算法。

（6）当企业定额管理基础较好，但各月末在产品数量变化较大时，可以采用定额比例法。

（7）约当产量比例法是将生产费用按照完工产品数量和月末在产品约当产量的比例进行分配的方法。该方法主要适用于月末在产品数量较大，变化也较大，且各项费用在产品成本中所占比重比较均衡的生产企业。

一、单项选择题

1. 月末在产品数量较大且各月末在产品数量变化较大，产品中各成本项目费用的比重相差不多的产品，其在产品成本计算应采用（　　）。

A. 定额成本法　　B. 定额比例法

C. 约当产量比例法　　D. 固定成本法

2. 定额基础管理较好，各种产品有健全、正确的定额资料的企业，月末在产品数量变化较大的产品，在产品成本的计算应采用（　　）。

A. 定额成本法　　B. 定额比例法

C. 约当产量比例法　　D. 固定成本法

3. 采用约当产量比例法，原材料费用按完工产品和月末在产品数量分配时应具备的条件是（　　）。

A. 原材料是陆续投入的　　B. 原材料是生产开始时一次投入的

C. 原材料在产品成本中所占比重大　　D. 原材料按定额投入

4. 在定额管理基础较好，消耗定额准确、稳定，而且月初、月末在产品数量变化不大的条件下，在产品成本计算应采用（　　）。

A. 定额成本法　　B. 定额比例法

C. 约当产量比例法　　D. 固定成本法

5. 分配加工费用时所采用的在产品的完工率是指产品（　　）与完工产品工时定额的比率。

A. 所在工序的工时定额

B. 前面各工序工时定额与所在工序工时定额之半的合计数

C. 所在工序的累计工时定额

D. 所在工序的工时定额之半

6. 某企业产品经过两道工序，各工序的工时定额分别为 30 小时和 40 小时，则第二道工序的完工率为（　　）。

A. 68%　　B. 69%　　C. 70%　　D. 71%

7. 下列方法中不属于完工产品与月末在产品之间分配费用的方法是（　　）。

A. 约当产量比例法　　　　B. 不计算在产品成本法
C. 年度计划分配率分配法　　　　D. 定额比例法

8. 按完工产品和月末在产品数量比例，分配计算完工产品和月末在产品成本，必须具备下列条件的（　　）。

A. 在产品已接近完工　　　　B. 原材料在生产开始时一次投料
C. 在产品原材料费用比重较大　　　　D. 各项消耗定额比较准确、稳定

9. 某产品经过两道工序加工完成。第一道工序月末在产品数量为100件，完工程度为20%；第二道工序的月末在产品数量为200件，完工程度为70%。据此计算的月末在产品约当产量为（　　）。

A. 20件　　B. 135件　　C. 140件　　D. 160件

二、多项选择题

1. 广义的在产品包括（　　）。

A. 正在车间加工中的产品　　　　B. 完工入库的自制半成品
C. 已完工但尚未验收入库的产成品　　　　D. 已完工且验收入库的产成品

2. 企业应根据（　　）的情况，考虑到管理的要求和条件，选择适当的方法计算月末在产品成本。

A. 在产品数量的多少　　　　B. 各月在产品数量变化的大小
C. 各项费用在成本中占的比重　　　　D. 定额管理基础的好坏

3. 在产品成本按所耗原材料费用计算适用于（　　）的产品。

A. 月末在产品数量较多　　　　B. 各月在产品数量变化较大
C. 直接材料费用在成本中占的比重较大　　D. 定额管理基础较好

4. 在产品成本按约当产量法计算适用于（　　）的产品。

A. 在产品数量较多
B. 各月在产品数量变化较大
C. 各成本项目费用在成本中比重相差不多
D. 完工产品数量较多

5. 以下属于在产品成本计算方法的有（　　）。

A. 直接分配法　　　　B. 定额比例法
C. 约当产量比例法　　　　D. 品种法

6. 采用约当产量比例法，必须正确计算在产品的约当产量，而在产品约当产量的计算正确与否取决于产品完工程度的测定，测定在产品完工程度的方法有（　　）。

A. 按50%平均计算各工序完工率　　　　B. 分工序分别计算完工率
C. 按定额比例法计算　　　　D. 以上三种方法均是

7. 分配计算完工产品和月末在产品的费用时，采用在产品按定额成本计算法所具备的条件是（　　）。

A. 各月末在产品数量变化比较大　　　　B. 产品的消耗定额比较稳定
C. 各月末在产品数量变化比较小　　　　D. 产品的消耗定额比较准确

三、判断题

1. 盘亏或毁损的在产品，经批准后均应记入“制造费用”账户。（　　）

2. 不计算在产品成本法适用于月末没有在产品的产品。（　　）

3. 采用约当产量比例法计算月末在产品成本，原材料费用分配时必须考虑原材料的投料方式。（　　）

4. 月末在产品按定额成本计算，实际费用脱离定额的差异完全由完工产品负担。（　　）

5. 采用定额比例法计算月末在产品成本必须具备较好的定额管理基础，而且月初、月末在产品数量变化不大的产品。（　　）

四、实务操作题

（一）练习在产品完工率的计算

【资料】 海东企业201×年8月生产的甲产品经过三道生产工序，各工序单位产品工时定额及在产品数量见表4-6，各工序在产品完工程度按50%计算。

表4-6　工时定额及在产品数量

工序	工时定额	各工序在产品数量(件)
一	32	250
二	40	360
三	28	160
合计	100	770

【要求】计算各工序的完工率和约当产量并编制表格(见表4-7)。

表4-7　各工序的完工率和约当产量计算表

工序	工时定额	完工率(%)	在产品数量	约当产量

（二）练习生产费用在完工产品和月末在产品之间的分配

【资料】 海东企业201×年9月生产乙产品，有关月初在产品成本和本月生产费用见表4-8。

表4-8　月初在产品成本和本月生产费用　　单位:元

项目	直接材料	燃料及动力	直接人工	制造费用	合计
月初在产品成本	4 680	230	970	600	6 480
本月生产费用	43 460	3 170	5 880	2 300	54 810

其他资料如下：

(1) 乙产品本月完工80件，月末在产品20件，原材料在生产开始时一次投入，在产品完工程度50%。

(2) 乙产品月末在产品单件定额成本为：直接材料470元，燃料和动力20元，直接人工42元，制造费用18元。

(3) 乙产品完工产成品单件定额成本为：直接材料470元，燃料和动力40元，直接人工84

元，制造费用 36 元。

【要求】 根据上列资料，按照以下几种分配方法计算乙产品完工产品成本和月末在产品成本。

1. 在产品成本按年初固定数计算，见表 4-9。
2. 在产品成本按所耗原材料费用计算（材料费用按约当产量比例分配），见表 4-10。
3. 按约当产量比例法分配计算，见表 4-11。
4. 在产品成本按定额成本计算，见表 4-12。
5. 按定额比例法分配计算，见表 4-13。

表 4-9 乙产品成本计算单

（在产品成本按年初固定数计算法） 单位：元

摘要	直接材料	燃料及动力	直接人工	制造费用	合计
月初在产品成本					
本月生产费用					
合计					
完工产品成本（　　件）					
月末在产品成本（　　件）					

表 4-10 乙产品成本计算单

（在产品成本按所耗原材料费用计算法） 单位：元

摘要	直接材料	燃料及动力	直接人工	制造费用	合计
月初在产品成本	4 680				4 680
本月生产费用	43 460	3 400	6 850	2 900	56 610
合计					
约当产量合计					
分配率					
完工产品成本（　　件）					
月末在产品成本（　　件）					

表 4-11 乙产品成本计算单

（约当产量比例法） 单位：元

摘要	直接材料	燃料及动力	直接人工	制造费用	合计
月初在产品成本					
本月生产费用					
合计					
约当产量合计					
分配率					

续表

摘要	直接材料	燃料及动力	直接人工	制造费用	合计
完工产品成本(　　件)					
月末在产品成本(　　件)					

表 4-12　乙产品成本计算单

(在产品成本按定额成本计算法)

单位:元

摘要	直接材料	燃料及动力	直接人工	制造费用	合计
月初在产品成本					
本月生产费用					
合计					
完工产品成本(　　件)					
月末在产品成本(　　件)					

表 4-13　乙产品成本计算单

(定额比例法)

单位:元

摘要	直接材料	燃料及动力	直接人工	制造费用	合计
月初在产品成本					
本月生产费用					
合计					
完工产品的定额成本					
期末在产品的定额成本					
合计					
分配率					
完工产品的实际成本(　　件)					
期末在产品实际成本(　　件)					

项目5 产品成本计算的品种法

【知识目标】

知道生产按工艺过程和组织特点的分类，了解生产特点和成本管理要求对成本计算方法的影响。掌握基本的成本计算方法，知道其适用范围、成本计算对象、成本计算期，以及生产费用在完工产品与在产品之间的分配。了解成本计算的辅助方法。

【能力目标】

能够根据品种法的成本计算程序，结合企业实际正确运用品种法计算产品成本。

任务1 认识产品成本计算方法

一、企业产品的生产类型

（一）按产品生产的工艺过程特点划分

生产工艺过程，是指产品生产从原材料投入到加工完成的整个过程，它以生产过程是否可以间断为基本特征。按生产工艺过程的特点，可将企业生产分为单步骤生产和多步骤生产。

1. 单步骤生产

单步骤生产又称简单生产，是指生产工艺过程不能间断（不可能或不需要划分几个生产步骤），不能分散在不同工作地点进行的生产，例如发电、采煤、铸造等生产。单步骤生产工艺技术简单，生产周期一般较短，生产只能由一个企业独立完成，不需要由几个企业协作进行，不需要分环节计算半成品成本。

2. 多步骤生产

多步骤生产又称复杂生产，是指生产工艺过程可以间断，由若干个步骤组成的生产，可以在不同地点、不同时间进行，也可以由一个企业或几个企业协作进行的生产，且需计算各工艺过程的半成品成本。多步骤生产工艺技术较复杂，生产周期一般比较长，产品种类较多，核算成本较高。多步骤生产按其生产方式的不同，又可进一步划分为连续式多步骤生产和装配式多步骤生产。

1）连续式多步骤生产

这种生产是指原材料要经过多个加工环节，且各加工环节之间有时间上的先后顺序，在成本计算时每个步骤都受上一步骤的成本水平影响，才能最终生产出产成品成本，如纺织行业等。

2）装配式多步骤生产

这种生产是不同原材料在各个环节平行地进行加工，各步骤加工在时间上是同步的，最后是将所有的零、部件（半成品）组装装配成产成品，其成本计算时各步骤之间并无影响，只有最后的产成品成本受零、部件等半成品成本的影响，比较典型的是汽车制造业等。

（二）按产品生产的组织管理特点划分

工业企业的生产，按照生产组织管理的特点可以分为大量生产、成批生产和单件生产三类。

大量生产是指不断重复生产一种或几种品种相同的产品生产。其主要生产特点是：产品的品种较少，各种产品的产量较大，且生产比较稳定。在生产时，一般使用专用设备进行重复不断的相同产品生产，如开采业、纺织业等。

成批生产是指按照预先确定的产品批别和数量，生产几种固定的产品。其主要生产特点是：产品的品种较多，而且具有一定的重复性。成批生产按照批量的大小，又可分为大批生产和小批生产。在管理上，大批生产接近于大量生产，小批生产接近于单件生产。成批生产的典型行业，如服装业等。

单件生产是指根据购货单位的要求，生产某种规格、型号、性能等特定产品的生产。其主要生产特点是：产品的品种规格较多，产品的数量较少，且很少重复生产。一般情况下是使用通用设备进行生产，如造船业等。

工业企业生产类型图如图 5-1 所示。

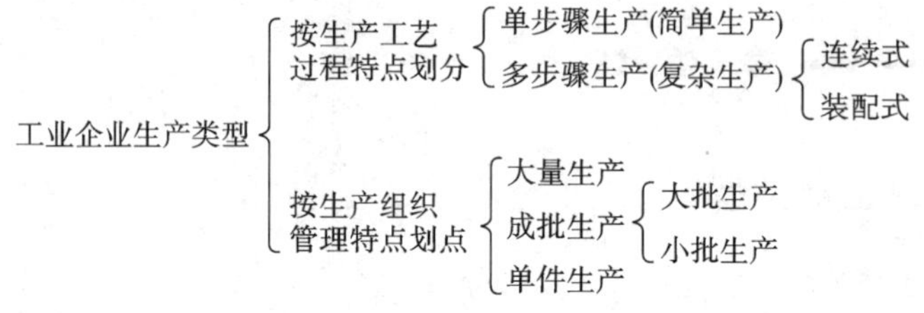

图 5-1 工业企业生产类型图

二、生产类型特点和成本管理要求对成本计算方法的影响

（一）生产类型特点对成本计算方法的影响

生产类型的特点对成本计算方法的影响，主要表现在三个方面，即成本计算对象、成本计算期及生产费用在完工产品和在产品之间的分配问题，其中成本计算对象的确立是决定成本计算方法的主要因素。而这三个方面的有机结合则构成某种成本计算方法的主要特点。

（二）成本管理要求对成本计算方法的影响

一个企业究竟采用什么方法计算产品成本，除了受生产类型特点的影响外，还应根据企业成本管理的要求，来选择适合于本企业的成本计算方法。成本管理要求对成本计算方法的影响，主要体现在成本计算对象的确定方面。

成本计算方法及其特点如图 5-1 所示。

表 5-1 成本计算方法及其特点

成本计算方法	生产组织方式	生产工艺过程和管理要求	成本计算对象	成本计算期	生产费用在完工产品与在产品之间的分配
品种法	大量大批生产	单步骤生产或管理上不要求分步骤计算产品成本的多步骤生产	产品品种	按月计算	单步骤生产一般不需分配，多步骤生产一般需要分配
分批法	小批单件生产	单步骤生产或管理上不要求分步骤计算产品成本的多步骤生产	产品批别（定单）	按生产周期计算	一般不需分配，跨月陆续完工一般需要分配
分步法	大量大批生产	多步骤生产且管理上要求分步骤计算产品成本	产品及其经过的生产步骤	按月计算	需要采用一定方法进行分配

三、产品成本计算的方法

（一）产品成本计算的基本方法

成本计算对象是区别不同成本计算方法的重要标志。由于成本计算对象的不同，成本计算的基本方法分为品种法、分批法和分步法。品种法是指以产品的品种作为成本计算对象，归集生产费用，计算产品成本的方法；分批法是指以产品批别作为成本计算对象，归集生产费用，计算产品成本的方法；分步法是指以产品及其经过的生产步骤作为成本计算对象，归集生产费用，计算产品成本的方法。其中，品种法是最基本的成本计算方法。

（二）产品成本计算的辅助方法

1. 分类法

这种方法是以产品的类别作为成本计算对象，归集生产费用，计算产品成本的方法。在这种方法下，先按照成本计算的基本原理计算各类别的产品成本，然后再将各类别的完工产品成本在类内各种产品之间进行分配，计算各种产品成本。

2. 定额法

这种方法是以产品的定额为基础，加上（或减去）脱离定额的差异和定额变动差异来计算产品成本的一种方法。它主要适宜于定额管理基础较好，产品生产定型，消耗定额合理且稳定的企业。

任务 2 品种法概述

一、品种法的适用范围

成本计算的品种法，也称简单法，是指以产品品种作为成本计算对象，来归集各项生产费用，计算产品成本的一种方法。品种法是成本计算方法中最基本的方法，其他方法都是以品种法为基础发展起来的。

品种法主要适用于以下企业：

(1) 大量大批生产，而且产品品种较少的单步骤生产的企业，例如发电、化工、采掘等。

(2) 大量大批生产且管理上不要求分步骤计算半成品成本的多步骤生产的企业，例如小型水泥厂等。

(3) 企业内部的供水、供电、供气等辅助生产部门。

二、品种法的特点

(一) 品种法的成本计算对象

品种法的成本计算对象是产品品种，企业直接以产品品种为对象开设产品“基本生产成本”明细账，以登记该种产品在生产过程中发生的全部生产费用。企业生产几种产品就要设置几个基本生产成本明细账。

(二) 品种法的成本计算期

企业一般是在产品品种比较稳定时采用品种法进行计算，在一定时期内，不断重复生产一种或几种相同的产品，产品的生产周期可能与成本结算期不一致，为了按月报告企业的财务状况和经营成果，在月末就要计算出本月的完工产品成本。因此，品种法下，按月定期计算产品成本，成本计算期与会计报告期一致，而与生产周期不一定一致。

(三) 生产费用在完工产品和月末在产品之间的分配

月末如果在产品数量较小，则不计算在产品成本；如果在产品数量较多，就需要选择合适的方法将基本生产成本明细账归集到的生产费用在完工产品和月末在产品之间分配。

三、品种法的成本计算程序

(1) 按照产品品种开设“基本生产成本”明细账，按成本项目设置专栏。如有月初在产品，还应在成本明细账中登记月初在产品成本，并开设其他与成本计算相关的账簿。

(2) 根据各项生产费用发生的原始凭证编制要素费用分配表，分配各项要素费用，并登记“基本生产成本”、“辅助生产成本”、“制造费用”等有关成本费用明细账。

(3) 根据“辅助生产成本”明细账记录和辅助生产车间提供的劳务量，采用适当的方法，在受益对象之间分配辅助生产费用，并登记有关成本费用明细账。

(4) 根据基本生产车间“制造费用”明细账记录，采用适当的方法，将制造费用在本车间生产的各种产品之间进行分配，并登记各产品的“基本生产成本”明细账。

(5) 根据“基本生产成本”明细账所归集的全部生产费用，采用一定的方法，将生产费用在完工产品与月末在产品之间分配，计算各种完工产品的总成本和单位成本。

任务 3 品种法计算产品成本

新华工厂单步骤大量生产甲、乙两种产品，该厂设有一个基本生产车间，另设有供电和供水两个辅助生产车间为全厂提供服务。根据企业的生产特点和管理要求，采用品种法计算产品成本。该企业在“生产成本”一级账下分设“基本生产成本”和“辅助生产成本”两个二级账，“基本生产成本”二级账分甲、乙两种产品设置“基本生产成本”明细账，“辅助生产成本”二级账分设供电车间和供水车间明细账。辅助生产车间不单独设置“制造费用”明细账，发生的间接费用直接计入“辅助生产成本”所属的明细账。“基本生产成本”明细账开设“直接材料”、“直接人工”和“制造费用”三个成本项目。

一、有关成本计算资料

该企业7月份有关成本计算资料如下：

1. 月初在产品成本资料

月初在产品成本如表5-2所示。

表5-2 月初在产品成本

单位：元

产品名称	直接材料	直接人工	制造费用	合计
甲产品	56 000	9 920	9 760	75 680
乙产品	48 000	9 280	11 120	68 400

2. 本月生产资料

甲产品本月完工600件，月末在产品400件；乙产品本月完工400件，月末在产品200件。甲、乙两种产品的原材料都在生产开始时一次投入，加工费用发生比较均衡，月末在产品完工程度均为50%。

3. 其他资料及规定

(1) 甲产品实际耗用工时12 000小时，乙产品实际耗用工时8 000小时。

(2) 甲、乙两种产品共同消耗的辅助材料，按甲、乙两种产品直接耗用的原料及主要材料的比例分配。

(3) 生产工人工资按甲、乙产品的生产工时比例分配。

(4) 辅助生产费用采用直接分配法分配。

(5) 制造费用按甲、乙产品的生产工时比例分配。

(6) 甲、乙产品按约当产量比例法计算完工产品成本和在产品的成本。

二、产品成本计算过程

(一) 根据各项生产费用发生的原始凭证和有关资料，编制各项要素费用分配表，分配各项要素费用

1. 分配材料费用

根据“发出材料汇总表”(见表5-3)编制“材料费用分配表”(见表5-4)，其中甲、乙两种产品共同耗用的辅助材料36 000元，按甲、乙产品直接耗用的原料及主要材料比例分配。

表5-3 发出材料汇总表

201×年7月31日

单位：元

领料部门和用途	原料及主要材料	辅助材料	其他材料	合计
甲产品耗用	200 000	20 000		220 000

续表

领料部门和用途	原料及主要材料	辅助材料	其他材料	合计
乙产品耗用	100 000	20 000		120 000
甲、乙产品共同耗用		36 000		36 000
基本生产车间一般耗用	8 000		4 000	12 000
供电车间耗用	6 000			6 000
供水车间耗用	2 000			2 000
厂部管理部门耗用	4 000			4 000
合计	320 000	76 000	4 000	400 000

表 5-4　材料费用分配表

201×年 7 月 31 日　　单位:元

应借科目			原料及主要材料	辅助材料	其他材料	合计
会计科目	明细科目	成本项目（或费用项目）				
生产成本—基本生产成本	甲产品	直接材料	200 000	44 000		244 000
	乙产品	直接材料	100 000	32 000		132 000
	小计		300 000	76 000		376 000
生产成本—辅助生产成本	供电车间	直接材料	6 000			6 000
	供水车间	直接材料	2 000			2 000
	小计		8 000			8 000
制造费用	基本生产车间	机物料消耗	8 000		4 000	12 000
管理费用		材料费	4 000			4 000
合计			320 000	76 000	4 000	400 000

甲、乙产品共同耗用材料费用分配表如表 5-5 所示。

表 5-5　甲、乙产品共同耗用材料费用分配表

201×年 7 月 31 日　　单位:元

产品	直接耗用原材料	分配率	金额
甲产品	200 000		24 000
乙产品	100 000		12 000
合计	300 000	0.12	36 000

$$材料费用分配率=\frac{36\ 000}{300\ 000}=0.12$$

甲产品应分摊的材料费用＝200 000×0.12＝24 000(元)

乙产品应分摊的材料费用＝100 000×0.12＝12 000(元)

借:生产成本—基本生产成本—甲产品　　244 000

　　　　　　　　　　　　—乙产品　　132 000

生产成本—辅助生产成本—供电车间　　6 000
　　　　　　　　　　　—供水车间　　2 000
制造费用　　12 000
管理费用　　4 000
贷:原材料—原料及主要材料　　320 000
　　　　—辅助材料　　76 000
　　　　—其他材料　　4 000

2. 分配职工薪酬费用

根据职工薪酬费用汇总表(见表5-6)及职工福利费计提资料编制“职工薪酬费用分配表”(见表5-7),其中生产工人工资按甲、乙产品的实际生产工时比例分配。

表5-6　职工薪酬费用汇总表

201×年7月31日　　单位:元

部门	工资总额	计提福利费	合计
基本生产车间生产工人	120 000	16 800	136 800
基本生产车间管理人员	20 000	2 800	22 800
供电车间人员	14 000	1 960	15 960
供水车间人员	6 000	840	6 840
厂部管理人员	40 000	5 600	45 600
合计	200 000	28 000	228 000

表5-7　职工薪酬费用分配表

201×年7月31日　　单位:元

应借科目				工资			福利费(计提比例14%)	合计
会计科目		明细科目	成本项目(或费用项目)	分配标准	分配率	分配额		
生产成本	基本生产成本	甲产品	直接人工	12 000		72 000	10 080	82 080
		乙产品	直接人工	8 000		48 000	6 720	54 720
		小计		20 000	6	120 000	16 800	136 800
生产成本	辅助生产成本	供电车间	直接人工			14 000	1 960	15 960
		供水车间	直接人工			6 000	840	6 840
		小计				20 000	2 800	22 800
制造费用			职工薪酬			20 000	2 800	22 800
管理费用			职工薪酬			40 000	5 600	45 600
合计						200 000	28 000	228 000

$$生产工人工资分配率=\frac{120\ 000}{12\ 000+8\ 000}=6(元/时)$$

甲产品应分摊的工资费用=12 000×6=72 000(元)

乙产品应分摊的工资费用=8 000×6=48 000(元)

借:生产成本—基本生产成本—甲产品　　82 080
　　　　　　　　　　　　—乙产品　　54 720
　生产成本—辅助生产成本—供电车间　　15 960
　　　　　　　　　　　　—供水车间　　6 840
　制造费用　　22 800
　管理费用　　45 600
　贷:应付职工薪酬—工资　　200 000
　　　　　　　　—福利费　　28 000

3. 分配折旧费用

本月应计提折旧费用100 000元。其中:基本生产车间60 000元,供电车间12 000元,供水车间8 000元,厂部管理部门20 000元。编制的折旧费用分配表如表5-8所示。

表5-8　折旧费用分配表

201×年7月31日　　单位:元

应借科目				合计
会计科目		明细科目	成本项目(或费用项目)	
生产成本	辅助生产成本	供电车间	制造费用	12 000
		供水车间	制造费用	8 000
		小计		20 000
制造费用			折旧费	60 000
管理费用			折旧费	20 000
合计				100 000

借:生产成本—辅助生产成本—供电车间　　12 000
　　　　　　　　　　　　—供水车间　　8 000
　制造费用　　60 000
　管理费用　　20 000
　贷:累计折旧　　100 000

4. 分配其他费用

本月以银行存款支付的其他费用为:

(1) 基本生产车间办公费1 500元,劳动保护费1 600元,水电费3 200元,其他费用4 000元。

(2) 供电车间办公费1 240元,劳动保护费200元,水电费400元,其他费用200元。

(3) 供水车间办公费160元,劳动保护费200元,水电费600元,其他费用200元。

(4) 厂部管理部门办公费800元,差旅费4 000元,水电费2 000元,其他费用400元。

其他费用分配表见表5-9。

表5-9　其他费用分配表

201×年7月31日　　　　　　单位:元

<table>
<tr><th colspan="4">应借科目</th><th rowspan="2">合计</th></tr>
<tr><th colspan="2">会计科目</th><th>明细科目</th><th>成本项目
(或费用项目)</th></tr>
<tr><td rowspan="3">生产成本</td><td rowspan="3">辅助生产成本</td><td>供电车间</td><td>制造费用</td><td>2 040</td></tr>
<tr><td>供水车间</td><td>制造费用</td><td>1 160</td></tr>
<tr><td>小计</td><td></td><td>3 200</td></tr>
<tr><td colspan="2" rowspan="5">制造费用</td><td rowspan="4">基本生产车间</td><td>办公费</td><td>1 500</td></tr>
<tr><td>劳动保护费</td><td>1 600</td></tr>
<tr><td>水电费</td><td>3 200</td></tr>
<tr><td>其他费用</td><td>4 000</td></tr>
<tr><td>小计</td><td></td><td>10 300</td></tr>
<tr><td colspan="2" rowspan="5">管理费用</td><td rowspan="4"></td><td>办公费</td><td>800</td></tr>
<tr><td>差旅费</td><td>4 000</td></tr>
<tr><td>水电费</td><td>2 000</td></tr>
<tr><td>其他费用</td><td>400</td></tr>
<tr><td>小计</td><td></td><td>7 200</td></tr>
<tr><td colspan="2">合计</td><td></td><td></td><td>20 700</td></tr>
</table>

根据“其他费用分配表”编制会计分录如下:

借:生产成本—辅助生产成本—供电车间　　2 040

　生产成本—辅助生产成本—供水车间　　1 160

　制造费用　　10 300

　管理费用　　7 200

　贷:银行存款　　20 700

(二) 根据各项要素费用分配表,登记有关明细账户

(1) 登记“生产成本—辅助生产成本”明细账(见表5-10和表5-11)。

表5-10　辅助生产成本明细账

车间名称:供电车间　　　　201×年7月31日　　　　单位:元

<table>
<tr><th colspan="2">201×年</th><th rowspan="2">凭证号数</th><th rowspan="2">摘要</th><th rowspan="2">直接材料</th><th rowspan="2">直接人工</th><th rowspan="2">制造费用</th><th rowspan="2">合计</th></tr>
<tr><th>月</th><th>日</th></tr>
<tr><td>7</td><td>31</td><td>略</td><td>根据材料费用分配表</td><td>6 000</td><td></td><td></td><td>6 000</td></tr>
<tr><td>7</td><td>31</td><td>略</td><td>根据职工薪酬费用分配表</td><td></td><td>15 960</td><td></td><td>15 960</td></tr>
<tr><td>7</td><td>31</td><td>略</td><td>根据折旧费用分配表</td><td></td><td></td><td>12 000</td><td>12 000</td></tr>
<tr><td>7</td><td>31</td><td>略</td><td>根据其他费用分配表</td><td></td><td></td><td>2 040</td><td>2 040</td></tr>
</table>

续表

201×年		凭证号数	摘要	直接材料	直接人工	制造费用	合计
月	日						
7	31	略	本月发生额合计	6 000	15 960	14 040	36 000
7	31	略	分配给各受益部门	−6 000	−15 960	−14 040	−36 000

表 5-11　辅助生产成本明细账

车间名称:供水车间　　201×年 7 月 31 日　　单位:元

201×年		凭证号数	摘要	直接材料	直接人工	制造费用	合计
月	日						
7	31	略	根据材料费用分配表	2 000			2 000
7	31	略	根据职工薪酬费用分配表		6 840		6 840
7	31	略	根据折旧费用分配表			8 000	8 000
7	31	略	根据其他费用分配表			1 160	1 160
7	31	略	本月发生额合计	2 000	6 840	9 160	18 000
7	31	略	分配给各受益部门	−2 000	−6 840	−9 160	−18 000

(2) 登记“制造费用”明细账(见表 5-12)和“生产成本—基本生产成本”明细账(见表 5-13 和表 5-14)。

表 5-12　制造费用明细账

车间名称:基本生产车间　　201×年 7 月 31 日　　单位:元

201×年		凭证号数	摘要	材料费用	职工薪酬费	折旧费	办公费	水电费	劳动保护费	其他	合计
月	日										
7	31	略	根据材料费用分配表	12 000							12 000
7	31	略	根据职工薪酬费用分配表		22 800						22 800
7	31	略	根据折旧费用分配表			60 000					60 000
7	31	略	根据其他费用分配表				1 500	3 200	1 600	4 000	10 300
7	31	略	根据辅助生产费用分配表					12900			12 900
7	31	略	本月发生额合计	12 000	22 800	60 000	1 500	16 100	1 600	4 000	118 000
7	31	略	分配本月制造费用	−12 000	−22 800	−60 000	−1 500	−16 100	−1 600	−4 000	−118 000

表 5-13　基本生产成本明细账

产成品:600 件

产品名称:甲产品　　201×年 7 月 31 日　　在产品:400 件

201×年		凭证号数	摘要	直接材料	直接人工	制造费用	合计
月	日						
7	1	略	月初在产品成本	56 000	9 920	9 760	75 680
7	31	略	根据材料费用分配表	244 000			244 000
7	31	略	根据职工薪酬费用分配表		82 080		82 080
7	31	略	根据辅助生产费用分配表			19 440	19 440
7	31	略	根据制造费用分配表			70 800	70 800
7	31	略	生产费用合计	300 000	92 000	100 000	492 000
7	31	略	结转完工产品总成本	−180 000	−69 000	−75 000	−324 000
7	31	略	月末在产品成本	120 000	23 000	25 000	168 000

表 5-14　基本生产成本明细账

产成品:400 件

产品名称:乙产品　　201×年 7 月 31 日　　在产品:200 件

201×年		凭证号数	摘要	直接材料	直接人工	制造费用	合计
月	日						
7	1	略	月初在产品成本	48 000	9 280	11 120	68 400
7	31	略	根据材料费用分配表	132 000			132 000
7	31	略	根据职工薪酬费用分配表		54 720		54 720
7	31	略	根据辅助生产费用分配表			12 960	12 960
7	31	略	根据制造费用分配表			47 200	47 200
7	31	略	生产费用合计	180 000	64 000	71 280	315 280
7	31	略	结转完工产品总成本	−120 000	−51 200	−57 024	−228 224
7	31	略	月末在产品成本	60 000	12 800	14 256	87 056

(3) 登记“管理费用”明细账(见表 5-15)。

表 5-15　管理费用明细账

201×年 7 月 31 日　　单位:元

201×年		凭证号数	摘要	材料费	职工薪酬费	折旧费	办公费	差旅费	水电费	其他	合计
月	日										
7	31	略	根据材料费用分配表	4000							4 000
7	31	略	根据职工薪酬费用分配表		45 600						45 600

续表

201×年		凭证号数	摘要	材料费	职工薪酬费	折旧费	办公费	差旅费	水电费	其他	合计
月	日										
7	31	略	根据折旧费用分配表			20 000					20 000
7	31	略	根据其他费用分配表				800	4 000	2 000	400	7 200
7	31	略	根据辅助生产费用分配表						8 700		8 700
7	31	略	本月发生额合计	4000	45 600	20 000	800	4 000	10 700	400	85 500
7	31	略	结转管理费用	−4 000	−45 600	−20 000	−800	−4 000	−10 700	−400	−85 500

（三）分配辅助生产费用

辅助生产车间本月劳务供应量见表5-16，采用直接分配法分配辅助生产费用。

表5-16　辅助生产车间劳务供应量汇总表

201×年7月

受益部门	供电数量(度)	供水数量(吨)
供电车间		500
供水车间	1 000	
基本生产车间管理部门	1 000	2 000
基本生产车间产品生产	36 000	
厂部管理部门	3 000	1 000
合计	41 000	3 500

(1) 本月供电车间费用总额36 000元，供水车间费用总额18 000元，编制“辅助生产费用分配表”(见表5-17)。

表5-17　辅助生产费用分配表(直接分配法)

201×年7月31日　　　　单位:元

项目	分配电费		分配水费		合计
	数量(度)	金额	数量(吨)	金额	
待分配费用		36 000		18 000	54 000
劳务供应总量	41 000		3 500		
其中辅助生产以外单位耗用量	40 000		3 000		

续表

项目	分配电费		分配水费		合计
	数量(度)	金额	数量(吨)	金额	
费用分配率(单位成本)		0.9		6	
受益对象					
基本生产车间产品生产	36 000	32 400			32 400
基本生产车间管理部门	1 000	900	2 000	12 000	12 900
厂部管理部门	3 000	2 700	1 000	6 000	8 700
合计	41 000	36 000	3 500	18 000	54 000

$$供电车间电费分配率=\frac{36\ 000}{41\ 000-1\ 000}=0.9(元/度)$$

基本生产车间产品生产应分配电费=36 000×0.9=32 400(元)

基本生产车间管理部门应分配电费=1 000×0.9=900(元)

厂部管理部门应分配电费=3 000×0.9=2 700(元)

$$供水车间水费分配率=\frac{18\ 000}{3\ 500-500}=6(元/吨)$$

基本生产车间管理部门应分配水费=2 000×6=12 000(元)

厂部管理部门应分配水费=1 000×6=6 000(元)

(2) 基本生产车间生产甲、乙两种产品,因此,基本生产车间产品用电总额 32 400 元,还需要在甲、乙两种产品之间按生产工时比例分配,并计入产品成本明细账“直接材料”项目。甲产品实际耗用工时 12 000 小时,乙产品实际耗用工时 8 000 小时,分配结果见表 5-18。

表 5-18 产品用电分配表

201×年 7 月 31 日

产品	生产工时(小时)	分配率(元/时)	分配金额(元)
甲产品	12 000		19 440
乙产品	8 000		12 960
合计	20 000	1.62	32 400

$$甲、乙产品电费分配率=\frac{32\ 400}{12\ 000+8\ 000}=1.62(元/时)$$

甲产品分配电费=12 000×1.62=19 440(元)

乙产品分配电费=8 000×1.62=12 960(元)

根据“辅助生产费用分配表”,编制会计分录如下:

借:生产成本—基本生产成本—甲产品　　19 440

—乙产品　　12 960
制造费用　　12 900
管理费用　　8 700
贷:生产成本—辅助生产成本—供电车间　　36 000
—供水车间　　18 000

根据辅助生产费用分配表登记相关明细账。

(四) 分配制造费用

本月基本生产车间"制造费用"明细账中归集的本月制造费用总额 118 000 元,按甲、乙两种产品的生产工时比例分配。甲产品实际耗用工时 12 000 小时,乙产品实际耗用工时 8 000 小时,编制"制造费用分配表"(见表 5-19)。

表 5-19　制造费用分配表

201×年 7 月 31 日

产品	生产工时(小时)	分配率(元/时)	分配金额(元)
甲产品	12 000		70 800
乙产品	8 000		47 200
合计	20 000	5.9	118 000

$$\text{制造费用分配率}=\frac{118\ 000}{12\ 000+8\ 000}=5.9(\text{元/时})$$

甲产品应分配的制造费用=12 000×5.9=70 800(元)

乙产品应分配的制造费用=8 000×5.9=47 200(元)

借:生产成本—基本生产成本—甲产品　　70 800
—乙产品　　47 200
贷:制造费用　　118 000

根据制造费用分配表登记相关明细账。

(五) 生产费用在完工产品和月末在产品之间分配

(1) 本月甲产品的"基本生产成本"明细账中生产费用合计数 492 000 元,本月完工甲产品 600 件,月末在产品 400 件。按约当产量比例法计算甲产品的完工产品成本和月末在产品成本。

①月末甲产品约当产量计算表见表 5-20。

表 5-20　约当产量计算表

产品名称:甲产品　　201×年 7 月 31 日　　单位:件

成本项目	完工产品数量	在产品约当产量			约当产量合计
		在产品数量	投料程度(加工程度)	约当产量	
直接材料	600	400	100%	400	1 000
直接人工	600	400	50%	200	800
制造费用	600	400	50%	200	800

②编制“甲产品成本计算表”(见表 5-21)。

表 5-21　甲产品成本计算表

产成品:600 件
产品名称:甲产品　　201×年 7 月 31 日　　单位:元　　在产品:400 件

201×年		凭证号数	摘要	直接材料	直接人工	制造费用	合计
月	日						
7	1	略	月初在产品成本	56 000	9 920	9 760	75 680
7	31	略	本月发生费用	244 000	82 080	90 240	416 320
7	31	略	生产费用合计	300 000	92 000	100 000	492 000
7	31	略	约当产量合计(件)	1 000	800	800	
7	31	略	单位产品成本	300	115	125	540
7	31	略	完工产品总成本	180 000	69 000	75 000	324 000
7	31	略	月末在产品成本	120 000	23 000	25 000	168 000

直接材料单位成本＝300 000÷1 000＝300(元/件)

直接人工单位成本＝92 000÷800＝115(元/件)

制造费用单位成本＝100 000÷800＝125(元/件)

完工产品直接材料成本＝600×300＝180 000(元)

完工产品直接人工成本＝600×115＝69 000(元)

完工产品制造费用成本＝600×125＝75 000(元)

(2) 本月乙产品的“基本生产成本”明细账中生产费用合计数 315 280 元,本月完工乙产品 400 件,月末在产品 200 件。按约当产量法计算乙产品的完工产品成本和月末在产品成本。

①月末乙产品约当产量计算表见表 5-22。

②编制“乙产品成本计算表”(见表 5-23)。

表 5-22　约当产量计算表

产品名称:乙产品　　201×年 7 月 31 日　　单位:件

成本项目	完工产品数量	在产品约当产量			约当产量合计
		在产品数量	投料程度(加工程度)	约当产量	
直接材料	400	200	100%	200	600
直接人工	400	200	50%	100	500
制造费用	400	200	50%	100	500

表 5-23　乙产品成本计算表

产成品:400 件
产品名称:乙产品　　201×年 7 月 31 日　　单位:元　　在产品:200 件

201×年		凭证号数	摘　　要	直接材料	直接人工	制造费用	合计
月	日						
7	1	略	月初在产品成本	48 000	9 280	11 120	68 400

续表

201×年		凭证号数	摘　　要	直接材料	直接人工	制造费用	合计
月	日						
7	31	略	本月发生费用	132 000	54 720	60 160	246 880
7	31	略	生产费用合计	180 000	64 000	71 280	315 280
7	31	略	约当产量合计(件)	600	500	500	
7	31	略	单位产品成本	300	128	142.56	570.56
7	31	略	完工产品总成本	120 000	51 200	57 024	228 224
7	31	略	月末在产品成本	60 000	12 800	14 256	87 056

直接材料单位产品成本＝180 000÷600＝300(元/件)

直接人工单位产品成本＝64 000÷500＝128(元/件)

制造费用单位产品成本＝71 280÷500＝142.56(元/件)

完工产品直接材料成本＝400×300＝120 000(元)

完工产品直接人工成本＝400×128＝51 200(元)

完工产品制造费用成本＝400×142.56＝57 024(元)

(六) 编制“完工产品成本汇总表”

根据甲、乙产品的产品成本计算表,编制“完工产品成本汇总表”(见表 5-24)。

表 5-24　完工产品成本汇总表

201×年 7 月 31 日

单位:元

成本项目	甲产品(产量 600 件)		乙产品(产量 400 件)	
	总成本	单位成本	总成本	单位成本
直接材料	180 000	300	120 000	300
直接人工	69 000	115	51 200	128
制造费用	75 000	125	57 024	142.56
合计	324 000	540	228 224	570.56

根据“完工产品成本汇总表”结转完工产品成本,编制会计分录如下:

借:库存商品—甲产品　　324 000

　　　　　—乙产品　　228 224

　贷:生产成本—基本生产成本—甲产品　　324 000

　　　　　　　　　　　　　—乙产品　　228 224

(七) 结转“管理费用”账户

将本月“管理费用”账户归集的管理费用总额转入“本年利润”账户,编制会计分录如下:

借:本年利润　　85 500

　贷:管理费用　　85 500

通过本项目的学习，要求学生重点把握：

（1）按产品生产工艺过程的特点，企业生产可分为单步骤生产和多步骤生产；按照生产组织管理的特点，可以分为大量生产、成批生产和单件生产。

（2）生产类型的特点对成本计算方法的影响，主要表现在三个方面，即成本计算对象、成本计算期及生产费用在完工产品和在产品之间的分配问题，其中成本计算对象的确立是决定成本计算方法的主要因素。成本管理要求对成本计算方法的影响，主要体现在成本计算对象的确定方面。

（3）成本计算对象是区别不同成本计算方法的重要标志。由于成本计算对象的不同，成本计算的基本方法分为品种法、分批法和分步法。其中，品种法是最基本的成本计算方法。

（4）产品成本计算的辅助方法主要有分类法、定额法。

（5）成本计算的品种法，也称简单法，是指以产品品种作为成本计算对象，来归集各项生产费用，计算产品成本的一种方法。品种法的成本计算对象是产品品种；品种法下，按月定期计算产品成本，成本计算期与会计报告期一致，而与生产周期不一定一致；月末如果在产品数量较小，则不计算在产品成本；如果在产品数量较多，就需要选择合适的方法将基本生产成本明细账归集到的生产费用在完工产品和月末在产品之间分配。

（6）品种法的成本计算程序：

①按照产品品种开设“基本生产成本”明细账，按成本项目设置专栏。如有月初在产品，还应在成本明细账中登记月初在产品成本，并开设其他与成本计算相关的账簿。

②根据各项生产费用发生的原始凭证编制要素费用分配表，分配各项要素费用，并登记“基本生产成本”、“辅助生产成本”、“制造费用”等有关成本费用明细账。

③根据“辅助生产成本”明细账记录和辅助生产车间提供的劳务量，采用适当的方法，在受益对象之间分配辅助生产费用，并登记有关成本费用明细账。

④根据基本生产车间“制造费用”明细账记录，采用适当的方法，将制造费用在本车间生产的各种产品之间进行分配，并登记各产品的“基本生产成本”明细账。

⑤根据“基本生产成本”明细账所归集的全部生产费用，采用一定的方法，将生产费用在完工产品与月末在产品之间分配，计算各种完工产品的总成本和单位成本。

一、单项选择题

1. 产品成本计算最基本的方法是（　　）。

A. 分批法　　B. 分类法　　C. 品种法　　D. 分步法

2. 各种产品成本计算方法的命名主要在于（　　）。

A. 企业生产类型　　B. 企业管理要求　　C. 成本计算对象　　D. 成本计算程序

3. 下列不属于成本计算基本方法的是(　　)。

A. 品种法　　B. 分批法　　C. 分类法　　D. 分步法

4. 在大量大批多步骤生产企业,管理上不要求分步计算产品成本,其成本计算方法是(　　)。

A. 品种法　　B. 分类法　　C. 分批法　　D. 分步法

5. 工业企业产品成本的计算最终是通过下列(　　)账户进行的。

A."制造成本"　　B."基本生产成本"　　C."制造费用"　　D."辅助生产成本"

6. 生产特点和管理要求对于产品成本计算的影响,主要表现在(　　)。

A. 产品生产的品种上　　B. 成本计算程序上

C. 产品生产的批次上　　D. 成本计算对象的确定上

7. 下列属于产品成本计算辅助方法的是(　　)。

A. 品种法　　B. 分批法　　C. 分步法　　D. 分类法

8. 区别各种成本计算基本方法的主要标志是(　　)。

A. 成本计算日期　　B. 成本计算对象

C. 间接费用的分配方法　　D. 完工产品与在产品之间分配费用的方法

9. 在小批单件多步骤生产的情况下,如果管理上不要求分步计算产品成本,应采用的成本计算方法是(　　)。

A. 分批法　　B. 分步法　　C. 分类法　　D. 定额成本法

10. 品种法是产品成本计算的(　　)。

A. 主要方法　　B. 重要方法　　C. 最基本的方法　　D. 最简单的方法

11. 品种法适用的生产组织是(　　)。

A. 大量大批生产　　B. 大量成批生产　　C. 大量小批生产　　D. 单件小批生产

二、多项选择题

1. 工业企业的生产按照工艺过程划分为(　　)。

A. 大量生产　　B. 单步骤生产　　C. 单件生产　　D. 多步骤生产

2. 成本计算的基本方法有(　　)。

A. 品种法　　B. 分批法　　C. 分步法　　D. 分类法

3. 品种法适用于(　　)。

A. 大量大批单步骤生产企业

B. 大量大批多步骤生产但管理上不要求分步计算成本的企业

C. 大量大批多步骤生产而且在管理上要求分步计算成本的企业

D. 小批单件生产企业

4. 受生产特点和管理要求的影响,产品成本计算对象包括(　　)。

A. 产品类别　　B. 产品品种　　C. 产品批别　　D. 产品生产步骤

5. 企业在确定成本计算方法时,必须从企业的具体情况出发,同时考虑(　　)。

A. 企业的生产特点　　B. 月末有没有在产品

C. 企业生产规模的大小　　D. 进行成本管理的要求

6. 品种法是产品成本计算最基本的方法,这是因为(　　)。

A. 品种法计算成本最简单

B. 任何成本计算方法最终都要计算出各品种产品的成本

C. 品种法的成本计算程序最有代表性

D. 品种法需要按月计算产品成本

7. 下列企业中，适合品种法计算产品成本的有（　　）。

A. 发电企业　　B. 汽车制造企业　　C. 采掘企业　　D. 船舶制造企业

8. 下列有关品种法的计算程序叙述中正确的有（　　）。

A. 如果只生产一种产品，只需为这种产品开设产品成本明细账

B. 如果生产多种产品，要按照产品的品种分别开设产品成本明细账

C. 发生的各项直接费用直接计入各产品成本明细账

D. 发生的间接费用则采用适当的分配方法在各种产品之间进行分配

三、判断题

1. 品种法是各种产品成本计算方法的基础。（　　）

2. 品种法在大量大批多步骤的生产企业，无论其管理要求如何，均不适用。（　　）

3. 生产组织不同对产品成本计算方法的影响是：品种法适用于小批单件生产，分批法适用于大批大量生产。（　　）

4. 品种法主要适用于简单生产，因此称为简单法。（　　）

5. 品种法应按生产单位开设产品成本计算单。（　　）

6. 单步骤生产都应采用品种法计算产品成本。（　　）

7. 从成本计算对象和成本计算程序来看，品种法是产品成本计算最基本的方法。（　　）

8. 品种法的成本计算期与会计报告期一致，与生产周期不一致。（　　）

四、实务操作题

【目的】 练习产品成本计算的品种法。

【资料】 海东企业生产甲、乙两种产品，均是单步骤的大量生产，采用品种法计算产品成本，201×年7月份的生产费用资料如下：

1. 材料费用：

根据7月份材料领用凭证汇总的材料费用（按实际成本计算）为：甲产品原材料费用68 000元，乙产品原材料费用58 600元。

基本生产车间：一般消耗材料3 100元，劳动保护领料800元。

运输车队：领用材料2 850元。

企业管理部门：修理领料2 260元，其他领料1 400元。

2. 外购电费：

7月份的外购电费16 000元，该厂规定，耗电按各部门所耗电的度数进行分配。基本生产车间照明用电3 000度，生产产品动力用电20 000度，其中甲产品12 000度，乙产品8 000度；运输车队4 800度；企业管理部门4 200度。

3. 工资费用：

根据7月份工资结算凭证汇总的工资费用为：

基本生产车间：生产工人工资25 800元，管理人员工资3 200元。

运输车队：车队人员工资9 600元。

企业管理部门：管理人员工资5 600元。

该厂规定，基本生产车间生产工人工资在甲、乙两种产品之间按产品的生产工时比例分配。生产工时为：甲产品 9 000 小时，乙产品 8 200 小时。通过工资分配表分配，且职工福利费按工资额的 14%计提。

4. 折旧费用：

7 月份应计提的折旧额：基本生产车间 4 050 元，运输车队 2 280 元，企业管理部门2 600元。

5. 各项货币资金支出：

根据 7 月份付款凭证汇总的各项货币资金支出(为简化作业，各项货币资金均为全月汇总的金额，并假定均用银行存款支出)为：

(1) 基本生产车间负担的费用：办公费 1 200 元，水费 460 元，差旅费 3 400 元，运输费 1 800 元，其他费用 2 600 元。

(2) 运输车队负担的费用：办公费 1 600 元，水费 380 元，其他费用 2 600 元。

6. 辅助生产费用：

该厂规定，辅助生产车间的制造费用不通过"制造费用"账户核算，辅助生产费用按直接分配法计算分配。运输车队为全厂提供运输劳务 500 公里，其中：基本生产车间 300 公里，企业管理部门 200 公里。

7. 制造费用：

该厂规定，制造费用按产品的生产工时比例，在甲、乙产品之间进行分配。

8. 完工产品和月末在产品：

该厂甲产品、乙产品均为一次性投料，具体情况见表 5-25。

表 5-25　产品产量统计表

计量单位：件

产品名称	本月完工产品的产量	期末在产品数量	
		数量	完工程度(%)
甲	460	120	50
乙	330	60	80

9. 甲、乙产品的月初在产品成本：

甲产品 7 月初在产品成本为：直接材料 21 000 元，燃料及动力 1 200 元，直接人工费 1 900 元，制造费用 4 100 元，合计 28 200 元。

乙产品 7 月初在产品成本为：直接材料 16 000 元，燃料及动力 900 元，直接人工费 2 400 元，制造费用 3 900 元，合计 23 200 元。

【要求】 1. 根据各种产品有关的期初余额资料，登记基本生产成本明细账(见表 5-26 和表 5-27)；

2. 根据上列资料，编制各种生产费用分配表(见表 5-28 至表 5-32)；

3. 根据各种费用分配表，登记辅助生产成本明细账并分配辅助费用；登记制造费用明细账并分配制造费用；采用约当产量比例法计算产品成本(见表 5-33 至表 5-37)；

4. 编制有关会计分录。

表 5-26　基本生产成本明细账

车间名称：　　　　产品名称：　　　　完工数量：　　　　在产品数量：　　　　完工程度：

年		凭证		摘要	直接材料	燃料及动力	直接人工	制造费用	合计
月	日	种类	号数						
6	30			期初在产品成本					
7	31			材料分配表					
	31			动力分配表					
	31			工资及福利费分配表					
	31			制造费用分配表					
	31			本月合计					
	31			累计总成本					
	31			约当总产量					
	31			单位成本(分配率)					
	31			完工产品成本					
	31			期末在产品成本					

表 5-27　基本生产成本明细账

车间名称：　　　　产品名称：　　　　完工数量：　　　　在产品数量：　　　　完工程度：

年		凭证		摘要	直接材料	燃料及动力	直接人工	制造费用	合计
月	日	种类	号数						
6	30			期初在产品成本					
7	31			材料分配表					
	31			动力分配表					
	31			工资及福利费分配表					
	31			制造费用分配表					
	31			本月合计					
	31			累计总成本					
				约当总产量					
				单位成本(分配率)					
	31			完工产品成本					
	31			期末在产品成本					

表 5-28　原材料费用分配表

年　　月　　　　　　　　　　　　　　单位:元

<table>
<tr><th colspan="2">应借账户</th><th>成本或费用项目</th><th>金额</th></tr>
<tr><td rowspan="3">基本生产成本</td><td>甲产品</td><td>直接材料</td><td></td></tr>
<tr><td>乙产品</td><td>直接材料</td><td></td></tr>
<tr><td colspan="2">小计</td><td></td></tr>
<tr><td rowspan="3">制造费用</td><td rowspan="3">基本车间</td><td>消耗用材料</td><td></td></tr>
<tr><td>劳动保护费</td><td></td></tr>
<tr><td>小计</td><td></td></tr>
<tr><td>辅助生产成本</td><td>运输车队</td><td>直接材料</td><td></td></tr>
<tr><td colspan="2" rowspan="3">管理费用</td><td>修理费</td><td></td></tr>
<tr><td>其他</td><td></td></tr>
<tr><td>小计</td><td></td></tr>
<tr><td colspan="3">合计</td><td></td></tr>
</table>

表 5-29　外购动力费用分配表

年　　月　　　　　　　　　　　　　　单位:元

<table>
<tr><th colspan="2">应借账户</th><th>成本或费用项目</th><th>用电量(度)</th><th>分配率</th><th>应分配金额</th></tr>
<tr><td rowspan="3">基本生产成本</td><td>甲产品</td><td>燃料及动力</td><td></td><td></td><td></td></tr>
<tr><td>乙产品</td><td>燃料及动力</td><td></td><td></td><td></td></tr>
<tr><td colspan="2">小计</td><td></td><td></td><td></td></tr>
<tr><td>辅助生产成本</td><td>运输车队</td><td>电费</td><td></td><td></td><td></td></tr>
<tr><td>制造费用</td><td>基本车间</td><td>电费</td><td></td><td></td><td></td></tr>
<tr><td>管理费用</td><td></td><td>电费</td><td></td><td></td><td></td></tr>
<tr><td colspan="3">合计</td><td></td><td></td><td></td></tr>
</table>

表 5-30　工资及福利费分配表

年　　月　　　　　　　　　　　　　　单位:元

<table>
<tr><th colspan="2" rowspan="3">应借账户</th><th colspan="5">工资</th><th rowspan="3">福利费
(计提比例 14%)</th><th rowspan="3">合计</th></tr>
<tr><th colspan="3">生产工人</th><th rowspan="2">其他人员</th><th rowspan="2">合计</th></tr>
<tr><th>生产工时</th><th>分配率</th><th>分配金额</th></tr>
<tr><td rowspan="3">基本生产成本</td><td>甲产品</td><td></td><td></td><td></td><td></td><td></td><td></td><td></td></tr>
<tr><td>乙产品</td><td></td><td></td><td></td><td></td><td></td><td></td><td></td></tr>
<tr><td>小计</td><td></td><td></td><td></td><td></td><td></td><td></td><td></td></tr>
<tr><td colspan="2">辅助生产成本</td><td></td><td></td><td></td><td></td><td></td><td></td><td></td></tr>
<tr><td colspan="2">制造费用</td><td></td><td></td><td></td><td></td><td></td><td></td><td></td></tr>
</table>

续表

<table>
<tr><td rowspan="3">应借账户</td><td colspan="5">工资</td><td rowspan="3">福利费
（计提比例14%）</td><td rowspan="3">合计</td></tr>
<tr><td colspan="3">生产工人</td><td rowspan="2">其他人员</td><td rowspan="2">合计</td></tr>
<tr><td>生产工时</td><td>分配率</td><td>分配金额</td></tr>
<tr><td>管理费用</td><td></td><td></td><td></td><td></td><td></td><td></td><td></td></tr>
<tr><td>合计</td><td></td><td></td><td></td><td></td><td></td><td></td><td></td></tr>
</table>

表5-31　固定资产折旧费分配表

年　　月

单位：元

<table>
<tr><td rowspan="2">应借账户
费用项目</td><td>制造费用</td><td>辅助生产成本</td><td rowspan="2">管理费用</td><td rowspan="2">合计</td></tr>
<tr><td>基本生产车间</td><td>辅助生产车间</td></tr>
<tr><td>折旧费</td><td></td><td></td><td></td><td></td></tr>
</table>

表5-32　其他费用分配表

年　　月

单位：元

<table>
<tr><td colspan="3">应借科目</td><td rowspan="2">合计</td></tr>
<tr><td>会计科目</td><td>明细科目</td><td>成本项目
（或费用项目）</td></tr>
<tr><td rowspan="4">辅助生产成本</td><td rowspan="3">运输车队</td><td>办公费</td><td></td></tr>
<tr><td>水费</td><td></td></tr>
<tr><td>其他</td><td></td></tr>
<tr><td>小计</td><td></td><td></td></tr>
<tr><td rowspan="6">制造费用</td><td rowspan="5">基本生产车间</td><td>办公费</td><td></td></tr>
<tr><td>水费</td><td></td></tr>
<tr><td>差旅费</td><td></td></tr>
<tr><td>运输费</td><td></td></tr>
<tr><td>其他</td><td></td></tr>
<tr><td>小计</td><td></td><td></td></tr>
<tr><td>合计</td><td></td><td></td><td></td></tr>
</table>

表5-33　辅助生产成本明细账

车间名称：运输车队

单位：元

<table>
<tr><td colspan="2">年</td><td rowspan="2">凭证
号数</td><td rowspan="2">摘要</td><td colspan="7">费用项目</td></tr>
<tr><td>月</td><td>日</td><td>材料费</td><td>工资及福利费</td><td>办公费</td><td>水电费</td><td>折旧费</td><td>其他</td><td>合计</td></tr>
<tr><td></td><td></td><td></td><td></td><td></td><td></td><td></td><td></td><td></td><td></td><td></td></tr>
<tr><td></td><td></td><td></td><td></td><td></td><td></td><td></td><td></td><td></td><td></td><td></td></tr>
<tr><td></td><td></td><td></td><td></td><td></td><td></td><td></td><td></td><td></td><td></td><td></td></tr>
</table>

续表

年		凭证号数	摘要	费用项目						
月	日			材料费	工资及福利费	办公费	水电费	折旧费	其他	合计

表 5-34 辅助生产费用分配表(直接分配法)

辅助生产车间名称		运输车队	合计
待分配费用			
供应劳务量(公里)			
单位成本(分配率)			
基本车间	耗用数量		
	分配金额		
企业管理部门	耗用数量		
	分配金额		
合计			

表 5-35 制造费用明细账

车间名称:基本生产车间　　单位:元

摘要	办公费	水电费	差旅费	工资	福利费	折旧费	消耗材料	劳动保护费	运输费	其他	合计

表 5-36　制造费用分配表

年　　月

单位:元

应借账户		成本项目	生产工时	分配率	应分配金额
基本生产成本	甲产品				
	乙产品				
	小计				

表 5-37　完工产品成本汇总表

年　　月　　日

单位:元

成本项目	甲产品(产量　　件)		乙产品(产量　　件)	
	总成本	单位成本	总成本	单位成本
直接材料				
燃料及动力				
直接人工				
制造费用				
合计				

项目6 产品成本计算的分批法

【知识目标】

理解并掌握分批法的概念、特点以及成本核算的基本程序；理解简化分批法的基本原理；掌握运用分批法正确核算产品成本的方法。

【能力目标】

1. 能够根据分批法的适用范围和特点，按照分批法的计算程序，运用具体方法计算产品成本。

2. 能够结合企业生产实际，合理选择简化分批法，并正确运用简化分批法进行成本核算，提高成本核算工作的工作效率。

任务1 分批法的适用范围和特点

一、分批法的适用范围

产品成本计算的分批法，是指企业根据市场和客户的要求，按照预先规定的规格和数量划分批别，以产品的批别作为成本计算对象，开设产品生产成本明细账，归集生产费用，计算产品成本的一种方法。

一般来说，产品成本计算的分批法主要适用于单件、小批单步骤生产的企业，以及管理上不要求分步骤计算半成品成本的多步骤生产企业。具体来说，主要适用于以下几种情况：

(1) 根据购买者的订单来安排生产的企业。

(2) 产品种类经常变动的小型企业。

(3) 专门承揽修理业务的企业。

(4) 从事新产品试制的生产单位。

(5) 产品批别易于划分且各批产品成本需要分别计算的企业。

二、分批法的特点

（一）成本计算对象

分批法以产品的批别（单件生产为件别）作为成本计算对象。产品批别的确定有两种方法：第一种是根据客户的订单来确定产品的批次，并应结合企业生产管理的实际情况，对相同或相似产品的订单加以合并管理计算，对较大的订单加以分解，分多个批次进行管理计算；第二种是根据企业的生产计划来确定产品的批次，以下达“生产任务通知书”的方式组织生产，“生产任务通知书”是确定产品批次的主要依据。

如果一批产品中有两种或两种以上的产品，还要分批为每一种产品设置生产成本明细账。例如，某企业6月份第3 001批有甲、乙两种产品，第3 002批只有甲一种产品。那么，企业就要将3 001批分产品来设置生产成本明细账。

（二）成本计算期

采用分批法进行成本计算时，以每批或每件产品的生产周期为成本计算期进行成本计算。因为如果一批产品的生产跨越几个月份，那么在生产周期内的某个月末就没有完工产品或者只有很少的完工产品，在这种情况下可以暂不计算完工产品成本或者采用简化的方法进行计算。

（三）生产费用在完工产品和月末在产品之间的分配

分批法主要适用于单件、小批生产的企业，采用分批法计算产品成本，一般不存在生产费用在完工产品和月末在产品之间的分配问题。

如果在单件生产情况下，由于完工产品成本计算期与产品的生产周期一致，月末，当该件产品未完工时，产品生产成本明细账所登记的生产费用，都是在产品成本；月末，当该件产品完工时，产品生产成本明细账所登记的生产费用，就是完工产品的成本。因此，在月末计算产品成本时，产品或全部完工，或全部未完工，因而不存在完工产品与在产品之间费用分配的问题。

如果在小批生产情况下，批内产品有跨月陆续完工且完工产品已经交货或销售时，月末应将产品生产成本明细账中所归集的生产费用在完工产品与月末在产品之间进行分配，并且结转完工产品的生产成本。

由于小批生产的批量不大，批内产品出现跨月陆续完工的情况不多，月末完工产品数量占批量比重较小时，为简化成本计算工作，可以采用按计划单位成本、定额单位成本或近期相同产品的实际单位成本计算并且结转完工产品成本，产品生产成本明细账中结转完工产品成本后的费用余额即为月末在产品成本。如果在批内产品出现跨月陆续完工情况较多、月末完工产品数量占批量比重较大时，为了提高成本计算的准确性，则应根据具体情况，采用适当的方法（如约当产量比例法、定额比例法等），在完工产品与月末在产品之间分配费用，计算完工产品成本和月末在产品成本。

为了使同一批产品尽量同时完工，避免跨月陆续完工的情况，减少完工产品与月末在产品之间分配费用的工作，提高成本计算的正确性和及时性，生产企业应在合理组织生产的前提下，适当地缩小产品的生产批量。但是缩小产品批量，也应有一定的限度，否则批量过小，不仅会使生产组织不合理、不经济，而且会使设立的产品生产成本明细账过多，从而加大核算工作量。

任务 2 分批法计算产品成本

一、分批法的计算程序

(1) 产品的批次确定后，会计部门需按产品批别(或生产令号)开设产品生产成本明细账(产品成本计算单)，并分别按成本项目设置专栏或专行。

(2) 按批别归集和分配本月发生的各项要素费用，登记有关成本费用明细账。

(3) 分配辅助生产费用，登记有关成本费用明细账。

(4) 分配基本生产车间制造费用，登记有关批别产品生产成本明细账。

(5) 计算结转各批完工产品成本。

二、分批法计算举例

采用分批法一般不需要在完工产品和月末在产品之间分配生产费用。生产周期内，各月月末结账时，各产品生产成本明细账上累计的生产费用，都是各该批在产品成本；当某个批次或“生产任务通知单”的产品完工并检验合格后，应由生产车间填制“完工通知单”，报送财会部门。此时产品生产成本明细账上的全部费用，就是产成品成本。但如果某批产品出现跨月陆续完工情况，则需要将产品生产成本明细账中全部的生产费用，采用一定的方法在完工产品与在产品之间进行分配，并确定计算出完工产品和月末在产品成本。

例 6-1 某工业企业根据购买单位的订货要求，小批生产甲、乙、丙等几种产品，采用分批法进行成本核算，设置有直接材料、直接人工和制造费用三个成本项目。该企业 201×年 8 月份各批产品资料如下：

1. 本月份各批产品投产完工情况

本月份各批产品投产完工情况如下：

＃201 批甲产品 100 件，6 月份投产，本月全部完工；

＃202 批乙产品 150 件，7 月份投产，本月全部未完工；

＃203 批丙产品 400 件，8 月份投产，本月 40 件完工并已销售。

2. 本月份生产费用支出情况

(1) 各批产品的月初在产品成本见表 6-1。

表 6-1 各批产品的月初在产品成本 单位：元

产品批号	直接材料	直接人工	制造费用	合计
＃201	586 000	260 000	40 000	886 000
＃202	450 000	200 000	18 000	668 000

(2) 根据各种费用分配表，汇总各批产品本月发生的生产费用，如表 6-2 所示。

表 6-2　各批产品本月发生的生产费用　　单位:元

产品批号	直接材料	直接人工	制造费用	合计
＃201	20 000	80 000	12 000	112 000
＃202	50 000	240 000	20 000	310 000
＃203	360 000	195 000	17 000	572 000

3. 完工产品与在产品的计算

＃203 批号丙产品,本月完工 40 件。为了简化核算可采用定额成本结转,假定丙产品单位定额成本为 1 600 元,其中直接材料定额成本 880 元,直接人工定额 500 元,制造费用定额 220 元。

根据上述资料,采用分批法计算产品成本的方法及程序如下:

(1) 按照产品批次设置生产成本明细账。

(2) 按批别归集和分配本月发生的各项生产费用,登记有关明细账。

生产费用(包括直接计入费用和间接计入费用)在各批产品成本核算对象之间按月进行分配。企业本月发生的直接材料费用、直接人工费用都是各批次产品的直接费用,可以直接记入各批产品成本计算单,不需要在各批产品之间进行分配。

(3) 分配辅助生产费用。

假设该工业企业不设辅助生产车间,月末不存在辅助生产费用的分配。

(4) 分配基本生产车间制造费用。

本月发生的制造费用已归集在制造费用明细账中,并按照各批产品本月实际工时进行分配,方法与项目 3 制造费用的归集和分配相同,登记在有关产品生产成本明细账上,这里不再赘述。

(5) 计算结转完工产品成本。

①本月完工产品成本和月末在产品成本的计算:

＃201 批次(甲产品)由于在 8 月份全部完工,所以产品生产成本明细账上归集的所有生产费用全部为完工产品成本,月末无在产品成本。

＃202 批次(乙产品)由于在 8 月份全部没有完工,所以该产品生产成本明细账上归集的所有生产费用全部是月末在产品成本,不需要计算结转完工产品成本。

＃203 批次(丙产品),在 8 月份完工了 40 件并已销售,需要按一定的方法计算完工产品的成本,以保证会计资料的准确性。由于完工数量相对较小,可以采用定额成本结转,待该批次产品全部完工后再计算该批次产品的实际总成本和单位成本。

＃203 批次丙产品 40 件完工产品的成本计算如下:

直接材料成本＝880×40＝35 200(元)

直接人工成本＝500×40＝20 000(元)

制造费用成本＝220×40＝8 800(元)

完工丙产品总成本＝35 200＋20 000＋8 800＝64 000(元)

＃203 批次丙产品月末在产品的成本计算如下:

直接材料成本＝360 000－35 200＝324 800(元)

直接人工成本＝195 000－20 000＝175 000(元)

制造费用成本=17 000－8 800=8 200(元)

在产品总成本=324 800+175 000+8 200=508 000(元)

甲、乙、丙三种产品的基本生产成本明细账分别见表6-3至表6-5。完成产品成本汇总表见表6-6。

表 6-3　基本生产成本明细账

产品批号:#201　　产品名称:甲产品　　投产日期:201×年6月

批量:100件　　单位:元　　完工日期:201×年8月

201×年		摘要	直接材料	直接人工	制造费用	合计
月	日					
8	1	期初余额	586 000	260 000	40 000	886 000
8	30	材料分配计算表	20 000			20 000
8	30	职工薪酬费用分配表		80 000		80 000
8	30	制造费用分配表			12 000	12 000
8	30	本月生产费用合计	20 000	80 000	12 000	112 000
8	30	生产费用累计	606 000	340 000	52 000	998 000
8	30	结转完工产成品成本	－606 000	－340 000	－52 000	－998 000
8	30	完工产品单位成本	6 060	3 400	520	9 980
8	30	月末在产品成本	0	0	0	0

表 6-4　基本生产成本明细账

产品批号:#202　　产品名称:乙产品　　投产日期:201×年7月

批量:150件　　单位:元　　完工日期:

201×年		摘要	直接材料	直接人工	制造费用	合计
月	日					
8	1	期初余额	450 000	200 000	18 000	668 000
8	30	材料分配计算表	50 000			50 000
8	30	职工薪酬费用分配表		240 000		240 000
8	30	制造费用分配表			20 000	20 000
8	30	本月生产费用合计	50 000	240 000	20 000	310 000
8	30	生产费用累计	500 000	440 000	38 000	978 000

表 6-5　基本生产成本明细账

产品批号:#203　　产品名称:丙产品　　投产日期:201×年8月

批量:400件　　单位:元　　完工日期:201×年8月完工40件

201×年		摘要	直接材料	直接人工	制造费用	合计
月	日					
8	30	材料分配计算表	360 000			360 000
8	30	职工薪酬费用分配表		195 000		195 000
8	30	制造费用分配表			17 000	17 000

续表

201×年		摘要	直接材料	直接人工	制造费用	合计
月	日					
8	30	本月生产费用合计	360 000	195 000	17 000	572 000
8	30	生产费用累计	360 000	195 000	17 000	572 000
8	30	完工转出(40件)产成品成本	－35 200	－20 000	－8 800	－64 000
8	30	完工产品单位成本	880	500	220	1 600
8	30	月末在产品成本	324 800	175 000	8 200	508 000

表 6-6 完工产品成本汇总表

201×年8月　　金额单位:元

成本项目		直接材料	直接人工	制造费用	合计
＃201 甲产品（产量100件）	总成本	606 000	340 000	52 000	998 000
	单位成本	6 060	3 400	520	9 980
＃203 丙产品（产量40件）	总成本	35 200	20 000	8 800	64 000
	单位成本	880	500	220	1 600

②本月完工产品成本的结转：

根据“完工产品成本汇总表”编制本月结转完工产品入库产品成本的会计分录如下：

借:库存商品—甲产品　　998 000

　　　　　—丙产品　　64 000

　贷:生产成本—基本生产成本—＃201批次(甲产品)　　998 000

　　　　　　　　　　　　　—＃203批次(丙产品)　　64 000

需要说明的是,在本例中由于跨月陆续完工的产品数量较少,因此,月末对完工产品成本可以先采用定额成本、计划成本或最近时期相同产品的实际成本进行简易的计算和转出,待整批产品全部完工后,再重新计算完工产品的实际总成本和单位成本,但对已经转账的完工产品成本,不必再做账面调整;如果批内产品跨月陆续完工数量较多,则可选用约当产量比例法等适当的分配方法,将生产费用总额在完工产品和月末在产品之间进行分配,以提高成本计算的正确性,满足产品销售成本计算的需求。

任务3 简化分批法

在小批、单件生产的企业或车间中,有时同一月份投产的产品批数很多,而且月末未完工的批数也较多,在这种情况下,如果把当月发生的间接费用全部分配给各批产品,费用分配的核算工作将非常繁重,会计人员的工作量较大。同时,对于当月没有完工产品的各批产品来说,只是归集了月末在产品的生产成本，不需要计算完工产品成本，因而，经过复杂的间接费用分配却对没有完工产品的各批产品的完工产品成本计算没有多大的实际意义。因此，在投产批数繁多而且月末未完工批数也较多的这类企业，可以采用一种简化的分批法。

简化分批法又称累计间接计入费用分配法，是指企业在采用分批法的情况下，对除直接材料费用外的各项间接计入费用，不是按月在各批产品之间进行分配，而是先将这些费用按成本项目分别累计起来，在基本生产成本二级账中反映，等到产品完工时，再将其在各批完工产品之间进行分配进而计算完工产品成本的方法。这种方法对于减少工作量、提高工作效率有较大的作用，故称之为简化的分批法或不分批计算在产品成本的分批法。

一、简化分批法的计算程序

（一）按照产品批别设置产品生产成本明细账（或称成本计算单）和基本生产成本二级账

企业应按产品批别分别设置产品生产成本明细账，并分别按成本项目设置专栏或专行。平时账内仅登记直接计入费用（原材料费用）和生产工时；另外，还要按全部产品设立一个"基本生产成本"二级账，归集反映企业投产的所有批次产品在生产过程中所发生的各项费用和累计生产工时。

（二）归集和分配生产费用及生产工时

(1) 根据月初在产品成本及生产工时资料记入各批产品生产成本明细账和产品基本生产成本二级账。

(2) 根据本月材料费用分配表及生产工时记录，将各批产品耗用的直接材料费用和耗用的生产工时分别记入各批产品生产成本明细账和产品基本生产成本二级账。

(3) 根据工资及其他费用（即间接计入费用）的分配表或汇总表将本月发生的工资及其他费用，不分批别地记入产品基本生产成本二级账。

(4) 根据月初在产品成本、生产工时记录与本月生产费用、生产工时记录确定月末各项费用与生产工时累计数。

（三）计算产品成本

月末如果本月各批产品均未完工，则各项生产费用与生产工时累计数转至下月继续登记。如果本月有完工产品或某批次产品全部完工或部分完工，或有几批完工，对完工产品应负担的直接材料费用，可根据产品生产成本明细账中的累计生产费用，采用适当的分配方法在完工产品和在产品之间进行分配；对完工产品应负担的间接计入费用（除直接材料以外的费用），则需要根据基本生产成本二级账的累计间接计入费用数与累计工时，按下述公式计算全部产品各项累计间接计入费用分配率，并据以分配间接费用，计算完工产品成本。

$$全部产品累计间接费用分配率=\frac{全部产品累计间接费用合计}{全部产品累计工时总数}$$

某批完工产品应负担的间接费用＝该批完工产品累计生产工时×累计间接费用分配率

图 6-1 所示为简化分批法计算产品成本过程。

①根据"生产任务通知单"设立生产成本明细账和基本生产成本二级账；根据材料费用分配表和生产工时记录等将生产各批别产品耗用的材料费和耗用工时，直接记入各产品生产成本明细账和基本生产成本二级账。

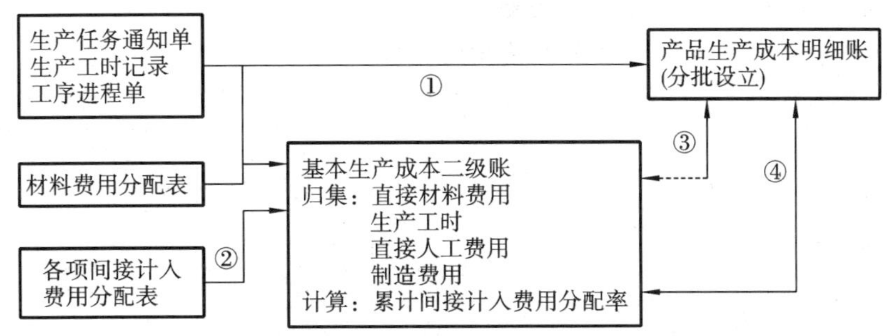

图 6-1　简化分批法计算产品成本过程

②根据各项间接计入费用分配表，将人工费用和制造费用等记入基本生产成本二级账。

③月终，将基本生产成本二级账中的直接材料费用和生产工时与产品生产成本明细账中的直接材料费用和生产工时核对。

④月终，如有完工产品，运用基本生产成本二级账中的资料计算累计间接计入费用分配率，并据此分配间接计入费用并登记产品生产成本明细账。同时，将各产品生产成本明细账中登记的间接费用分配额汇总后记入基本生产成本二级账。

二、简化分批法成本计算应用举例

例 6-2　某工业企业按订货单位的要求小批量组织生产，由于各月投产的产品批数较多，且月末大量存在未完工产品，为了简化成本计算，企业决定采用不分批计算在产品成本的分批法。

(1) 该企业 201×年 6 月份的产品生产资料如下：

＃1001 批号：甲产品 20 台，4 月份投产，本月完工；

＃1002 批号：乙产品 12 台，4 月份投产，本月尚未完工；

＃1003 批号：丙产品 10 台，5 月份投产，本月尚未完工；

＃1004 批号：丁产品 16 台，5 月份投产，本月完工 10 台。

(2) 该企业 6 月份的月初在产品成本和本期生产费用以及实耗工时等资料见表 6-7。

表 6-7　月初在产品成本和本期生产费用以及实耗工时　　单位：元

批号	产品名称	期初在产品				本月发生生产费用及工时			
		累计工时	累计直接材料	累计直接人工	累计制造费用	工时	直接材料	直接人工	制造费用
＃1001	甲	2 430	60 000			690	3 900		
＃1002	乙	900	36 000			1 230	5 250		
＃1003	丙	1 470	30 000			2 280	4 800		
＃1004	丁	600	72 000			1 080			
合计		5 400	198 000	97 500	72 600	5 280	13 950	30 660	44 880

＃1004 批丁产品原材料在产品投产时一次投入；月末在产品生产工时，按工时定额计算，其中＃1004 批丁产品的月末在产品定额工时共计 585 小时。

（3）该企业设置的基本生产成本二级账见表6-8。

表6-8　基本生产成本二级账

（间接计入费用明细账）

单位：元

201×年		摘要	直接材料	工时(小时)	直接人工	制造费用	合计
月	日						
5	31	累计发生额	198 000	5 400	97 500	72 600	368 100
6	30	本月发生	13 950	5 280	30 660	44 880	89 490
6	30	累计发生额	211 950	10 680	128 160	117 480	457 590
6	30	累计间接计入费用分配率			12	11	
6	30	本月完工产品成本转出	－108 900	－4 215	－50 580	－46 365	－205 845
6	30	月末在产品成本	103 050	6 465	77 580	71 115	251 745

直接人工累计间接计入费用分配率＝128 160÷10 680＝12(元/时)

制造费用累计间接计入费用分配率＝117 480÷10 680＝11(元/时)

完工产品直接材料成本＝63 900＋45 000＝108 900(元)

完工产品生产工时＝3 120＋1 095＝4 215(小时)

完工产品的直接人工＝4 215×12＝50 580(元)

完工产品的制造费用＝4 215×11＝46 365(元)

月末在产品直接材料费用＝211 950－108 900＝103 050(元)

月末在产品生产工时＝10 680－4 215＝6 465(小时)

月末在产品的直接人工＝6 465×12＝77 580(元)

月末在产品的制造费用＝6 465×11＝71 115(元)

（4）该企业设立的产品生产成本明细账见表6-9至表6-13。

表6-9　基本生产成本明细账

产品名称：甲产品　　批号：＃1001　　投产日期：4月

订货单位：红旗工厂　　批量：20台　　完工日期：6月　　单位：元

201×年		摘要	直接材料	工时	直接人工	制造费用	合计
月	日						
5	31	累计发生额	60 000	2 430			
6	30	本月发生	3 900	690			
6	30	累计数及累计间接计入费用分配率	63 900	3 120	12	11	
6	30	本月完工产品转出	－63 900	－3 120	－37 440	－34 320	－135 660
6	30	本批产品总成本	63 900		37 440	34 320	135 660
6	30	本批产品单位成本	3 195		1 872	1 716	6 783

表 6-10　基本生产成本明细账

产品名称:乙产品　　批号:＃1002　　投产日期:4月
订货单位:佳新工厂　　批量:12台　　完工日期:7月　　单位:元

201×年		摘要	直接材料	工时	直接人工	制造费用	合计
月	日						
5	31	累计发生额	36 000	900			
6	30	本月发生	5 250	1 230			
6	30	累计发生数	41 250	2 130			

表 6-11　基本生产成本明细账

产品名称:丙产品　　批号:＃1003　　投产日期:5月
订货单位:泰旺公司　　批量:10台　　完工日期:7月　　单位:元

201×年		摘要	直接材料	工时	直接人工	制造费用	合计
月	日						
5	31	累计发生额	30 000	1 470			
6	30	本月发生	4 800	2 280			
6	30	累计发生数	34 800	3 750			

表 6-12　基本生产成本明细账

产品名称:丁产品　　批号:＃1004　　投产日期:5月
订货单位:朝阳工厂　　批量:16台　　完工日期:7月(本月完工:10台)　　单位:元

201×年		摘要	直接材料	工时	直接人工	制造费用	合计
月	日						
5	31	累计发生额	72 000	600			
6	30	本月发生		1 080			
6	30	累计数及累计间接计入费用分配率	72 000	1 680	12	11	
6	30	本月完工(10台)产品转出	－45 000	－1 095	－13 140	－12 045	－70 185
6	30	完工产品单位成本	4 500		1 314	1 204.5	7 018.5
6	30	期末在产品成本	27 000	585			

表 6-13　企业各批完工产品成本汇总表

201×年6月　　金额单位:元

成本项目		直接材料	直接人工	制造费用	合计
＃1001甲产品(产量20台)	总成本	63 900	37 440	34 320	135 660
	单位成本	3 195	1 872	1 716	6 783
＃1004丁产品(产量10台)	总成本	45 000	13 140	12 045	70 185
	单位成本	4 500	1 314	1 204.5	7 018.5

根据完工产品成本汇总表编制本月完工产品入库的会计分录如下:

借:库存商品—甲产品　　135 660

　　　　　—丁产品　　70 185

　贷:生产成本—基本生产成本—#1001 批次(甲产品)　　135 660

　　　　　　　　　　　　　—#1004 批次(丁产品)　　70 185

在简化分批法下,各批产品生产成本明细账中对于没有完工产品的月份,只登记直接材料费用(一般只有直接材料费用是直接计入费用)和生产工时;对于有完工产品(包括全部完工#1001 甲产品或批内部分完工的#1004 丁产品)的月份,除了登记直接材料费用和生产工时及相应累计数外,还应根据基本生产成本二级账登记各项累计间接计入费用分配率,计算完工产品应负担的间接计入费用。

各批产品生产成本明细账登记完毕后,将其中完工产品的直接材料费用和生产工时分别汇总到基本生产成本二级账,并据以计算登记完工产品的总成本。

三、简化分批法的特点和适用范围

(一) 简化分批法的特点

简化分批法与一般分批法相比较,具有以下特点:

(1) 采用简化分批法必须设立“基本生产成本”二级账。从计算产品实际成本的角度来说,采用除简化分批法以外的其他成本计算方法可以不设置“基本生产成本”二级账,而采用简化分批法则必须设置这种二级账,其原因在于:按月提供企业或车间全部产品的累计生产费用和生产工时;在有完工产品的月份,计算累计间接计入费用分配率;反映完工产品总成本和月末在产品总成本。

(2) 累计间接计入费用不是按月在各批在产品之间进行分配,而是先在基本生产成本二级账中加以累计,然后再在有完工产品的月份按照累计间接计入费用分配率在各批完工产品之间进行分配,计算完工产品成本。对未完工的在产品则不分配间接计入费用,不分批计算在产品成本。

(3) 简化了完工产品与月末在产品之间费用的分配。在这种分配方法下,间接计入费用在各批完工产品之间以及在完工产品与月末在产品之间的分配都是利用累计间接计入费用分配率,且到产品完工时一并进行计算。

(二) 简化分批法的适用范围

简化分批法可以简化生产费用的分配和登记工作,且月末未完工产品的批数越多,成本核算工作就越简化。但采用这种方法也存在着不足,主要表现在:第一,在产品的成本资料不完整,不利于对生产资金的管理;第二,成本计算的准确性欠佳。由于间接计入费用不是每月分配,而是在产品完工的月份一次累计分配,在各月间接计入费用数额相差悬殊的情况下,就会影响各批产品成本计算的准确性。

因此,要想充分发挥简化分批法成本核算的优点,保证成本计算结果的正确性,核算企业必须注意和满足两个条件:①投产批数较多,且月末未完工产品批数也较多;②各月份间接计入费用水平相差不大。

本项目主要介绍产品成本计算的分批法，分批法又包括一般分批法和简化分批法两种。通过学习，要求学生重点把握以下几点：

(1) 产品成本计算的分批法，是指企业根据市场和客户的要求，按照预先规定的规格和数量划分批别，以产品的批别作为成本计算对象，开设产品生产成本明细账，归集生产费用，计算产品成本的一种方法。

(2) 分批法的主要特点是：以产品的批别(单件生产为件别)作为成本计算对象；以每批或每件产品的生产周期为成本计算期。分批法主要适用于单件、小批生产的企业，采用分批法计算产品成本，一般不存在生产费用在完工产品和月末在产品之间的分配问题。

(3) 分批法的成本核算程序与品种法的基本相同。

(4) 简化分批法又称累计间接计入费用分配法，是指企业在采用分批法的情况下，对除直接材料费用外的各项间接计入费用，不是按月在各批产品之间进行分配，而是先将这些费用按成本项目分别累计起来，在基本生产成本二级账中反映，等到产品完工时，再将其在各批完工产品之间进行分配进而计算完工产品成本的方法。这种方法对于减少工作量、提高工作效率有较大的作用，故称之为简化分批法或不分批计算在产品成本的分批法。

一、单项选择题

1. 以产品批别为成本计算对象的产品成本计算方法，称为(　　)。

A. 品种法　　B. 分步法　　C. 分批法　　D. 分类法

2. 分批法适用的生产组织形式是(　　)。

A. 大量生产　　B. 成批生产　　C. 单件生产　　D. 单件小批生产

3. 在采用分批法时，产品成本明细账的设立和结账，应与(　　)的签发和结束密切配合，协调一致，以保证各批产品成本计算的正确性。

A. 生产任务通知单(或生产令号)　　B. 领料单

C. 订单　　D. “生产成本”总账

4. 产品成本计算的分批法，有时又被称为(　　)。

A. 品种法　　B. 间接费用分配率法

C. 订单法　　D. 简化分批法

5. 如果同一时期内，在几张订单中规定有相同的产品，则计算成本时可以(　　)。

A. 按订单分批组织生产　　B. 按品种分批组织生产

C. 按产品的组成部分分批组织生产　　D. 将相同产品合为一批组织生产

6. 在简化分批法下，(　　)。

A. 不分批计算在产品成本　　B. 不计算月末在产品的材料成本

C. 不计算月末在产品的加工费用　　D. 月末在产品分配结转间接计入费用

7. 采用简化分批法，在各批产品完工以前，产品成本明细账（　　）。

A. 不登记任何费用　　B. 只登记间接费用

C. 只登记原材料费用　　D. 只登记直接费用和生产工时

8. 采用简化的分批法，分配间接计入费用并计算登记该批完工产品的成本是在（　　）。

A. 月末时　　B. 季末时　　C. 年末时　　D. 有产品完工时

9. 简化分批法不宜在下列情况下采用（　　）。

A. 各月间接费用水平相差较大　　B. 各月间接费用水平相差不大

C. 月末未完工产品批数较多　　D. 投产批数繁多

10. 某企业采用分批法计算产品成本。6月1日投产甲产品5件，乙产品3件；6月15日投产甲产品4件，乙产品4件，丙产品3件；6月26日投产甲产品6件。该企业6月份应开设产品成本明细账的张数是（　　）。

A. 3张　　B. 5张　　C. 4张　　D. 6张

二、多项选择题

1. 分批法适用于（　　）。

A. 单件生产　　B. 小批生产

C. 单步骤生产　　D. 管理上不要求分步计算成本的多步骤生产

2. 分批法的成本计算对象可以是（　　）。

A. 产品批次　　B. 单件产品　　C. 订单　　D. 生产步骤

3. 分批法和品种法主要区别是（　　）不同。

A. 成本计算对象　　B. 成本计算期　　C. 生产周期　　D. 会计核算期

4. 下列关于分批法的说法中不正确的有（　　）。

A. 分批法也称定额法

B. 分批法适用于小批单件及大批生产

C. 按产品批别计算产品成本也就是按照订单计算产品成本

D. 如果一张订单中有几种产品，也应合为一批组织生产

5. 在简化分批法下，基本生产成本明细账登记的内容有（　　）。

A. 直接计入成本的费用　　B. 完工月份分配结转的直接计入费用

C. 完工月份分配结转的间接计入费用　　D. 当月发生的生产工时

6. 累计间接费用分配率是（　　）。

A. 在各车间产品之间分配间接费用的依据

B. 在各批产品之间分配间接费用的依据

C. 在完工批别与未完工批别之间分配各该费用的依据

D. 在某批产品的完工产品与月末在产品之间分配各该费用的依据

三、判断题

1. 分批法成本计算期与产品生产周期一致。（　　）

2. 分批法是按照产品的生产步骤归集生产费用，计算产品成本的一种方法。（　　）

3. 分批法适用于大量大批的单步骤生产或管理上不要求分步计算成本的多步骤生产。（　　）

4. 分批法应按产品批次(订单)开设产品成本计算单。(　　)

5. 分批法一般不需要在完工产品和期末在产品之间分配生产费用,但一批产品跨月陆续完工时,需要进行分配。(　　)

6. 采用简化分批法,必须设立基本生产成本二级账。(　　)

四、实务操作题

(一) 练习产品成本计算的一般分批法

【资料】 海东企业201×年9月份投产甲产品100件,批号为901,在9月份全部完工;9月份投产乙产品150件,批号902,当月完工40件;9月份投产丙产品200件,批号903,尚未完工。

1. 本月发生的各项费用:

(1) 材料费用:901产品耗用原材料125 000元;902产品耗用原材料167 000元;903产品耗用原材料226 000元;生产车间一般耗用原材料8 600元;原材料采用计划成本计价,差异率为4%。

(2) 人工费用:生产工人工资19 600元;车间管理人员工资2 100元;职工福利费按工资额14%计提;生产工人工资按耗用工时比例分配,901产品工时为18 000小时,902产品工时为20 000小时,903产品工时为11 000小时。

(3) 其他费用:车间耗用水电费2 400元,以银行存款付讫;车间固定资产的折旧费3 800元;车间的其他费用250元,以银行存款付讫。

2. 制造费用按耗用工时比例分配。

3. 902号产品完工40件,按定额成本转出,902号产品定额单位成本为:直接材料1 100元,直接人工75元,制造费用60元。

【要求】 1. 编制原材料费用分配表和工资及职工福利费分配表(见表6-14和表6-15);

2. 根据资料内容,以及原材料费用分配表和工资及职工福利费分配表,编制会计分录;

3. 根据会计分录,登记制造费用明细账、基本生产成本明细账(见表6-16至表6-19);

4. 根据制造费用明细账,编制制造费用分配表(见表6-20),并编制会计分录,登记生产成本明细账;

5. 计算901产品总成本和单位成本,并编制完工入库的会计分录。

表6-14　原材料费用分配表

年　　月　　　　　　　　　　　　　　单位:元

应借账户		成本或费用项目	计划成本	材料差异额	材料实际成本
基本生产成本	901产品				
	902产品				
	903产品				
小计					
制造费用	基本车间				
合计					

表 6-15　工资及职工福利费分配表

年　　月　　　　单位:元

应借账户		工资					福利费(14%)	合计
		生产工人			其他人员	合计		
		工时	分配率	分配金额				
基本生产成本	901 产品							
	902 产品							
	903 产品							
	小计							
制造费用								
合计								

表 6-16　制造费用明细账

单位:元

摘要	机物料消耗	工资	职工福利费	水电费	折旧费	其他	合计

表 6-17　基本生产成本明细账

批号:901　　单位:元　　开工日期:9 月 1 日

产品名称:甲产品　　批量:100 件　　完工日期:9 月 30 日

××年		凭证		摘要	直接材料	直接人工	制造费用	合计
月	日	种类	号数					

表 6-18　基本生产成本明细账

批号:902　　　　单位:元　　　　开工日期:9 月 10 日
产品名称:乙产品　　　　批量:150 件　　　　完工日期:

××年		凭证		摘要	直接材料	直接人工	制造费用	合计
月	日	种类	号数					

表 6-19　基本生产成本明细账

批号:903　　　　单位:元　　　　开工日期:9 月 15 日
产品名称:丙产品　　　　批量:200 件　　　　完工日期:

××年		凭证		摘要	直接材料	直接人工	制造费用	合计
月	日	种类	号数					

表 6-20　制造费用分配表

年　　月　　　　单位:元

应借账户		成本项目	生产工时	分配率	应分配金额
基本生产成本	901 产品				
	902 产品				
	903 产品				
合计					

(二) 练习产品成本计算的简化分批法

【资料】 海东企业所属的一个分厂,是属于小批生产,产品批别多,生产周期长,每月末经常有大量未完工的产品批数。为了简化核算工作,采用简化的分批法计算成本。该厂 201×年 4 月有关成本资料如下:

1. 月初在产品成本:

(1) 直接费用(直接材料):101 批号 3 750 元,102 批号 2 200 元,103 批号 1 600 元。

(2) 间接费用:直接人工 1 725 元,制造费用 2 350 元。

2. 月初在产品累计耗用工时:101 批号 1 800 工时,102 批号 590 工时,103 批号 960 工时。月初累计耗用 3 350 工时。

3. 本月的产品批别、发生的工时和直接材料见表 6-21。

表 6-21　产品的批别、工时和直接材料费用

产品名称	批号	批量	投产日期	完工日期	本月发生	
					工时	直接材料
甲	101#	10 件	2 月	4 月	450	250 元
乙	102#	5 件	3 月	4 月	810	300 元
丙	103#	4 件	3 月	预计 6 月	1 640	300 元

4. 本月发生的各项费用：直接工资 1 400 元，制造费用 2 025 元。

【要求】 根据上述有关资料计算 4 月份已完工的 101 批的甲产品、102 批的乙产品成本，未完工的 103 批的丙产品暂不分配负担间接费用，具体见表 6-22 至表 6-25。

表 6-22　基本生产成本二级账

单位：元

年		摘要	直接材料	工时	直接人工	制造费用	合计
月	日						

表 6-23　基本生产成本明细账

批号：101#　　单位：元　　投产日期：2 月

产品名称：甲产品　　批量：10 件　　完工日期：4 月

年		摘要	直接材料	工时	直接人工	制造费用	合计
月	日						

表 6-24　基本生产成本明细账

批号:102#　　单位:元　　投产日期:3 月
产品名称:乙产品　　批量:5 件　　完工日期:4 月

年		摘要	直接材料	工时	直接人工	制造费用	合计
月	日						

表 6-25　基本生产成本明细账

批号:103#　　单位:元　　投产日期:3 月
产品名称:丙产品　　批量:4 件　　完工日期:6 月

年		摘要	直接材料	工时	直接人工	制造费用	合计
月	日						

项目7 产品成本计算的分步法

【知识目标】

了解分步法的特点及适用范围，理解和掌握逐步结转分步法和平行结转分步法的成本核算程序，重点理解和掌握综合逐步结转分步法的成本还原原理及计算。

【能力目标】

1. 能够正确运用综合逐步结转分步法完成产品成本计算并进行成本还原；
2. 能够正确运用分项逐步结转分步法完成产品成本计算；
3. 能够结合企业生产类型及管理要求合理运用平行结转分步法计算产品成本。

任务1 分步法的适用范围和特点

一、分步法的适用范围

产品成本计算的分步法，是以产品的生产步骤和产品品种作为成本计算对象，归集生产费用，计算产品成本的一种方法。这种方法主要适用于大量、大批的多步骤生产，并且管理上要求分步骤计算产品成本的企业。在这些企业中生产过程由若干个可以间断的生产步骤组成，每个生产步骤除了生产出半成品（最后一个步骤是产成品）外，还有一些加工中的在产品。企业生产出的这些半成品，可能用于下一步骤继续进行加工或装配，也可能销售给外单位使用。为了适应这一生产特点，不仅要按照产品品种，而且还要求按生产步骤计算产品成本，以满足企业计算损益和实行成本分级管理的需要。

二、分步法的特点

（一）成本计算对象

采用分步法计算成本时，成本计算对象是各个加工步骤的各种或各类产品，且按每个加工步骤的各种或各类产品设置产品成本明细账。

需要注意的是，成本计算划分的步骤与实际的生产步骤不一定完全一致。企业应根据实际加工步骤结合生产管理要求加以确定成本计算对象。为简化核算，只对管理上有必要分步计算成本的生产步骤单独开设产品成本明细账，单独计算成本；管理上不要求单独计算成本的生产步骤，则可与其他生产步骤合并设立产品成本明细账，合并计算成本。

（二）成本计算期

在大量、大批多步骤生产企业，由于生产过程较复杂、生产周期较长并可以间断生产，且往往都是跨月陆续完工的。因此，为了及时、准确核算产品成本，成本计算期一般都按月定期地进行核算，与会计报告期一致，而与产品的生产周期不一致。

（三）生产费用在完工产品和月末在产品之间的分配

由于大量、大批多步骤生产的产品往往都是跨月陆续完工的，月末各步骤一般都存在未完工的在产品，因此，在计算成本时，还需要采用适当的分配方法，将归集在各种产品、各生产步骤产品成本明细账中的生产费用，在完工产品与在产品之间进行分配，从而计算各种产品、各生产步骤的完工产品成本和月末在产品成本。

（四）各步骤之间成本的结转

由于产品生产是分步进行的，上一步骤生产的半成品是下一步骤的加工对象。结合不同类型企业的不同生产管理要求，会有两种成本结转方式。第一种是为了加强企业成本管理，要求各生产部门分别进行成本核算，分步骤计算半成品成本，结转半成品成本；第二种是企业为了简化成本计算工作，只要求计算最后步骤的产成品成本，不必计算结转半成品成本。因此，各生产步骤之间成本结转分为逐步结转和平行结转。相应地，分步法又可以分为两种，即逐步结转分步法和平行结转分步法。

任务 2 逐步结转分步法

一、逐步结转分步法的计算程序

由于采用逐步结转分步法计算各步骤产品成本时，上一步骤所产半成品的成本，要随着半成品实物的转移，从上一个步骤的成本计算单转入下一个步骤相同产品的成本计算单中，因而其计算程序要受半成品实物流转程序制约。半成品实物的流转程序有两种，即不通过仓库收发（见图 7-1）和通过仓库收发（见图 7-2）。

（一）半成品的流转方式

逐步结转分步法适用于连续式多步骤生产产品，且生产管理上要求计算半成品成本的企业。企业按照产品连续生产的先后顺序，按步骤分别确定成本计算对象归集生产费用，计算各步骤半成品成本。半成品成本会随半成品实物的流转在各步骤之间顺序结转，从而在最后一个步骤计算出完工产品成本。根据自制半成品的流转方式，半成品成本结转又可分为以下两种情况：

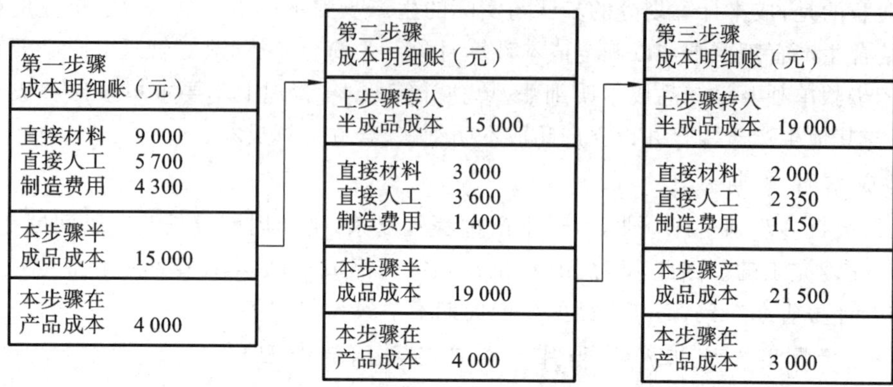

图 7-1　不通过仓库收发流转程序

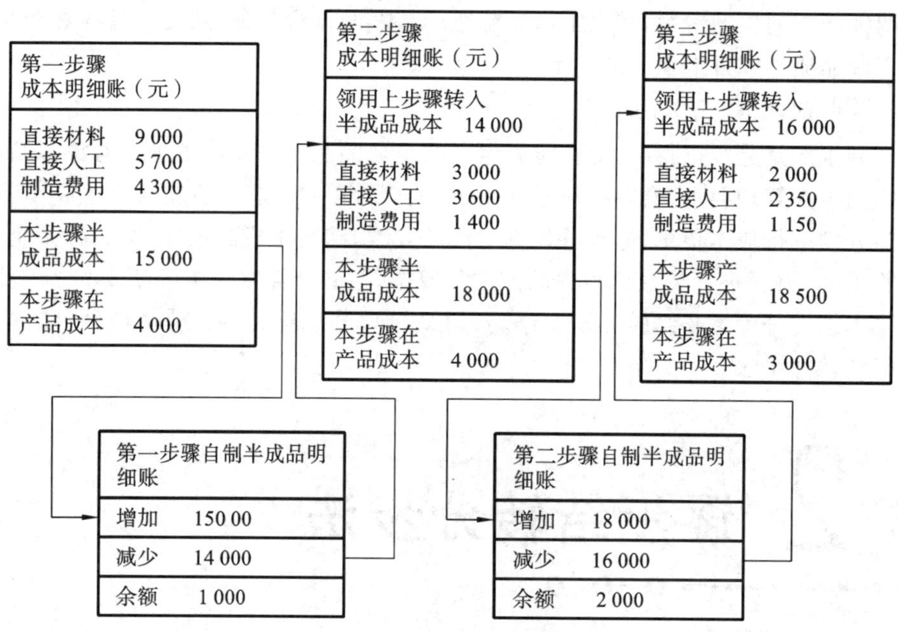

图 7-2　通过仓库收发流转程序

一是第一步骤生产的半成品完工后不经过半成品库直接转到第二步骤进行加工，以此类推，企业不设置自制半成品明细账，半成品成本直接在各步骤产品成本明细账间结转；

二是第一步骤生产的半成品完工，首先送入半成品库，第二步骤进行生产时再从半成品库领用半成品进行进一步加工，以此类推。这种情况下，企业必须设置自制半成品明细账用以核算自制半成品的收、发、存情况。半成品成本也需先由第一步骤产品生产成本明细账转入自制半成品明细账，第二步骤生产时再将半成品成本由自制半成品明细账转入第二步骤产品成本明细账，以此类推。

第二种成本结转方法比较复杂，但有利于加强半成品的管理，为半成品的出售提供详细的成本资料，还可以避免各生产步骤之间在产品流转过程中出现责任混淆的情况。

（二）逐步结转分步法的计算程序

（1）按产品的生产步骤设置产品成本明细账；

(2) 按月在产品成本明细账中进行各种生产费用的归集;

(3) 将归集的生产费用在半成品或完工产品与月末在产品之间进行分配;

(4) 结转半成品或完工产品成本。

(三) 逐步结转分步法的特点及种类

逐步结转分步法的特点:

(1) 成本计算对象是各个步骤的半成品和最后步骤的产成品。

(2) 半成品成本随实物转移而同步转移。

(3) 各步骤产品成本明细账中的期末余额是狭义在产品成本,每月生产费用都是在半成品或产成品和狭义在产品之间进行分配。

根据半成品成本在自制半成品明细账和下一步骤生产成本明细账中登记方式的不同,逐步结转分步法又可分为综合逐步结转分步法和分项逐步结转分步法。

二、综合逐步结转分步法

(一) 综合逐步结转分步法的特点

综合逐步结转分步法是指将各步骤耗用上一步骤的半成品成本,以一个合计的金额数即综合成本计入各该步骤产品成本明细账中的"直接材料"或专设的"自制半成品"项目,从而计算产品成本的方法。

这种成本计算方法的优点是自制半成品明细账和生产成本明细账的账簿格式比较简单。但是,采用这种结转方法计算出来的产成品成本只能揭示所耗半成品成本、最后一个生产步骤的人工费用及制造费用,不能反映产品的原始成本构成。

(二) 综合逐步结转分步法的举例

例 7-1 某企业 201×年 10 月份生产甲产品,该产品顺序经过第一、二、三个加工步骤,第一步骤投入原材料后生产出 A 半成品,交第二步骤生产成 B 半成品,再交第三步骤加工成甲产品。原材料在第一步骤生产开始时一次投入,各步骤的加工程度逐步发生,各步骤月末在产品的完工程度均为 50%,该企业采用综合逐步结转分步法计算产品成本,自制半成品通过半成品库收发,发出自制半成品的计价采用加权平均法。

(1) 产量资料如表 7-1 所示。

表 7-1 产量资料

单位:件

项目	月初在产品	本月投入	本月完工	月末在产品
第一步骤	50	300	240	110
第二步骤	30	250	200	80
第三步骤	80	190	250	20

(2) 月初在产品成本资料如表 7-2 所示。

表 7-2 月初在产品成本资料

单位:元

项目	直接材料	自制半成品	直接人工	制造费用	合计
第一步骤	350 000		69 000	140 000	559 000
第二步骤		419 000	43 000	138 000	600 000

续表

项目	直接材料	自制半成品	直接人工	制造费用	合计
第三步骤		1 825 000	710 000	395 000	2 930 000
合计	350 000	2 244 000	822 000	673 000	4 089 000

（3）月初库存：A 半成品月初库存 60 件，实际成本 870 000 元，B 半成品月初无库存。

（4）本月生产费用资料如表 7-3 所示。

表 7-3 本月生产费用资料

单位：元

项目	直接材料	直接人工	制造费用	合计
第一步骤	2 800 000	580 000	981 000	4 361 000
第二步骤		1 085 000	1 062 000	2 147 000
第三步骤		2 150 000	1 945 000	4 095 000
合计	2 800 000	3 815 000	3 988 000	10 603 000

表 7-4 产品成本计算单

车间名称：第一车间　　完工产量：240 件

产品名称：A 半成品　　201×年 10 月　　金额单位：元

项目	直接材料	直接人工	制造费用	合计
月初在产品成本	350 000	69 000	140 000	559 000
本月生产费用	2 800 000	580 000	981 000	4 361 000
生产费用合计	3 150 000	649 000	1 121 000	4 920 000
约当总产量	350	295	295	—
单位产品成本	9 000	2 200	3 800	15 000
完工半成品成本	2 160 000	528 000	912 000	3 600 000
月末在产品成本	990 000	121 000	209 000	1 320 000

（5）第一步骤成本计算：

直接材料费用分配率＝3 150 000÷(240＋110)＝9 000(元/件)

直接人工费用分配率＝649 000÷(240＋110×50％)＝2 200(元/件)

制造费用分配率＝1 121 000÷(240＋110×50％)＝3 800(元/件)

根据完工入库半成品成本编制如下会计分录：

借：自制半成品—A 半成品　　3 600 000

　　贷：生产成本—基本生产成本—A 半成品　　3 600 000

根据半成品出库成本编制如下会计分录：

借：生产成本—基本生产成本—B 半成品　　3 725 000

　　贷：自制半成品—A 半成品　　3 725 000

自制半成品(A)明细账如表7-5所示,产品成本计算单如表7-6所示。

表7-5 自制半成品明细账

名称:A半成品　　　　单位:元

摘要	收入			发出			结存		
	数量(件)	单价	金额	数量(件)	单价	金额	数量(件)	单价	金额
期初余额							60	14 500	870 000
一车间交库	240	15 000	3 600 000						
二车间领用				250	14 900	3 725 000	50	14 900	745 000

表7-6 产品成本计算单

车间名称:第二车间　　　　完工产量:200件

产品名称:B半成品　　201×年10月　　金额单位:元

项目	自制半成品	直接人工	制造费用	合计
月初在产品成本	419 000	43 000	138 000	600 000
本月生产费用	3 725 000	1 085 000	1 062 000	5 872 000
生产费用合计	4 144 000	1 128 000	1 200 000	6 472 000
约当总产量	280	240	240	—
单位产品成本	14 800	4 700	5 000	24 500
完工半成品成本	2 960 000	940 000	1 000 000	4 900 000
月末在产品成本	1 184 000	188 000	200 000	1 572 000

(6) 第二步骤成本计算:

直接材料费用分配率=4 144 000÷(200+80)=14 800(元/件)

直接人工费用分配率=1 128 000÷(200+80×50%)=4 700(元/件)

制造费用分配率=1 200 000÷(200+80×50%)=5 000(元/件)

根据完工入库半成品成本编制如下会计分录:

借:自制半成品—B半成品　　4 900 000

　　贷:生产成本—基本生产成本—B半成品　　4 900 000

根据半成品出库成本编制如下会计分录:

借:生产成本—基本生产成本—甲产品　　4 655 000

　　贷:自制半成品—B半成品　　4 655 000

自制半成品(B)明细账如表7-7所示,其产品成本计算单如表7-8所示。

表7-7 自制半成品明细账

名称:B半成品　　　　单位:元

摘要	收入			发出			结存		
	数量(件)	单价	金额	数量(件)	单价	金额	数量(件)	单价	金额
二车间交库	200	24 500	4 900 000						
三车间领用				190	24 500	4 655 000	10	24 500	245 000

表 7-8 产品成本计算单

车间名称:第三车间　　　　　　　　　　　　　　　　　　　　完工产量:250 件

产品名称:甲产品　　　　　　　　201×年 10 月　　　　　　　　金额单位:元

项目	自制半成品	直接人工	制造费用	合计
月初在产品成本	1 825 000	710 000	395 000	2 930 000
本月生产费用	4 655 000	2 150 000	1 945 000	8 750 000
生产费用合计	6 480 000	2 860 000	2 340 000	11 680 000
约当总产量	270	260	260	—
单位产品成本	24 000	11 000	9 000	44 000
完工产品成本	6 000 000	2 750 000	2 250 000	11 000 000
月末在产品成本	480 000	110 000	90 000	680 000

(7) 第三步骤成本计算:

直接材料费用分配率＝6 480 000÷(250＋20)＝24 000(元/件)

直接人工费用分配率＝2 860 000÷(250＋20×50％)＝11 000(元/件)

制造费用分配率＝2 340 000÷(250＋20×50％)＝9 000(元/件)

根据完工入库产成品成本编制如下会计分录:

借:库存商品—甲产品　　　　　　　　　　　　　　11 000 000

　贷:生产成本—基本生产成本—甲产品　　　　　　　　11 000 000

(三) 综合逐步结转分步法的成本还原

采用综合逐步结转分步法计算的产品成本所反映的成本构成中,绝大部分费用是所耗上一步骤半成品的成本,而直接人工、制造费用只是本步骤发生的费用,在产品成本中所占比重很小。显然,这不符合产品成本构成的实际情况,因而不能据以从整个企业角度分析和考核产品成本的构成和水平。因此,当管理上要求从整个企业角度考核和分析产品成本的构成水平时,还应将综合结转算出的产成品成本进行成本还原。

所谓成本还原,就是从最后一个步骤起,把本月产成品成本中所耗上一步骤半成品的综合成本还原成直接材料、直接人工、制造费用等原始成本项目,从而求得按原始成本项目反映的产成品成本资料。其计算公式如下:

$$成本还原分配率=\frac{本月产成品所耗上一步骤半成品成本合计}{本月上一步骤所产的半成品成本合计}$$

应还原为上步骤某成本项目金额＝上一步骤生产的半成品某成本项目的成本×成本还原分配率

例 7-2 继前例,甲产品成本还原过程如下:

(1) 第一次成本还原:

成本还原分配率＝6 000 000÷4 900 000＝1.224 490

甲产品所耗 B 半成品费用中的 A 半成品费用＝2 960 000×1.224 490＝3 624 490.4(元)

甲产品所耗 B 半成品费用中的直接人工费用＝940 000×1.224 490＝1 151 020.6(元)

甲产品所耗 B 半成品费用中的制造费用＝6 000 000－3 624 490.4－1 151 020.6

＝1 224 489(元)

(2) 第二次成本还原：

成本还原分配率＝3 624 490.4÷3 600 000＝1.006 803

甲产品所耗A半成品费用中的直接材料费用＝2 160 000×1.006 803＝2 174 694.48(元)

甲产品所耗A半成品费用中的直接人工费用＝528 000×1.006 803＝531 591.98(元)

甲产品所耗A半成品费用中的制造费用＝3 624 490.4－(2 174 694.48＋531 591.98)
＝918 203.94(元)

产成品成本还原计算表如表7-9所示。

表7-9　产成品成本还原计算表

行次	项目	产量	还原分配率	半成品	直接材料	直接人工	制造费用	合计
1	还原前产成品成本	250件		6 000 000		2 750 000	2 250 000	11 000 000
2	第二步骤半成品成本			2 960 000		940 000	1 000 000	4 900 000
3	第一次成本还原		1.224 490	3 624 490.4		1 151 020.6	1 224 489	6 000 000
4	第一步骤半成品成本				2 160 000	528 000	912 000	3 600 000
5	第二次成本还原		1.006 803		2 174 694.48	531 591.98	918 203.94	3 624 490.4
6	还原后产成品总成本				2 174 694.48	4 432 612.58	4 392 692.94	11 000 000
7	还原后产成品单位成本	250件			8 698.78	17 730.45	17 570.77	44 000

采用综合逐步结转分步法计算产品成本，便于分析和考核各步骤所耗半成品费用水平，有利于加强内部成本控制，降低产品成本，但需要进行成本还原时工作量较大。因此，这种方法一般适用于管理上既要求单独计算各步骤所耗半成品费用又不要求成本还原的情况。

三、分项逐步结转分步法

(一) 分项逐步结转分步法的特点和适用范围

分项逐步结转分步法是将各生产步骤所耗上一步骤半成品费用，按照成本项目分项转入各该生产步骤产品成本明细账中相应的成本项目，以最终计算产品成本。如果半成品通过仓库收发，那么在自制半成品明细账中登记半成品成本时，也要按照成本项目分别登记。

采用分项逐步结转分步法，逐步结转半成品成本，可以直接、正确地提供按原始成本项目反映的产成品成本资料，便于从整个企业角度考核和分析产品成本计划的执行情况，不需要进行成本还原。但是，这种方法的成本结转工作比较复杂，而且在各步骤完工产品成本中看不出所耗上一步骤半成品费用和本步骤加工费用的水平，不便于进行完工产品成本分析。因此，这种计算方法一般适用于管理上不要求分别提供各步骤完工产品所耗上步骤费用和本步骤加工费用资料,但要求按原始成本项目反映产品成本的企业。

(二) 分项逐步结转分步法的计算举例

例 7-3 某企业有三个基本生产车间,大量生产乙产品,其生产过程是:原材料在第一车间一次投入,并将原材料加工成 A 半成品;第二车间将 A 半成品加工成 B 半成品;第三车间将 B 半成品加工成乙产品。

(1) 201×年 11 月各车间的产量记录和成本资料分别如表 7-10 和表 7-11 所示。

表 7-10 产量记录

项目	计量单位	第一车间	第二车间	第三车间
月初在产品	件	60	160	140
本月投产	件	1 040	980	1 020
本月完工	件	980	1 020	1 060
月末在产品	件	120	120	100
完工程度		60%	50%	40%

表 7-11 成本资料

单位:元

成本项目		直接材料	直接人工	制造费用	合计
第一车间	月初在产品成本	111 600	14 400	17 000	143 000
	本月发生费用	1 483 400	238 080	246 000	1 967 480
第二车间	月初在产品成本	150 800	74 000	97 600	322 400
	本月发生费用		466 000	852 800	1 318 800
第三车间	月初在产品成本	120 400	56 000	70 000	246 400
	本月发生费用		241 000	249 000	490 000

(2) 企业本月份发生的生产费用已经归集在各车间产品成本计算单上,各车间产品成本计算单分别如表 7-12 至表 7-14 所示。

表 7-12 产品成本计算单

车间名称:第一车间　　完工产量:980 件

产品名称:A 半成品　　201×年 11 月　　金额单位:元

项目	直接材料	直接人工	制造费用	合计
月初在产品成本	111 600	14 400	17 000	143 000
本月生产费用	1 483 400	238 080	246 000	1 967 480
生产费用合计	1 595 000	252 480	263 000	2 110 480
约当总产量	1 100	1 052	1 052	—
单位产品成本	1 450	240	250	1 940
完工半成品成本	1 421 000	235 200	245 000	1 901 200
月末在产品成本	174 000	17 280	18 000	209 280

① 第一车间基本生产成本计算为:

直接材料费用分配率＝1 595 000÷(980＋120)＝1 450(元/件)

直接人工费用分配率＝252 480÷(980＋120×60%)＝240(元/件)

制造费用分配率＝263 000÷(980＋120×60%)＝250(元/件)

表 7-13　产品成本计算单

车间名称:第二车间　　　　　　　　　　　　　　　　　　完工产量:1 020 件

产品名称:B 半成品　　　　　　201×年 11 月　　　　　　金额单位:元

项目	直接材料	直接人工	制造费用	合计
月初在产品成本	150 800	74 000	97 600	322 400
上步骤转入费用	1 421 000	235 200	245 000	1 901 200
本月生产费用		466 000	852 800	1 318 800
生产费用合计	1 571 800	775 200	1 195 400	3 542 400
约当总产量	1 140	1 080	1 080	—
单位产品成本	1 378.77	717.78	1 106.85	3 203.4
完工半成品成本	1 406 345.4	732 135.6	1 128 987	3 267 468
月末在产品成本	165 454.6	43 064.4	66 413	274 932

② 第二车间基本生产成本计算为:

直接材料费用分配率＝1 571 800÷(1 020＋120)＝1 378.77(元/件)

直接人工费用分配率＝775 200÷(1 020＋120×50%)＝717.78(元/件)

制造费用分配率＝1 195 400÷(1 020＋120×50%)＝1 106.85(元/件)

表 7-14　产品成本计算单

车间名称:第三车间　　　　　　　　　　　　　　　　　　完工产量:1 060 件

产品名称:乙产品　　　　　　201×年 11 月　　　　　　金额单位:元

项目	直接材料	直接人工	制造费用	合计
月初在产品成本	120 400	56 000	70 000	246 400
上步骤转入费用	1 406 345.40	732 135.60	1 128 987.00	3 267 468.00
本月生产费用		241 000	249 000	490 000
生产费用合计	1 526 745.4	1 029 135.6	1 447 987	4 003 868
约当总产量	1 160	1 100	1 100	—
单位产品成本	1 316.16	935.58	1 316.35	3 568.09
完工产品成本	1 395 129.6	991 714.8	1 395 331	3 782 175.4
月末在产品成本	131 615.8	37 420.8	52 656	221 692.6

③ 第三车间基本生产成本的计算为:

直接材料费用分配率＝1 526 745.4÷(1 060＋100)＝1 316.16(元/件)

直接人工费用分配率＝1 029 135.6÷(1 060＋100×40%)＝935.58(元/件)

制造费用分配率＝1 447 987÷(1 060＋100×40%)＝1 316.35(元/件)

任务 3 平行结转分步法

一、平行结转分步法的特点和适用范围

平行结转分步法是指不计算各步骤所产半成品成本，也不计算各步骤所耗上一步骤的半成品成本(即各步骤之间不结转所耗半成品成本)，而是只计算本步骤所发生的各项生产费用以及这些生产费用中应计入产成品的份额，然后将各步骤应计入同一产成品成本的份额平行结转、汇总，最终计算出该种产品的产成品成本。

平行结转分步法具有如下特点：

(1) 采用这一方法，各生产步骤不计算半成品成本，只计算本步骤所发生的生产费用。除第一步骤生产费用中包括所耗用的原材料和各项加工费用外，其他各步骤只计算本步骤发生的各项加工费用。

(2) 采用这一方法，各步骤之间不结转半成品成本。不论半成品实物是在各生产步骤之间直接转移，还是通过半成品库收发，都不进行总分类核算。也就是说，半成品成本不随半成品实物转移而结转。

(3) 为了计算各生产步骤发生的生产费用中应计入产成品成本的份额，必须将每一生产步骤发生的费用划分为耗用于产成品的部分和尚未最后制成的在产品部分，即将每一步骤的生产费用在最终的完工产品与广义的在产品之间进行分配。广义的在产品是相对于整个生产过程来说的，包括：①尚在本步骤加工中的在产品；②本步骤已完工转入半成品库的半成品；③已从半成品库转到以后各步骤进一步加工、尚未最后制成产成品的产品；④尚未验收入库的产成品和正在返修或等待返修的废品等。

(4) 将各步骤费用中应计入产成品的份额，平行结转、汇总计算该种产成品的总成本和单位成本。

这种方法适用于不同原材料在各个环节平行进行加工，最后将所有零部件装配成产成品且各步骤的加工在时间上是同步的这类装配式多步骤生产；也适用于虽然是连续式多步骤生产但企业生产管理只要求计算最后步骤的产成品成本，不需计算半成品成本的生产企业。

二、平行结转分步法的计算程序

(1) 按产品生产步骤和产品品种开设生产成本明细账，各步骤生产成本明细账按成本项目归集本步骤发生的生产费用(不包括耗用上一步骤半成品的成本)。

(2) 月终，将各步骤归集的生产费用在产成品与广义在产品之间进行分配，计算各步骤应计入产成品成本的费用份额。

(3) 将各步骤生产费用总额减去本步骤应计入产成品成本的费用份额，即为本步骤月末在产品成本，计算公式为：

某步骤月末在产品成本＝该步骤月初在产品费用＋该步骤本月生产费用
　　　　　　　　　　－该步骤应计入产成品成本的份额

（4）将各步骤应计入产成品成本的费用份额平行相加汇总后，就得到产成品总成本，除以完工产品数量，即为产成品单位成本。

平行结转分步法成本计算程序如图 7-3 所示。

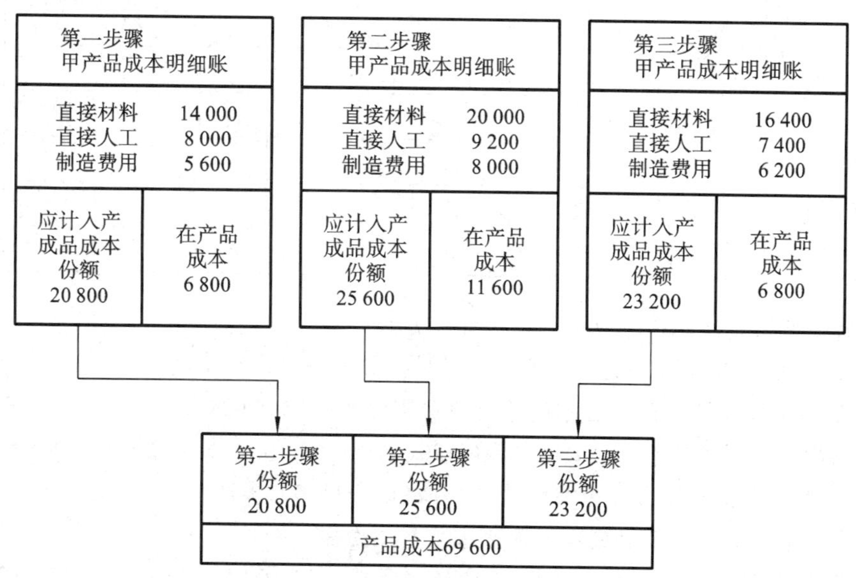

图 7-3　平行结转分步法成本计算程序

三、平行结转分步法的计算举例

1. 定额比例法计算份额

例 7-4　某企业生产丙产品，生产费用在完工产品与在产品之间的分配采用定额比例法，其中原材料费用按定额原材料费用比例分配，其他各项费用均按定额工时比例分配。丙产品的定额资料见表 7-15。

表 7-15　丙产品定额资料

车间份额	月初在产品		本月投入		本月产成品				
	定额原材料费用（元）	定额工时	定额原材料费用（元）	定额工时	单件定额 原材料费用（元）	单件定额 工时	产量（件）	定额原材料费用（元）	定额工时
第一车间份额	10 750	5 080	6 600	3 000	60	40	200	12 000	8 000
第二车间份额		2 800		8 000		50	200		10 000
合计	10 750		6 600		60	90	200	12 000	18 000

根据丙产品的定额资料、各种生产费用分配表和产成品交库单，登记第一车间、第二车间的产品成本计算单（见表 7-16 和表 7-17）。

表 7-16 产品成本计算单

生产车间:第一车间　　　　产品数量:200 件

产品名称:丙产品　　　　单位:元

摘要	产成品产量(件)	直接材料		定额工时	直接人工	制造费用	合计
		定额	实际				
月初在产品成本		10 750	11 410	5 080	6 108	7 801	25 319
本月生产费用		6 600	9 410	3 000	4 396	3 511	17 317
合计		17 350	20 820	8 080	10 504	11 312	42 636
费用分配率			1.2		1.3	1.4	
转入产成品份额	200	12 000	14 400	8 000	10 400	11 200	36 000
月末在产品		5 350	6 420	80	104	112	6 636

其中,第一车间应计入产品成本的份额计算方法如下:

原材料费用分配率=(11 410+9 410)÷(12 000+5 350)=1.2

第一车间应计入产品成本的原材料费用份额=12 000×1.2=14 400(元)

月末在产品中原材料费用=5 350×1.2=6 420(元)或=11 410+9 410-14 400=6 420(元)

直接人工费用分配率=(6 108+4 396)÷(8 000+80)=1.3(元/时)

第一车间应计入产品成本的直接人工费用份额=8 000×1.3=10 400(元)

月末在产品中直接人工费用=80×1.3=104(元)或=6 108+4 396-10 400=104(元)

制造费用分配率=(7 801+3 511)÷(8 000+80)=1.4(元/时)

第一车间应计入产品成本的制造费用份额=8 000×1.4=11 200(元)

月末在产品制造费用=80×1.4=112(元)或=7 801+3 511-11 200=112(元)

表 7-17 产品成本计算单

生产车间:第二车间　　　　产品数量:200 件

产品名称:丙产品　　　　单位:元

摘要	产成品产量(件)	直接材料		定额工时	直接人工	制造费用	合计
		定额	实际				
月初在产品成本				2 800	4 332	4 100	8 432
本月生产费用				8 000	9 708	12 100	21 808
合计				10 800	14 040	16 200	30 240
费用分配率					1.3	1.5	
转入产成品份额	200			10 000	13 000	15 000	28 000
月末在产品				800	1 040	1 200	2 240

其中,第二车间应计入产品成本的份额计算方法如下:

直接人工费用分配率=(4 332+9 708)÷(10 000+800)=1.3(元/时)

第一车间应计入产品成本的直接人工费用份额=10 000×1.3=13 000(元)

月末在产品中直接人工费用=800×1.3=1 040(元)或=4 332+9 708-13 000=1 040(元)

制造费用分配率＝(4 100＋12 100)÷(10 000＋800)＝1.5(元/时)

第一车间应计入产品成本的制造费用份额＝10 000×1.5＝15 000(元)

月末在产品制造费用＝800×1.5＝1 200(元)或＝4 100＋12 100－15 000＝1 200(元)

将第一车间、第二车间产品成本计算单中应计入产成品成本的份额平行结转并汇总计入产成品成本汇总表(见表7-18)。

表7-18 产成品成本汇总表

车间份额	产量(件)	直接材料	直接人工	制造费用	合计
第一车间	200	14 400	10 400	11 200	36 000
第二车间	200	0	13 000	15 000	28 000
产成品成本	200	14 400	23 400	26 200	64 000
单位成本	200	72	117	131	320

2. 广义约当产量比例法计算份额

例7-5 某工业企业大量大批生产丁产品，顺序经过三个生产步骤，分设三个车间进行加工。原材料在第一车间生产开始时一次投入，在生产过程中第二车间单位产品耗用第一车间半成品1件，第三车间单位产品耗用第二车间半成品1件。该企业采用平行结转分步法计算产成品成本。月末在产品成本按广义约当产量比例法计算，在产品完工程度均为50%。该企业丁产品本月产量及有关费用资料见表7-19和表7-20。

表7-19 产品产量资料

单位：件

项目	第一车间	第二车间	第三车间
月初在产品	60	60	80
本月投入(或上步骤转入)	200	220	210
本月完工	220	210	230
月末在产品	40	70	60

表7-20 成本费用资料

单位：元

项目	车间	直接材料(自制半成品)	直接人工	制造费用	合计
月初在产品成本	第一车间	150 000	22 000	17 000	189 000
	第二车间		5 525	4 350	9 875
	第三车间		6 360	5 540	11 900
本月发生生产费用	第一车间	64 000	16 000	27 840	107 840
	第二车间		16 900	19 700	36 600
	第三车间		18 600	22 800	41 400

根据上述资料，计算并登记第一、二、三车间的产品成本计算单，见表7-21、表7-22、表7-23。

表 7-21　产品成本计算单

产品名称:丁产品

车间名称:第一车间　　　　完工产品产量:230 件

项目	直接材料	直接人工	制造费用	合计
月初在产品成本	150 000	22 000	17 000	189 000
本月发生费用	64 000	16 000	27 840	107 840
生产费用合计	214 000	38 000	44 840	296 840
约当总产量(件)	400	380	380	—
分配率(元/件)	535	100	118	753
计入产成品成本份额	123 050	23 000	27 140	173 190
月末在产品成本	90 950	15 000	17 700	123 650

表 7-21 中有关计算过程如下：

(1) 直接材料项目约当总产量＝230＋(40×100％＋70＋60)＝400(件)

其他项目约当总产量＝230＋(40×50％＋70＋60)＝380(件)

(2) 直接材料项目的分配率＝214 000÷400＝535(元/件)

直接人工项目的分配率＝38 000÷380＝100(元/件)

制造费用项目的分配率＝44 840÷380＝118(元/件)

(3) 应计入产成品成本的份额：

直接材料成本份额＝230×1×535＝123 050(元)

直接人工成本份额＝230×1×100＝23 000(元)

制造费用成本份额＝230×1×118＝27 140(元)

(4) 月末广义在产品成本：

直接材料成本＝214 000－123 050＝90 950(元)

直接人工成本＝38 000－23 000＝15 000(元)

制造费用成本＝44 840－27 140＝17 700(元)

表 7-22　产品成本计算单

产品名称:丁产品

车间名称:第二车间　　　　完工产品产量:230 件

项目	直接材料	直接人工	制造费用	合计
月初在产品成本		5 525	4 350	9 875
本月发生费用		16 900	19 700	36 600
生产费用合计		22 425	24 050	46 475
约当总产量(件)		325	325	—
分配率(元/件)		69	74	143
计入产成品成本份额		15 870	17 020	32 890
月末在产品成本		6 555	7 030	13 585

表7-22中有关计算过程如下：

(1) 其他项目约当总产量＝230＋(70×50％＋60)＝325(件)

(2) 直接人工项目的分配率＝22 425÷325＝69(元/件)

制造费用项目的分配率＝24 050÷325＝74(元/件)

(3) 应计入产成品成本的份额：

直接人工成本份额＝230×1×69＝15 870(元)

制造费用成本份额＝230×1×74＝17 020(元)

(4) 月末广义在产品成本：

直接人工成本＝22 425－15 870＝6 555(元)

制造费用成本＝24 050－17 020＝7 030(元)

表7-23　产品成本计算单

产品名称：丁产品

车间名称：第三车间

完工产品产量：230件

项目	直接材料	直接人工	制造费用	合计
月初在产品成本		6 360	5 540	11 900
本月发生费用		18 600	22 800	41 400
生产费用合计		24 960	28 340	53 300
约当总产量(件)		260	260	—
分配率(元/件)		96	109	205
计入产成品成本份额		22 080	25 070	47 150
月末在产品成本		2 880	3 270	6 150

表7-23中有关计算过程如下：

(1) 其他项目约当总产量＝230＋60×50％＝260(件)

(2) 直接人工项目的分配率＝24 960÷260＝96(元/件)

制造费用项目的分配率＝28 340÷260＝109(元/件)

(3) 应计入产成品成本的份额：

直接人工成本份额＝230×1×96＝22 080(元)

制造费用成本份额＝230×1×109＝25 070(元)

(4) 月末广义在产品成本：

直接人工成本＝24 960－22 080＝2 880(元)

制造费用成本＝28 340－25 070＝3 270(元)

月末，根据上述产品成本计算单编制丁产品成本汇总表，见表7-24。

表7-24　产成品成本汇总计算表

产品名称：丁产品

完工产品产量：230件

项目	直接材料	直接人工	制造费用	合计
第一车间应计入的份额	123 050	23 000	27 140	173 190
第二车间应计入的份额		15 870	17 020	32 890

续表

项目	直接材料	直接人工	制造费用	合计
第三车间应计入的份额		22 080	25 070	47 150
产成品总成本	123 050	60 950	69 230	253 230
产成品单位成本	535	265	301	1 101

综上所述，平行结转分步法与逐步结转分步法相比较，具有以下优点：

(1) 采用这一方法，各步骤可以同时计算产品成本，然后将应计入完工产品成本的份额平行结转、汇总计入产成品成本，不必逐步结转半成品成本，从而可以简化和加速成本计算工作。

(2) 采用这一方法，一般是按成本项目平行结转、汇总各步骤成本中应计入产成品成本的份额，因而能够直接提供按原始成本项目反映的产成品成本资料，不必进行成本还原，省去了大量烦琐的计算工作。

但是，由于采用这一方法各步骤不计算也不结转半成品成本，因而存在以下不足：

(1) 不能提供各步骤半成品成本资料及各步骤所耗上一步骤半成品费用资料，因而不能全面地反映各步骤生产耗费的水平，不利于各步骤的半成品成本管理。

(2) 由于各步骤间不结转半成品成本，使半成品实物转移与成本结转脱节，因而不能为各步骤在产品的实物管理和资金管理提供资料。

本项目着重学习了产品成本计算的基本方法之一的分步法。通过本项目的学习，要求学生把握以下重点内容：

(1) 产品成本计算的分步法，是以产品的生产步骤和产品品种作为成本计算对象，归集生产费用，计算产品成本的一种方法。这种方法主要适用于大量、大批的多步骤生产，并且管理上要求分步骤计算产品成本的企业。在这些企业中生产过程由若干个可以间断的生产步骤组成，每个生产步骤除了生产出半成品(最后一个步骤是产成品)外，还有一些加工中的在产品。企业生产出的这些半成品，可能用于下一步骤继续进行加工或装配，也可能销售给外单位使用。

(2) 逐步结转分步法又根据成本结转方式的不同分为综合逐步结转分步法和分项逐步结转分步法。综合逐步结转分步法是指将各步骤耗用上一步骤的半成品成本，以一个合计的金额数即综合成本计入各该步骤产品成本明细账中的“直接材料”或专设的“半成品”项目，从而计算产品成本的方法。

(3) 采用综合逐步结转分步法计算的产品成本所反映的成本构成中，绝大部分费用是所耗上一步骤半成品的成本，而直接人工、制造费用只是本步骤发生的费用，在产品成本中所占比重很小。显然，这不符合产品成本构成的实际情况，因而不能据以从整个企业角度分析和考核产品成本的构成和水平。因此，当管理上要求从整个企业角度考核和分析产品成本的构成水平时，还应将综合结转算出的产成品成本进行成本还原，以使其按原始成本项目反映成本。

(4) 平行结转分步法是指不计算各步骤所产半成品成本，也不计算各步骤所耗上一步骤的半成品成本(即各步骤之间不结转所耗半成品成本)，而是只计算本步骤所发生的各项生产费用以及这些生产费用中应计入产成品的份额，然后将各步骤应计入同一产成品成本的份额平行结转、汇总，最终计算出该种产品的产成品成本。

一、单项选择题

1. 采用分步法计算产品成本时，生产成本明细账的设立应按照（　　）。

A. 生产批别　　B. 产品及其经过的生产步骤

C. 生产车间　　D. 成本项目

2. 采用逐步结转分步法，如果半成品完工后，要通过半成品库收发，在半成品入库时，应借记（　　）账户，贷记“基本生产成本”账户。

A. “库存商品”　　B. “在产品”　　C. “制造费用”　　D. “自制半成品”

3. 在逐步结转分步法下，在产品是指（　　）。

A. 广义在产品　　B. 各步骤自制半成品

C. 狭义在产品　　D. 各步骤的半成品和在产品

4. 逐步结转分步法实际上是（　　）的多次连接应用。

A. 品种法　　B. 分批法　　C. 分步法　　D. 分类法

5. 采用逐步结转分步法时，完工产品与在产品之间的费用分配，是指在（　　）之间的费用分配。

A. 产成品与月末在产品

B. 完工半成品与月末加工中的在产品

C. 产成品与广义的在产品

D. 前面步骤的完工半成品与加工中的在产品，最后步骤的产成品与加工中的在产品

6. 半成品成本流转与实物流转相一致，又不需要成本还原的方法是（　　）。

A. 逐步结转分步法　　B. 分项逐步结转分步法

C. 综合逐步结转分步法　　D. 平行结转分步法

7. 某种产品由三个生产步骤完成，采用逐步结转分步法计算成本。本月第一生产步骤转入第二生产步骤的生产费用为2 300元，第二生产步骤转入第三生产步骤的生产费用为4 100元。本月第三生产步骤发生的费用为2 500元（不包括上一生产步骤转入的费用），第三生产步骤月初在产品费用为800元，月末在产品费用为600元。本月该种产品的产成品成本为（　　）元。

A. 10 900　　B. 6 800　　C. 6 400　　D. 2 700

8. 需要进行成本还原的分步法是（　　）。

A. 平行结转法　　B. 分项结转法　　C. 综合结转法　　D. 逐步结转法

9. 成本还原的目的是求得按（　　）反映的产成品成本资料。

A. 计划成本项目　　B. 定额成本项目　　C. 原始成本项目　　D. 半成品成本项目

10. 成本还原的对象是（　　）。

A. 产成品成本　　B. 各步骤所耗上一步骤半成品的综合成本

C. 各步骤半成品成本　　D. 最后步骤的产成品成本

11. 采用平行结转分步法计算产品成本时，不论半成品是否在各生产步骤间直接转移，还是通过半成品库收发，其总分类核算(　　)。

A. 均不通过“自制半成品”账户进行　　B. 均通过“自制半成品”账户进行

C. 均在“基本生产成本”明细账内部转账　　D. 均设“库存半成品”账户进行

二、多项选择题

1. 企业为了(　　)，需要计算产品各生产步骤的半成品成本。

A. 提供各种产成品所耗用的同一种半成品的费用数据

B. 简化和加速成本计算工作

C. 进行同行业半成品成本指标的对比

D. 计算对外销售的半成品的损益

2. 在分步法中，相互对称的结转方法有(　　)。

A. 逐步结转与分项结转　　B. 综合结转与平行结转

C. 逐步结转与平行结转　　D. 综合结转与分项结转

3. 广义的在产品包括(　　)。

A. 尚在本步骤加工中的在产品

B. 企业最后一个步骤的完工产品

C. 转入各半成品库的半成品

D. 已从半成品库转到以后各步骤进一步加工但尚未最后制成产成品的产品

4. 逐步结转分步法的特点有(　　)等。

A. 可以计算出半成品成本　　B. 半成品成本随着实物的转移而结转

C. 期末在产品是指狭义在产品　　D. 期末在产品是指广义在产品

5. 平行结转分步法的特点是(　　)。

A. 各生产步骤不计算半成品成本，只计算本步骤所发生的生产费用

B. 各步骤之间不结转半成品成本

C. 各步骤应计算本步骤发生的生产费用中应计入产成品成本的“份额”

D. 将各步骤应计入产成品成本的“份额”平行结转，汇总计算产成品的总成本和单位成本

6. 平行结转分步法下，第二生产步骤的在产品包括(　　)。

A. 第一生产步骤完工入库的半成品　　B. 第二生产步骤正在加工的在产品

C. 第二生产步骤完工入库的半成品　　D. 第三生产步骤正在加工的在产品

7. 采用平行结转分步法计算产品成本，最后一个生产步骤的产品成本明细账中，能够反映的数据有(　　)。

A. 所耗上一步骤的半成品成本　　B. 本步骤费用

C. 本步骤费用中应计入产品成本的份额　　D. 产成品实际成本

8. 平行结转分步法与逐步结转分步法相比，缺点有(　　)。

A. 各步骤不能同时计算产品成本　　B. 需要进行成本还原

C. 不能为实物管理和资金管理提供资料　　D. 不能提供各步骤的半成品成本资料

9. 在平行结转分步法下，完工产品与月末在产品之间的费用分配，不是指下列的(　　)。

A. 在各步完工半成品与狭义在产品之间分配

B. 在产成品与广义在产品之间分配

C. 在各步完工半成品与广义在产品之间分配

D. 在产成品与狭义在产品之间分配

三、判断题

1. 分步法的显著特征是计算半成品成本。(　　)

2. 分步法中作为成本计算对象的生产步骤,应当与产品的加工步骤一致。(　　)

3. 在逐步结转分步法下,不论是综合结转还是分项结转,半成品成本都随着半成品实物的转移而逐步结转。(　　)

4. 采用逐步结转分步法,半成品成本的结转与半成品实物的转移是不一致的。(　　)

5. 采用分步法时不论综合结转还是分项结转,第一步骤的生产成本明细账的登记方法均相同。(　　)

6. 采用分项结转法结转半成品成本,可以直接正确提供按原始成本项目反映的企业产品成本资料,而无须进行成本还原。(　　)

7. 采用分项结转法结转半成品成本,在各步骤完工产品成本中看不出所耗上一步骤半成品的费用和本步骤加工费用的水平。(　　)

8. 成本还原改变了产成品成本的构成,但不会改变产成品的成本总额。(　　)

9. 广义在产品包括狭义在产品和半成品。(　　)

四、实务操作题

(一) 练习产品成本计算的分步法——分项逐步结转分步法

【资料】 海东企业生产甲产品,有两个基本生产车间顺序进行加工,在产品按定额成本计价;半成品通过半成品库收发。各步骤所耗半成品成本按加权平均单位成本计算。该厂本月份产量、成本和在产品定额成本及月初结存自制半成品资料见表7-25至表7-28。

表7-25　产品产量记录

单位:件

项目	一车间	二车间
月初在产品	100	120
本月投产或半成品	540	520
本月完工产品	500	540
月末在产品	140	100

表7-26　单位在产品定额成本资料

单位:元

项目	直接材料	直接人工	制造费用	合计
一车间	100	80	69	249
二车间	130	100	80	310

表 7-27　生产费用资料

单位:元

成本项目	一车间		二车间	
	月初在产品	本月费用	月初在产品	本月费用
直接材料	10 000	120 000	15 600	
直接人工	8 000	76 000	12 000	24 000
制造费用	6 900	40 800	9 600	26 600
合计	24 900	236 800	37 200	50 600

表 7-28　自制半成品期初资料

单位:元

摘要	数量	直接材料	直接人工	制造费用	合计
月初余额	110	25 319	15 894	8 381	49 594

【要求】 1. 编制第一车间、第二车间生产成本明细账(见表 7-29 和表 7-30);

2. 登记自制半成品明细账(见表 7-31)。

表 7-29　基本生产成本明细账

车间名称:一车间　　产品名称:甲半成品

项目	直接材料	直接人工	制造费用	合计
月初在产品定额成本				
本期发生费用				
费用合计				
完工半成品成本				
半成品单位成本				
月末在产品定额成本				

表 7-30　基本生产成本明细账

车间名称:二车间　　产品名称:甲产品

项目	直接材料	直接人工	制造费用	合计
月初在产品定额成本				
本月本步骤费用				
上车间转入费用				
费用合计				
完工产品成本				
单位成本				
月末在产品定额成本				

表 7-31　自制半成品明细账

半成品名称:甲半成品

摘要	数量	直接材料	直接人工	制造费用	合计
月初余额					
本月增加					
合计					
单位成本					
本月减少					
月末余额					

（二）练习产品成本计算的分步法——综合逐步结转分步法

【资料】 海东企业生产的丁产品,分两个生产步骤连续加工,其中:第一步骤制造丁半成品,入半成品库;第二步骤领用丁半成品继续加工成丁产成品。成本计算采用综合逐步结转分步法。8月份有关成本资料如下:

(1) 第一车间完工丁半成品25件,在产品10件,本车间的在产品成本采用定额成本法计算,在产品的单位定额成本分别为:原材料25元,工资及福利费10元,燃料及动力费18元,制造费用13元。本月有关的成本资料见表7-32。

表 7-32　第一车间成本资料

项目	产量	直接材料	直接人工	燃料及动力	制造费用	合计
月初在产品成本	15件	300	150	250	210	910
本月发生的生产费用	20件	600	250	780	720	2 350

(2) 自制丁半成品的明细账资料(见表7-33):第二车间本月领用丁半成品10件投入生产,发出半成品成本采用全月一次加权平均单价计算。

表 7-33　自制半成品——丁半成品明细账

月初结存		本月增加		合计			本月减少		月末结存	
数量	金额	数量	金额	数量	单价	金额	数量	金额	数量	金额
5	535	25		30			10		20	

(3) 第二车间本月领用丁半成品10件,在生产时一次投入,本月完工丁产成品5件,在产品10件,本车间的在产品成本采用约当产量法计算,在产品完工程度50%。有关成本计算资料见表7-34。

表 7-34　第二车间成本资料

项目	产量	自制半成品	直接人工	燃料及动力	制造费用	合计
月初在产品成本	5件	506	300	500	404	1 710
本月发生的生产费用	10件		400	700	500	

【要求】 采用综合逐步结转分步法进行成本计算,并对丁产品进行成本还原。

(1) 计算各步骤产品成本,填入表 7-35、表 7-36、表 7-37。

表 7-35 第一车间成本计算单

项目	直接材料	直接人工	燃料及动力	制造费用	合计
月初在产品成本					
本月发生的费用					
合计					
本月完工半成品成本( )件					
月末在产品成本( )件					

表 7-36 自制半成品——丁半成品的明细账

(全月一次加权平均法)

年		月初结存		本月增加		合计			本月减少		月末结存	
月	日	数量	金额	数量	金额	数量	单价	金额	数量	金额	数量	金额

表 7-37 第二车间成本计算单

项目	自制半成品	直接人工	燃料及动力	制造费用	合计
月初在产品成本					
本月发生的费用					
合计					
约当总产量					
分配率					
本月完工产成品成本( )件					
月末在产品成本( )件					

(2) 对完工的丁产品成本进行成本还原(见表 7-38)。

表 7-38 产成品成本还原计算表

产品名称: 产量: 单位:元

项目	产量(件)	还原分配率	自制半成品	直接材料	直接人工	燃料及动力	制造费用	成本合计
还原前产成品成本								
本月所产半成品成本								
产成品所耗半成品的成本进行还原								
还原后产成品总成本								
还原后产品单位成本								

（三）练习成本计算的分步法——平行结转分步法

【资料】 假设海东企业生产的C产成品，需要经过三个步骤加工完成，其中：第一步骤生产A半成品，第二步骤生产B半成品，将A半成品和B半成品交第三步骤装配成C产成品。第一步骤材料在生产开始时一次投入，第二步骤材料随加工程度的深化逐步投入。每件产成品由1件A半成品和1件B半成品装配而成。各步骤月末在产品的完工程度均为50%，各步骤生产费用采用约当产量比例法在产成品和广义在产品之间分配。10月份有关成本资料如下：

(1) 产量记录资料(见表7-39)：

表7-39 产量记录

项目	第一步骤	第二步骤	第三步骤
月初在产品	2 000	3 000	4 000
本月投入	12 000	14 000	10 000
本月完工转出	10 000	10 000	9 000
月末在产品	4 000	7 000	5 000

(2) 月初在产品成本及本月生产费用资料(见表7-40)：

表7-40 月初在产品成本及本月生产费用

项目	直接材料	直接人工	制造费用	合计
月初在产品成本				
第一步骤	52 800	13 900	17 250	83 950
第二步骤	25 500	22 300	27 020	74 820
第三步骤		19 500	22 400	41 900
本月生产费用				
第一步骤	317 200	125 850	129 000	572 050
第二步骤	243 000	110 160	119 760	472 920
第三步骤		48 700	52 400	101 100

【要求】 计算各步骤应计入产成品成本份额和月末在产品成本，并编制产品成本汇总计算表。

(1) 各步骤约当产量的计算(见表7-41)：

表7-41 各步骤约当产量的计算

摘要	直接材料	直接人工	制造费用
第一步骤的约当总量			
第二步骤的约当总量			
第三步骤的约当总量			

(2) 填制各步骤的成本计算单(见表 7-42、表 7-43、表 7-44):

表 7-42　产品成本计算单

生产车间:

摘要	直接材料	直接人工	制造费用	合计
月初在产品成本				
本月发生费用				
合计				
该步骤约当总产量				
单位成本(分配率)				
计入产成品成本的份额				
月末在产品成本				

表 7-43　成本计算单

生产车间:

摘要	直接材料	直接人工	制造费用	合计
月初在产品成本				
本月发生费用				
合计				
该步骤约当总产量				
单位成本(分配率)				
计入产成品成本的份额				
月末在产品成本				

表 7-44　成本计算单

生产车间:

摘要	直接材料	直接人工	制造费用	合计
月初在产品成本				
本月发生费用				
合计				
该步骤约当总产量				
单位成本(分配率)				
计入产成品成本的份额				
月末在产品成本				

（3）填制产品成本汇总表(见表 7-45)：

表 7-45　产品成本汇总表

产品名称：　　　　　　　　　　　　　　　产量：

项目	直接材料	直接人工	制造费用	合计
一车间				
二车间				
三车间				
总成本				
单位成本				

项目8 产品成本计算的辅助方法

【知识目标】

了解各种成本计算辅助方法的含义；理解各种辅助方法的基本原理；掌握各种方法的特点、使用范围和计算方法等。

【能力目标】

能够运用分类法的定额比例法和系数法，计算联产品、副产品的成本。

任务1 成本计算的分类法

一、分类法的特点和适用范围

产品成本计算分类法，是按产品类别归集生产费用，先计算各类产品的总成本，然后再分别计算出该类各种产品成本的一种方法。

分类法的特点是：先要根据产品的结构、所用原材料和工艺过程的不同，将产品划分为若干类，按照产品的类别设立产品成本明细账，归集产品的生产费用，计算各类产品成本，然后选择合理的分配标准，在每类产品的各种产品之间分配费用，计算每类产品内各种产品的成本。

凡是产品的品种繁多，而且可以按照前述要求划分为若干类别的企业或车间，均可采用分类法计算成本。分类法与产品的生产类型没有直接联系，因而可以在各种类型的生产中应用。

有些工业企业，在生产过程中对同一原料进行加工，可以生产出几种主要产品，这些产品称为联产品。联产品所用的原料和工艺过程相同，所以最适合采用分类法计算成本。

有些工业企业，有时会生产出品种相同，但质量不同的产品。如果这些产品的结构，所用的原材料和工艺过程完全相同，产品质量上的差别是由于工人操作造成的，这些产品称为等级产品。不同等级产品的单位成本，应该是相同的，不能将分类法的原理应用到这些产品的成本计算中去，即不能按照等级产品的不同售价为不同等级的产品确定不同的单位成本。如果不同质量的产品，是由于内部结构、所用原材料的质量或工艺技术上的要求不同而产生的，那么，这些产品应是同一品种不同规格的产品，可以归为一类，采用分类法计算成本。

有些工业企业，除了生产主要产品以外，还可能生产一些零星产品，这些零星产品，虽然内部结构、所耗原材料和工艺过程不一定完全相近，但是它们的品种、规格多，而且数量少，费用比重小。为了简化成本计算工作，这些零星产品也可以归为几类，采用分类法计算成本。

二、分类法的成本计算程序

采用分类法计算成本的方法如下：

(1) 划分产品类别。采用分类法计算产品成本，产品的类别划分是非常重要的，如果产品分类太少，划分过粗，类内产品太多，就会影响产品成本计算的正确性；若划分过细，类内产品数量过少，成本计算的工作量就大，失去了采用分类法划分产品类别的意义。在划分产品类别后，还需按产品的类别设置生产成本明细账和产品成本计算单。

(2) 计算各类别产品成本。以类别为成本计算对象，这是分类法独具的特点，当生产费用发生时，应按类别归集生产费用，计算各类产品成本。

(3) 将各类别的完工产品总成本，在类内各种产品之间分配。当各类别完工产品的总成本计算出来之后，还要为完工产品成本选择合理的分配标准，在类内各种产品之间进行费用分配，计算类内各种产品的完工成本。

在选择同类产品内各种产品之间分配费用的标准时，应考虑分配标准是否与产品成本的高低有密切的联系。各成本项目可以采用同一分配标准分配；也可以按照成本项目的性质，分别采用不同的分配标准，使分配结果更加合理。例如，原材料费用可按定额原材料费用或定额原材料消耗量比例分配，直接人工费等其他费用按定额工时比例分配等。当产品结构、所用原材料或工艺过程发生较大变动时，应该及时修订，考虑另选分配标准，以提高成本计算的正确性。为了简化分配工作，也可以将分配标准折算成相对固定的系数，按照固定的系数分配同类产品内各种产品的成本。

划分类内各完工产品成本的方法一般有系数法和定额比例法。

在分类法下，按系数将类别产品总成本在产成品和在产品之间，以及在产成品中各种产品间进行分配的方法，简称系数法。其具体做法是：在同类产品中选择一种产销量大、生产正常、售价稳定的产品，作为标准产品，并将其系数定为“1”，其他各种产品的分配标准与标准产品的分配标准相比，其比率即为其他各种产品的系数。系数一经确定，应保持相对稳定。将各种产品的实际产量，按系数折算为标准产品产量（总系数）；在产品可按约当产量先折算成该完工产品的产量，再按系数折算为标准产品产量；然后按标准产品产量的比例计算出各种产品的产成品成本和在产品成本。

在分类法下，某类产品的总成本也可按该类内各种产品的定额比例进行分配，这种按定额比例进行分配的方法，通常称为定额比例法。

分类法的成本计算程序如图 8-1 所示。

三、分类法成本计算举例

（一）定额比例法

定额比例法主要用于类内产品之间除直接材料以外的其他费用的分配。对直接材料的分

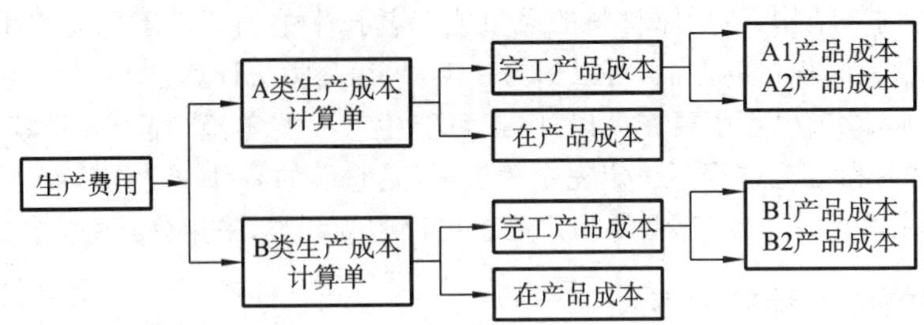

图 8-1　分类法的成本计算程序

配，一般采用定额费用比例系数分配的方法。

例 8-1　某企业生产的甲、乙、丙三种产品，所用原材料和工艺过程相似，合并为一类计算成本。类内各种产品之间分配费用的标准是：原材料费用按定额系数分配，其他费用按定额工时比例分配。

(1) 201×年 6 月份计算的原材料费用系数和定额工时数见表 8-1。

表 8-1　单位产品原材料费用系数和产品定额工时数

201×年 6 月

产品	单位	产量	单位产品		
			材料费用定额	材料费用系数	工时消耗定额
甲(标准产品)	台	50	100	1	20
乙	台	100	110	1.1	50
丙	台	80	50	0.5	50

(2) 该类产品总成本(按定额成本计算)见表 8-2。

表 8-2　产品成本明细账

产品类别：×类产品　　201×年 6 月

201×年		摘要	直接材料	直接工资	制造费用	合计
月	日					
6	1	月初在产品成本	50 000	10 000	20 000	80 000
6	30	本月发生费用	100 000	18 000	32 000	150 000
6	30	合计	150 000	28 000	52 000	230 000
6	30	完工产品成本	110 000	20 000	36 000	166 000
6	30	月末在产品成本	40 000	8 000	16 000	64 000

(3) 根据上述资料分配费用，计算类内各种产品成本，见表 8-3。

表 8-3　类内产品成本计算表

产品名称	产量(台)	材料费用系数	材料费用总系数	工时消耗定额	定额工时	直接材料(分配率：550)	直接工资(分配率：2)	制造费用(分配率：3.6)	总成本	单位成本
甲产品	50	1	50	20	1 000	27 500	2 000	3 600	33 100	662

续表

产品名称	产量(台)	材料费用系数	材料费用总系数	工时消耗定额	定额工时	直接材料(分配率:550)	直接工资(分配率:2)	制造费用(分配率:3.6)	总成本	单位成本
乙产品	100	1.1	110	50	5 000	60 500	10 000	18 000	88 500	885
丙产品	80	0.5	40	50	4 000	22 000	8 000	14 400	44 400	555
合 计	—	—	200	—	10 000	110 000	20 000	36 000	166 000	—

根据产品成本计算表编制会计分录如下：

借:库存商品—甲产品　　33 100

　　　　　—乙产品　　88 500

　　　　　—丙产品　　44 400

　贷:生产成本—基本生产成本—×类产品　　166 000

(二) 系数法

系数法又叫标准产量法,它是将选用的分配标准折算成相对固定的总系数,以类内产品的系数占总系数的比例来分配费用,计算各种产品成本的方法。

采用系数法时,应将所采用的分配标准折合成固定的系数,然后按系数将类内各成本项目费用在各种产品之间进行分配,以计算出各种产品的成本。确定系数的一般做法是:先在类内产品中选择一种产量较大、生产稳定或规格折中的产品作为标准产品,并把这种产品的系数定为“1”,然后将类内其他产品与标准产品进行重量、长度、体积、售价、定额消耗量、定额费用等方面的比较,求出比例系数;将各种产品的实际产量按其系数折算为标准产量,以标准产量的比例来分配类内各产品的总成本和各项目成本。为了保持各种产品具有可比性,没有特殊情况,不要变动系数。系数可按下列公式计算：

①单位产品系数 $=\dfrac{\text{该种产品的分配标准(定额成本、体积、产量)}}{\text{产品分配标准(定额成本、体积、产量)}}$

②某种产品总系数＝该种产品的实际产量×该产品单位产品系数

③费用分配率 $=\dfrac{\text{该类别完工产品的总成本(分成本项目)}}{\text{各种产品总系数之和}}$

④某种产品应分配的成本＝该种产品的总系数×费用分配率

例 8-2　某厂生产的产品品种规格较多,成本计算用分类法,按所耗原材料不同,全部产品划分为 A、B、C 三类。A 类产品包括甲、乙、丙、丁四种。应用系数法分配类内各种产品成本。

(1) A 类产品 6 月份实际产量、原材料消耗定额、工时定额及计算的原材料成本系数和工费成本系数见表 8-4。

表 8-4　成本计算系数表

产品名称	计量单位	实际产量	原材料消耗定额	工时消耗定额	原材料成本系数	工费成本系数
甲产品	只	1 200	540	9.6	540÷600＝0.9	9.6÷12＝0.8
乙产品	只	4 500	600	12	1	1

续表

产品名称	计量单位	实际产量	原材料消耗定额	工时消耗定额	原材料成本系数	工费成本系数
丙产品	只	2 800	696	13.2	696÷600=1.16	13.2÷12=1.1
丁产品	只	2 600	510	10.8	510÷600=0.85	10.8÷12=0.9

(2) A类产品6月份成本计算资料见表8-5和表8-6。

表中各项费用分配表的计算：

$$原材料分配率=\frac{386\ 330}{11\ 038}=35$$

$$燃料及动力费用分配率=\frac{133\ 824}{108\ 80}=12.3$$

$$直接人工费用分配率=\frac{228\ 400}{10\ 880}=21$$

$$制造费用分配率=\frac{90\ 848}{10\ 880}=8.35$$

表8-5　产品成本明细账

产品名称:A类产品

年		摘要	成本项目				
月	日		直接材料	燃料及动力	直接人工	制造费用	合计
6	1	月初在产品成本	11 640	21 978	17 521	11 380	62 519
6	31	本月发生费用	420 000	130 000	240 000	84 000	874 000
		合计	431 640	151 978	257 521	95 380	936 519
6	31	完工产品成本	386 330	133 824	228 400	90 848	839 402
6	31	月末在产品成本	45 310	18 154	29 121	4 532	97 117

表8-6　A类产品各种规格产品完工成本计算表

产品名称	计量单位	实际产量	单位系数		总系数		原材料（分配率:35）	燃料及动力费（分配率:12.3）	工资费用（分配率:21）	制造费用（分配率8.35）	总成本	单位成本
			原材料	其他费用	原材料	其他费用						
甲产品	只	1 200	0.9	0.8	1 080	960	37 800	11 808	20 160	8 016	77 784	64.82
乙产品	只	4 500	1	1	4 500	4 500	157 500	55 350	94 500	37 575	344 925	76.65
丙产品	只	2 800	1.16	1.1	3 248	3 080	113 680	37 884	64 680	25 718	241 962	86.42
丁产品	只	2 600	0.85	0.9	2 210	2 340	77 350	28 782	49 140	19 539	174 811	67.24
合计	—	—	—	—	11 038	10 880	386 330	133 824	228 480	90 848	839 482	—

根据成本计算表编制会计分录如下：

借:库存商品—甲产品　　77 784

—乙产品　　344 925
—丙产品　　241 962
—丁产品　　174 811
贷:生产成本—基本生产成本—A类产品　　839 482

四、联产品、副产品成本的计算

不同的企业生产工艺不同,如有些企业用同样的原材料,在同一个生产过程中能生产出性质和用途均不同的多种产品。当这些产品都是企业主要产品时,则称这些产品为联产品。在生产主要产品的过程中,还会附带生产出一些非主要产品,这些非主要产品有它们特定的用途,可以部分或全部出售或自用,这种附带产生的产品称作副产品。

由于联产品和副产品是在同一生产过程中产生的,于是就存在共同发生的生产费用在联产品和副产品之间分配的问题,以及联产品内部各产品之间生产费用的分配问题。

(一) 联产品成本的计算

联产品成本的计算,首先必须根据生产特点和成本管理要求,采用恰当的成本计算方法计算出联产品分离前的总成本,然后用恰当的标准在各联产品之间进行分配。而联产品分离这个点称为分离点。分离点前发生的成本称为联合成本或共同成本,分离以后有的联产品可直接销售,有些联产品还需继续加工才可出售,这些分离后的加工成本也根据生产特点和成本管理的要求,用恰当的成本计算方法进行计算。也就是说,联产品的最终成本包括分离前的成本和分离后的加工成本。进一步加工的成本称为可归属成本。

联产品的成本计算,就是联产品分离以前共同生产费用的归集以及分离时共同成本的分配。分离前共同生产费用的归集应根据生产的特点和成本管理的要求确定。

联合成本的分配方法,常用的有实物量分配法、系数分配法、销售价值分配法和可实现净值分配法等,企业可根据实际情况选用。

1. 实物量分配法

实物量分配法是将联产品的共同成本按照各联产品之间的重量比例进行分配。其实物量可采用产品总产量的重量或容积等。实物量分配法又可以分为简单平均单位成本法和加权平均单位成本法,前者是将共同成本除以各联产品的产量之和得到平均单位成本,这种方法计算出的各种联产品的单位成本是一致的。后者是将各联产品的重量换算成相对重量以后再按比例分配各联产品的总成本,最后分别计算各种产品的单位成本,这一方法类似于系数分配法。

2. 系数分配法

系数分配法是将各种联产品的实际产量按规定的系数折算为标准产量,然后将联合成本按各联产品的标准产量比例进行分配。

3. 销售价值分配法

销售价值分配法是指联产品分离前的共同成本按各联产品的售价(或市场价格)的比例进行分配,从而计算出各联产品成本的一种方法。采用这种方法应先计算每元联产品售价应分配的共同成本,然后再乘以各种联产品的售价求得各种联产品应分配的共同成本。其计算公式为:

$$每元售价成本 = \sum \frac{共同成本}{各联产品 \times 单位售价}$$

某联产品应分配共同成本＝该联产品产量×单位售价×每元售价成本

这种方法适用于联产品分离后不再继续加工即可出售的联产品。如分离后需要继续加工的，应采用联产品成本可实现净值分配法或其他方法。

4. 可实现净值分配法

可实现净值分配法是指联产品分离前的共同成本按其可变现净值的比例在各联产品之间进行分配，从而算出各联产品成本的一种方法。可变现净值是联产品最终完成的售价，减去其分离后继续加工的成本及应负担的销售费用后的净值。这种方法下的联产品成本计算公式如下：

某联产品可变现净值＝该联产品售价－该联产品分离后继续加工的成本
－该联产品销售费用

$$每元可变现净值成本=\frac{共同成本}{各联产品可变现净值之和}$$

某联产品总成本＝该联产品应分配共同成本＋该联产品分离后继续加工的成本

这种方法适用于联产品分离后仍需继续加工的联产品。如在分离后不需要加工即可销售，可采用联产品成本销售价值分配法来计算联产品的成本。

下面举例说明实物量分配法。

例 8-3 某厂生产甲、乙、丙、丁四种产品，该厂以定额成本比例分配综合成本，6 月份归集的综合成本如下：

直接材料　627 000

直接人工　376 200

制造费用　250 800

合计　1 254 000

本月产量记录如下：

甲产品　80 000 千克　　乙产品　50 000 千克

丙产品　10 000 千克　　丁产品　10 000 千克

各产品定额成本如下：

甲产品 10 元，乙产品 8 元，丙产品 7 元，丁产品 5 元。

分配联产品成本编制联产品成本计算表见表 8-7。

表 8-7　联产品成本计算表

201×年 6 月　　　　单位：元

产品名称	产量（千克）	单位定额成本	定额成本总额	定额成本比例（%）	直接材料		直接人工		制造费用		总成本	单位成本
					总成本	单位成本	总成本	单位成本	总成本	单位成本		
甲	80 000	10	800 000	60.606	380 000.25	4.75	228 000.15	2.85	152 000.1	1.9	760 000.50	9.5
乙	50 000	8	400 000	30.303	189 999.81	3.8	113 999.89	2.28	75 999.2	1.52	379 999.62	7.6
丙	10 000	7	70 000	5.303	33 249.81	3.325	19 949.89	1.995	13 299.92	1.33	66 499.62	6.65
丁	10 000	5	50 000	3.787 9	23 750.13	2.375	14 250.07	1.425	9 500.78	0.95	47 500.26	4.75
合计			1 320 000	100	627 000		376 200		250 800		1 254 000	

(二)副产品成本的计算

副产品是生产主要产品时附带生产出来的。副产品成本计算是指对副产品进行的成本计算。为了简化核算,通常将主副产品作为一个成本计算对象,归集主副产品的生产费用,然后用扣除法将副产品成本从总成本中扣除,求得主要产品成本。副产品在分离后,有的可作为成品直接销售,有的可以继续加工以后再销售。副产品成本的确定,可采用计划成本、定额成本。无须进一步加工的副产品应按销售价格减去销售费用和销售税金的差额计价;需要进一步加工的副产品,按销售价格减去销售费用和销售税金再减去分离后加工成本之差计价。对于需要进一步加工的经济价值相对较高的副产品,按销售价格减去销售费用、销售税金以及分离后加工成本后再减去按固定销售利润率计算的销售利润之差计价,其计算公式如下:

副产品单位成本=单位售价-(单位销售利润+单位销售税金
+单位销售费用+单位继续加工费)

副产品成本确定后,可以从主副产品总成本中的原材料项目中扣除,也可以按照主副产品成本的比例从各成本项目中扣除。

例 8-4 某工厂生产甲、乙两种产品,其中甲产品为主要产品,乙产品为副产品。201×年6月份甲产品产量为30 000千克,乙产品产量为1 000千克。乙产品成本采用计划成本计算,并从总成本原材料项目中扣除,乙产品计划单位成本0.5元,6月份的生产费用情况见表8-8,月末在产品只计算原材料费用。

表 8-8 产品成本计算单

产品名称:甲产品　　201×年6月　　产量:3 000千克

项目	数量	成本项目			
		直接材料	直接人工	制造费用	合计
月初在产品成本	1 800	3 600			3 600
本月生产费用		58 500	15 000	3 000	76 500
扣减乙产品成本		-500			-500
合计		61 600	15 000	3 000	79 600
完工产品成本	30 000	60 000	15 000	3 000	78 000
单位成本		2	0.5	0.1	2.6
月末在产品成本	800	1 600			1 600

采用分类法计算产品成本,不仅能够简化成本计算工作,而且能够在产品品种、规格繁多的情况下分类掌握产品成本的情况。但是,由于对类内各种产品成本的计算,都是按一定的分配标准按比例进行分配的,计算结果有一定的假定性。因此在分类法下,产品的分类和分配标准(或系数)的选定是否适当是一个关键性的问题。在产品的分类上,应以所耗原材料和工艺技术过程是否相近为标准。因为所耗原材料和工艺技术过程相近的各种产品,成本水平也往往接近。在对产品分类时,类距不能定得过小,使成本计算工作复杂化;也不能定得过大,造成成本计算上的"大锅烩",影响成本计算的正确性。在产品结构、所耗原材料或工艺技术发生较大变化时,应及时修订分配系数,或另选分配标准,以保证成本计算的正确性。

任务 2 成本计算的定额法

一、定额法的特点和适用范围

产品成本计算定额法是以定额成本为目标成本，及时揭示生产费用脱离定额的差异，加强成本控制，并根据定额成本、脱离定额差异和定额变动差异计算产品实际成本的一种成本管理和成本计算方法。

1. 定额法的特点

(1) 事先制定产品的各项消耗定额、费用定额和定额成本，作为成本控制的目标和成本计算的基础。

(2) 在发生生产耗费的时候，就将符合定额的费用和发生的差异分别核算，以加强对生产费用的日常控制。

(3) 定额法下，成本计算建立在日常揭示差异的基础之上。月末计算产成品成本时，根据产品的定额成本，加减各种成本差异，调整计算出完工产品的实际成本，可为成本的定期分析和考核提供依据。

计算产品实际成本的基本公式为：

产品实际成本＝产品定额成本±脱离定额差异±材料成本差异±定额变动差异

(4) 定额法不是一种独立的成本计算方法，必须与品种法、分步法、分批法等结合使用。

2. 定额法的适用范围

定额法与生产类型没有直接关系，无论何种生产类型，只要具备下列条件，都可采用定额法计算产品成本。定额法应用时必须具备以下条件：

(1) 企业的定额管理制度比较健全，定额管理工作基础较好；

(2) 产品的生产已经定型，消耗定额比较准确、稳定。

二、定额法的成本计算程序

1. 计算产品定额成本

定额成本是企业为了科学合理地对产品成本进行控制和考核，依据现行定额资料计算出的目标成本。它是衡量生产费用节约或超支的尺度，是定额法计算实际成本的基础。

计算定额成本，应先制定产品的原材料、工时等各项消耗定额，并且根据各项定额资料和材料计划单价、计划工资率、小时制造费用率等，计算出产品的各项费用定额和产品的单位定额成本。定额成本也要按成本项目分别计算，与实际的成本项目保持一致。单位产品定额成本及各成本项目定额成本可用下列公式计算：

①直接材料费用定额成本＝直接材料消耗定额×材料计划单价

②直接人工定额成本＝产品生产工时消耗定额×计划小时工资率

③制造费用定额成本＝产品生产工时消耗定额×计划小时制造费用率

④单位产品定额成本＝直接材料定额成本＋直接人工定额成本＋制造费用定额成本

定额成本的计算是通过编制定额成本计算表进行的。它的编制方法应根据企业的具体情况确定：在产品的结构简单、零部件较少的情况下，可以只计算零件定额成本，然后再汇总计算部件定额成本，最后计算产品定额成本；如果产品的结构复杂、零部件较多，可以产品为对象，直接计算产品定额成本。在规模较大，实行两极成本核算的企业中，定额成本的计算，不仅要按产品品种，而且还要按产品生产所经过的车间来进行。采用定额法，必须先制定单位产品的消耗定额、费用定额，并据以制定单位产品的定额成本。

产品的定额成本一般由企业的计划、技术、会计等部门共同制定。

若产品的零部件不多，一般先计算零件定额成本，然后再汇总计算部件和产品的定额成本。零部件定额成本还可作为在产品和报废零部件计价的依据。

若产品的零部件较多，可不计算零件定额成本，直接计算部件定额成本，然后汇总计算产品定额成本，或者根据零部件的定额卡和原材料单价、计划的工资率和计划的制造费用率等，直接计算产品定额成本。零部件定额卡和产品定额成本计算表见表8-9和表8-10。

表8-9　零部件定额成本计算卡

201×年6月　　金额单位：元

所需零件编号、名称	零件数量	材料定额						金额合计	工时定额
		1301			1302				
		数量	计划单价	金额	数量	计划单价	金额		
201	3	12	5	60				60	18
202	2				8	4	32	32	12
装配									4
合计				60			32	92	34
定额成本项目									定额成本合计
原材料	直接人工				制造费用				
	计划工资率			金额	计划费用率			金额	
92	0.95			32.3	2			68	192.3

表8-10　定额成本计算表

产品名称：甲产品　　201×年6月　　单位：元

成本项目		定额材料		定额工时			金额合计
		数量(千克)	计划单价	数量(小时)	计划工资率	计算费用率	
直接材料	A材料	6 000	10				60 000
	B材料	3 000	5				15 000
	小计						75 000
直接人工				2 000	3		6 000
制造费用				2 000	3.2		6 400
合计							87 400

2. 计算脱离定额差异

所谓脱离定额差异，是指生产过程中，各项生产费用的实际支出脱离现行定额或预算的数额。发生生产费用时，对符合定额的费用和脱离定额的差异，分别编制定额凭证和差异凭证，并在有关的费用分配表和明细账中分别予以登记，这样就能及时正确地核算和分析生产费用脱离定额的差异，控制生产费用支出。因此，对定额差异的核算是实行定额法的重要内容。差异凭证编制以后必须按照规定办理审批手续。脱离定额差异的计算包括材料脱离定额差异的计算、直接人工费用脱离定额差异的计算和制造费用脱离定额差异的计算。现分述如下：

(1) 材料脱离定额差异的计算。

材料脱离定额差异的计算方法，一般有限额法、切割法和盘存法等。

①限额法。在定额法下，材料的领用应该实行限额领料(或定额发料)制度，符合定额的原材料应根据限额领料单等定额凭证领发。由于增加产量，需要增加用料时，在追加限额手续后，也可以根据定额凭证领发。由于其他原因发生的超额用料或代用材料的用料，则应填制专设的超额领料单、代用材料领料单等差异凭证，经过一定的审批手续后领发。

在每批生产任务完成后，应根据车间余料编制退料手续，退料单也是一种差异凭证。退料单中的原材料数额和限额领料单中的原材料余额，都是原材料脱离定额的节约差异。

在此应当特别指出，原材料脱离定额差异是产品生产中实际用料脱离现行定额而形成的差异，而限额法不能完全控制用料，上述凭证所反映的差异往往只是领料差异，而不一定是用料差异。因为，投产的产品数量不一定等于规定产品的数量；所领原材料的数量也不一定等于原材料的实际消耗量，也就是说，期初或期末车间可能有余额。

例 8-5 某企业车间限额领料单规定甲产品的产量为 1 000 件，每件产品的原材料消耗定额为 5 千克，即领料单限额为 5 000 千克；本月实际领料 4 800 千克，领料差异为少 200 千克。现假定以下三种情况：

第一种，本期投产甲产品的数量与限额领料单的数量相同，也是 1 000 件，期初期末均无余料。于是少领 200 千克就是用料脱离定额的节约差异。

第二种，本期投产甲产品的数量为 1 000 件，但车间有期初余料 100 千克，期末也有余料 120 千克，则：

原材料定额消耗量＝1 000×5＝5 000(千克)

原材料实际消耗量＝4 800＋100－120＝4 780(千克)

原材料脱离定额差异＝4 780－5 000＝－220(千克)

第三种，本期投产甲产品的数量为 900 件，车间有期初余料 100 千克，期末也有余料 120 千克，则：

原材料定额消耗量＝900×5＝4 500(千克)

原材料实际消耗量＝4 800＋100－120＝4 780(千克)

原材料脱离定额差异＝4 780－4 500＝280(千克)

以上计算可以看出：第二种情况的计算结果为原材料脱离定额差异为节约 220 千克，第三种情况的计算结果为原材料脱离定额差异为超支 280 千克。可见只有甲产品投产数量等于规定的产品数量，且车间期初、期末均无余料或期初期末余料数量相等时，领料差异才是用料脱离定额的差异。

②切割法。在分批组织生产的企业对于某些经常大量使用或贵重材料通常是通过下料车

间切割后才能使用，例如板材、棒材等，这时可采用专设的材料切割核算凭证“材料切割核算单”来核算材料脱离定额的差异。

材料切割核算单，应按切割材料的批别开立，在单中要填明发交切割材料的种类、数额、消耗定额和应切割成的毛坯数量。切割完毕后，要填写实际切割成的毛坯数量和实际耗量；然后根据实际切割成的毛坯数量和消耗定额，即可求得材料定额消耗量，再将此与材料实际消耗量相比较，即可确定脱离定额差异。材料定额消耗量、脱离定额差异，以及发生差异的原因均应填入单中，并由主管人员签证。材料切割单见表 8-11。

表 8-11　材料切割核算单

材料编号或名称：甲材料　　　　材料计划单位成本：4 元
产品名称：A 产品　　　　废料计划单位成本：0.5 元
切割人工号和姓名：315 江民　　　　材料计量单位：千克
切割日期：201×年 6 月×日　　　　完工日期：201×年×月×日

<table>
<tr><td colspan="2">发料数量</td><td colspan="4">退料数量</td><td colspan="2">材料实际消耗量</td><td colspan="2">废料收回数量</td></tr>
<tr><td colspan="2">156</td><td colspan="4">7</td><td colspan="2">149</td><td colspan="2">9</td></tr>
<tr><td colspan="2">单位消耗定额</td><td colspan="2">单件回收废料数量</td><td colspan="3">应切割成的毛坯数量</td><td>实际切割成的毛坯数量</td><td>材料定额消耗量</td><td>废料定额回收量</td></tr>
<tr><td colspan="2">10</td><td colspan="2">0.4</td><td colspan="3">15</td><td>14</td><td>140</td><td>5.6</td></tr>
<tr><td colspan="2">材料脱离定额差异</td><td colspan="5">废料脱离定额差异</td><td colspan="2">差异原因</td><td>过失人</td></tr>
<tr><td>数量</td><td>金额</td><td>数量</td><td colspan="2">单价</td><td colspan="2">金额</td><td colspan="2" rowspan="2">技术不熟练，多留了毛边，故减少了毛坯数量</td><td rowspan="2">操作人</td></tr>
<tr><td>9</td><td>36</td><td>−3.4</td><td colspan="2">0.5</td><td colspan="2">−1.7</td></tr>
</table>

表 8-11 中，回收废料超过定额的差异可冲减材料费用，故列作负数。

采用材料切割核算单进行切割的核算，能及时反映材料的使用情况和发生差异的具体原因，有利于加强对材料消耗的控制和监督。

③盘存法。在不能按照分批核算原材料脱离定额差异的情况下，可采用盘存法核算差异。其基本做法是：

第一，定期对在产品进行盘存，确定在产品数量。

第二，根据产量凭证所列完工产品数量及盘存在产品数量，计算产品投产数量。其公式为：

产品投产数量＝完工产品数量＋期末在产品数量－期初在产品数量

第三，计算材料定额消耗量。其公式为：

材料定额消耗量＝产品投产数量×材料消耗定额

第四，计算材料实际消耗量。根据限额领料单、超额领料单、代用领料单、退料单等凭证，以及车间余料的盘存资料，计算出材料的实际消耗量。

第五，计算脱离定额的差异。其公式为：

材料脱离定额的差异＝(材料的实际消耗量－材料的定额消耗量)×材料的计划单价

例 8-6　甲产品期初在产品 50 件，本月完工产量 60 件，期末在产品为 80 件，原材料系开工时一次投入，材料消耗定额为 10 千克，计划单价为 6 元/千克。本月材料限额领料凭证登记数量为 6 800 千克，材料超额领料凭证登记数量为 400 千克，期末车间盘存余料为 200 千克。本月甲产品材料脱离定额差异的计算如下：

$$投产数量=650+80-50=680(件)$$

$$材料定额消耗量=680\times10=6\ 800(千克)$$

$$材料实际消耗量=6\ 800+400-200=7\ 000(千克)$$

$$材料脱离定额差异=(7\ 000-6\ 800)\times6=1\ 200(元)$$

(2) 直接人工费用脱离定额差异的计算。

直接人工费用脱离定额差异的计算，因采用的工资形式不同而有所区别。计件工资制下，生产工人工资属于直接计入费用，其脱离定额差异的计算与原材料脱离定额差异的计算相似。按计件单价支付的工资就是定额工资。其公式为：

$$直接人工定额费用=约当产量\times计件单价$$

$$计件单位=\frac{计划单位工时人工费用}{每工时产量定额}$$

对于符合定额的生产工人工资，应该反映在产量记录中。其他如废品损失、停工工资等则属于工资定额差异。对于脱离定额的差异，通常反映在专设的补付单等差异凭证中。

在计时工资制下，生产工人工资属于间接计入费用，其脱离定额差异不能在平时按照产品直接计算，只有在月末实际生产工人工资确定以后，才可按以下公式计算：

$$计划单位小时工资=\frac{计划产量的定额工资总额}{计划产量的定额生产工时总数}$$

$$实际单位小时工资=\frac{实际直接工资总额}{实际生产工时总额}$$

$$某产品的定额生产工资=该产品实际产量的定额生产工时\times计划单位小时工资$$

$$某产品的实际生产工资=该产品实际产量的实际生产工时\times实际单位小时工资$$

$$某产品实际工资脱离定额的差异=该产品实际生产工资-该产品定额生产工资$$

例 8-7 某工厂第一车间生产甲产品和其他产品，6 月份计划产量的定额生产工人工资费用为 14 800 元，计划产量的定额生产工时为 2 960 小时；本月实际生产工人工资费用为 16 119 元，实际生产工时为 3 100 小时；本月甲产品定额工时为 1 836 小时，实际生产工时为 1 807 小时。甲产品定额生产工资费用和生产工资脱离定额差异，计算如下：

$$计划单位小时工资=14\ 800\div2\ 960=5$$

$$实际单位小时工资=16\ 119\div3\ 100=5.19\ 968$$

$$甲产品的定额生产工资=1\ 836\times5=9\ 180(元)$$

$$甲产品的实际生产工资=1\ 807\times5.19\ 968=9\ 396(元)$$

$$甲产品生产工资脱离定额的差异=9\ 396-9\ 180=216(元)$$

无论采取哪一种工资形式都应根据上述计算按照成本计算对象汇总编制“定额工资及脱离定额差异汇总表”以反映各种产品的定额工资、实际工资、工资差异，以及产生差异的原因，并据以登记有关产品成本的计算单。

(3) 制造费用脱离定额差异的计算。

制造费用通常与计时工资一样，属间接计入费用，其脱离定额差异不能在平时按照产品直接计算，只有在月末按照以下公式计算：

$$计划小时制造费用率=\frac{某车间计划制造费用总额}{该车间计划产量的定额工时总额}$$

$$实际小时制造费用率=\frac{某车间实际制造费用总额}{该车间各种产品实际生产工时总数}$$

某产品实际制造费用＝该产品实际生产工时×实际小时制造费用率

某产品定额制造费用＝该产品实际产量的定额工时×计划小时制造费用率

某产品制造费用脱离定额的差异＝该产品实际制造费用－该产品定额制造费用

例 8-8 某车间 6 月份计划制造费用总额为 20 720 元，计划产量的定额生产工时总额为 2 960小时；实际发生制造费用为 21 540 元，实际生产工时为 3 100 小时，本月甲产品的定额生产工时为 1 836 小时，实际生产工时为 1 807 小时。甲产品定额制造费用和制造费用脱离定额差异，计算如下：

计划小时制造费用率＝20 720÷2 960＝7

实际小时制造费用率＝21 540÷3 100＝6.948 4

甲产品定额制造费用＝1 836×7＝12 852(元)

甲产品实际制造费用＝1 807×6.948 4＝12 556(元)

甲产品制造费用脱离定额差异＝12 556－12 582＝－296(元)

3. 计算材料成本差异

采用定额法计算产品成本的企业，原材料的日常核算一般按计划成本进行，原材料脱离定额差异只是以计划单价反映的消耗量上的差异(量差)，未包括价格因素。因此，月末计算产品的实际原材料费用时，需计算所耗原材料应分摊的成本差异，即所耗原材料的价格差异(价差)。公式如下：

某产品应分配的材料成本差异＝(该产品材料定额成本＋材料脱离定额差异)
×材料成本差异分配率

例 8-9 甲产品所耗原材料定额成本为 15 000 元，材料脱离定额差异为超支 1 000 元，原材料的成本差异率为节约 3%，该产品应分配材料成本差异为：

产品应分配材料成本差异＝(15 000＋1 000)×(－3%)＝－480(元)

4. 计算定额变动差异

定额变动差异是指由于修订消耗定额或生产耗费的计划价格而产生的新旧定额之间的差额。定额成本的修订一般在月初、季初或年初定期进行，但在定额变动的月份，月初在产品的定额成本仍然按照旧定额计算，因此需要按新定额计算月初在产品的定额变动差异，用于调整月初在产品的定额成本。由此可见，定额变动差异主要是指月初在产品由于定额变动产生的差异。其计算公式为：

月初在产品定额变动差异＝(新定额－旧定额)×月初在产品中定额变动的零部件数量

采用此公式计算要求企业应根据消耗定额发生变动的在产品盘存资料和修订前后的消耗定额，计算月初在产品消耗定额修订前和修订后的定额消耗量，从而确定定额消耗量的变动差异和金额差异。这种方法，一般要按零部件计算定额消耗量，在构成产品零部件种类较多的情况下，计算工作量较大。为了简化计算工作，可按照单位产品，采用系数折算的方法计算。计算公式如下：

$$定额变动系数=\frac{按新定额计算的单位产品成本}{按旧定额计算的单位产品成本}$$

月初在产品定额变动差异＝按旧定额计算的月初在产品成本
－按旧定额计算的月初在产品成本×定额变动系数
＝按旧定额计算的月初在产品成本×(1－定额变动系数)

例 8-10 甲产品的某些零件从 8 月 1 日起修订材料消耗定额，单位产品的旧材料消耗定额为 40 元，新的材料消耗定额为 38 元，该产品月初在产品按旧定额计算的材料定额成本为16 000 元。其月初在产品定额变动差异计算如下：

定额变动系数＝38÷40＝0.95

月初在产品定额变动差异＝16 000×(1－0.95)＝800(元)

各种消耗定额的变动，一般表现为不断下降的趋势，因而月初在产品定额变动的差异，通常表现为月初在产品定额成本的降低。在这种情况下，一方面，应从月初在产品成本中扣除该项差异；另一方面，出于该项差异是月初在产品生产费用的实际支出，因此还应将该项差异计入本月产品成本。相反，若消耗定额不是下降，而是提高，那么，在计算出定额变动差异后，应将此差异项加入月初在产品定额成本之中，同时从本月产品中予以扣除，因为实际上并未发生这部分支出。

5. 完工产品实际成本的计算

在定额法下，产品实际成本的计算是在产品成本明细账上通过汇总计算各项定额差异、定额变动差异和材料成本差异进行的。

具体可按照以下程序进行：

(1) 按产品分别编制月初产品定额成本表，若定额有修订，应在该表中注明。

(2) 按成本计算对象设置成本明细账，按成本项目设“期初在产品成本”、“本月产品费用”、“生产费用累计”、“完工产品成本”和“月末在产品成本”等专栏，各栏又分为“定额成本”、“脱离定额差异”、“定额变动差异”、“材料成本差异”各小栏。

(3) 编制费用分配明细表，各项费用应按定额成本和脱离定额差异进行汇总和分配。

(4) 登记各产品成本明细账。产品明细账中的期初在产品成本各栏目可根据上月成本明细账中的期末在产品各栏填列。若月初定额有降低，可在“月初在产品定额成本变动”栏中的“定额成本调整”栏用“－”号表示，同时，在“定额变动差异”栏用“＋”号表示；若定额成本有提高，则在“定额成本调整”栏用“＋”号表示，同时，在“定额变动差异”栏用“－”号表示。

(5) 分配计算完工产品和月末在产品成本。在定额法下，如果某种产品一部分完工，一部分未完工，则以上计算定额成本，需要划分为完工产品定额成本和月末在产品定额成本两部分。各项差异也应在完工产品和月末在产品之间按定额成本的比例进行分配，以便计算完工产品和月末在产品的实际成本。

产成品的定额成本应根据事先编制好的产品定额成本表中产品月初成本定额乘以产成品数量求得，然后，根据“生产费用累计”中的定额成本合计减去产成品的定额成本，就是月末在产品的定额成本。

(6) 如果有不可修复废品，应按成本项目计算其定额成本，并按定额成本分配计算定额差异或定额变动差异以及材料成本差异，但若不可修复废品不多，也可不承担这些差异。废品成本计算出来后，连同可修复废品的修复费用记入“废品损失”成本项目的“本月产品费用”中的“脱离定额差异”栏内，并全部由产成品负担。

(7) 产成品的实际成本由产成品的定额成本加减脱离定额差异和定额变动求得，并可进行成本的事后分析。

三、定额法成本计算举例

例 8-11 某企业生产A产品，采用定额法计算产品成本，A产品相关资料及成本计算过程如下：

(一) 有关资料

1. 产量记录(见表 8-12)

表 8-12 产量记录

产品名称	月初在产品(件)	本月投产(件)	本月完工产品(件)	月末在产品(件)
A产品	20	80	70	30

2. 定额成本资料(见表 8-13)

表 8-13 定额成本资料

金额单位：元

成本项目	计划单价	消耗定额		定额成本		定额变动差异	
		上月	本月	上月	本月	数量	金额
直接材料	5	120千克	114千克	600	570	－6	－30
直接人工	2	100小时	100小时	200	200		
制造费用	1	100小时	100小时	100	100		
合计				900	870	－6	－30

3. 月初在产品成本资料(见表 8-14)

表 8-14 月初在产品成本资料

单位：元

成本项目	月初在产品	
	定额成本	定额差异
直接材料	12 000	400
直接人工	2 000	100
制造费用	1 000	80
合计	15 000	580

4. 其他资料

(1) 原材料于生产开始时一次投入；

(2) 直接材料成本差异率为－1%，全部由完工产品负担；

(3) 定额变动差异全部由完工产品负担；

(4) 本期直接材料脱离定额差异(－1 000)，直接人工脱离定额差异(＋200)，制造费用脱离定额差异(－70)。

(二) 登记生产成本明细账

在定额法下，产品实际成本的计算和其他成本计算方法一样，生产成本明细账也要列出产品成本项目。由于定额法下实际成本计算是在定额成本基础上加减定额差异、定额变动差异和材料成本差异求得的，所以生产成本明细账还应设置定额成本、定额差异、定额变动差异、材料成本差异等专栏来反映。A产品成本明细账如表8-15所示。

表8-15　产品成本明细账

产品名称：A产品　　201×年10月　　完工产量：70件　　单位：元

成本项目	月初在产品		月初在产品定额成本		本月生产费用		
	定额成本	脱离定额差异	定额成本调整	定额变动差异	定额成本	脱离定额差异	材料成本差异
	(1)	(2)	(3)	(4)	(5)	(6)	(7)
直接材料	12 000	400	−600	+600	45 600	−1 000	−446
直接人工	2 000	100			16 000	+200	
制造费用	1 000	80			8 000	−70	
合计	15 000	580	−600	+600	69 600	−870	−466

成本项目	生产费用合计				脱离定额差异分配率	产成品成本	
	定额变动差异	定额成本	脱离定额差异	材料成本差异		定额成本	脱离定额差异
	(8)	(9)	(10)	(11)	(12)	(13)	(14)
直接材料	57 000	−600	−446	+600	−1.05%	39 900	−419
直接人工	18 000	+300			1.67%	14 000	234
制造费用	9 000	+10			0.11%	7 000	8
合计	84 000	−290	−446	+600		60 900	−177

成本项目	产成品成本			月末在产品成本	
	材料成本差异	定额变动差异	实际成本	定额成本	脱离定额差异
	(15)	(16)	(17)	(18)	(19)
直接材料	−446	+600	39 635	17 100	−181
直接人工			14 234	4 000	+66
制造费用			7 008	2 000	+2
合计	−446	+600	60 877	23 100	−113

表8-15中有关专栏说明：

(1)(2)栏根据表8-14月初在产品成本资料填列。

(3)(4)栏月初在产品定额成本

$$定额变动系数=570\div600=0.95$$

$$定额成本调整=12\ 000\times(0.95-1)=-600$$

月初在产品定额变动差异＝12 000×(1－0.95)＝600(元)

(5)栏根据本月投产量和表 8-13 资料计算填列：

直接材料＝570×80＝45 600(元)

直接人工＝200×80＝16 000(元)

制造费用＝100×80＝8 000(元)

(6)栏根据有关脱离定额差异资料填列。

(7)栏＝[(5)栏＋(6)栏]×(－1％)

＝(45 600－1 000)×(－1％)

＝－446(元)

(8)栏＝(1)栏＋(3)栏＋(5)栏

(9)栏＝(2)栏＋(6)栏

(10)栏＝(7)栏

(11)栏＝(4)栏

(12)栏脱离定额差异率：

直接材料脱离定额差异率＝－600÷57 000×100％＝－1.05％

直接人工脱离定额差异率＝300÷18 000×100％＝1.67％

制造费用脱离定额差异率＝10÷9 000×100％＝0.11％

(13)栏用完工产量分别乘以表 8-13 定额成本资料填列：

直接材料＝570×70＝39 900(元)

直接人工＝200×70＝14 000(元)

制造费用＝100×70＝7 000(元)

(14)栏＝(12)栏×(13)栏

(15)栏＝(10)栏

(16)栏＝(11)栏

(17)栏＝(13)栏＋(14)栏＋(15)栏＋(16)栏

(18)栏＝(8)栏－(13)栏

(19)栏＝(9)栏－(14)栏

采用定额法核算产品成本，将产品成本的计划工作、核算工作和分析工作有机结合起来，将事前、事中、事后反映和监督融为一体，有其固有的优点。①通过生产耗费及其脱离定额和计划的日常核算，能够在生产耗费发生的当时反映和监督脱离定额或计划的差异，从而有利于加强成本控制，可以及时、有效地促进生产耗费的节约，降低产品成本。②由于产品实际成本是按照定额成本和各种差异分别核算的，因而便于对各项生产耗费和产品成本进行定期分析，有利于进一步挖掘降低成本的潜力。③通过脱离定额差异和定额变动差异的核算，还有利于提高成本的定额管理和计划管理工作水平。④由于有现成的成本定额资料，因而能够较为合理、简便地解决完工产品和月末在产品之间分配费用的问题。

定额法的主要缺点：采用定额法计算产品成本要比采用其他方法核算工作量大。因为采用定额法必须制定定额成本，单独核算脱离定额差异，在定额变动时还必须修订定额成本，计算定额变动差异。

任务 3 各种成本计算方法的实际应用

本项目及前面介绍的成本计算方法往往不是独立存在和使用的，因为在实际生产中，每个企业的生产工艺各不相同，可能会有几个车间，一个车间可能生产若干种产品，而各个车间或产品的生产类型和管理要求也不一定相同，因此，不同的产品采用的成本计算方法往往不同，甚至同一产品在不同的生产步骤中也可能运用不同的成本计算方法。

一、各种成本计算方法的同时运用

同一个工业企业中，一般存在基本生产车间和辅助生产车间，基本生产车间和辅助生产车间的生产类型不同，需要采取不同的成本计算方法。例如，基本生产车间大量大批多步骤生产某产品，比如纺织厂大量大批生产布，基本生产车间应采取分步法计算半成品成本和产成品成本，但供电、供气等辅助生产车间则属大量大批单步骤生产电和汽，应采取成本计算品种法计算产品成本。基本生产车间和辅助生产车间的生产类型即使相同，由于管理要求不同，也可采用不同的成本计算方法。例如，发电厂的基本生产车间发电车间和辅助生产车间供水车间，都是单步骤大量生产，都可采用品种法计算产品成本。但由于供水不是企业的主要生产，如果企业的规模不大，也可以不单独计算供水的成本，而将其费用直接计入制造费用。

同一个企业或同一个车间的各种产品，其生产类型也可能不同，所采用的成本计算方法也会有所不同。比如乐器厂生产的各种乐器，已经定型的小型乐器可以大量大批生产，采用品种法计算产品成本，而大型或正在试制期的乐器只能小批量生产，宜采用分批法。

二、各种成本计算方法的结合运用

在多步骤生产的情况下，同一种产品的不同生产步骤，由于生产特点和管理要求不同，可采用不同的成本计算方法。例如，在小批单件生产的机械厂，最终产品是经过铸造、加工和装配等相互关联的阶段完成生产的。从最终产品来看，产品成本的计算应采用分批法，但从各个生产阶段来看，铸造车间应采用品种法计算不同的铸件的生产成本；加工和装配车间可采用分批法计算各批的产品成本；而在铸造加工和装配车间之间，可采用逐步结转分步法结转各铸件成本。这样该机械厂就在分批法的基础上，同时采用了品种法和分步法。

如果同一种产品需要的零部件较多，而管理上的要求又不同，也可采用不同的成本计算方法。例如，一种产品由多个零部件组成，其中不对外销售的零部件，一般不要求计算产品成本；对外销售的各个零部件在管理上则要求计算其成本，就应按这些对外销售的零部件的生产类型和管理要求，采用不同的成本计算方法单独核算其生产成本，以便对外销售时进行成本结转。

另外，同一种产品不同的成本项目，可以采用不同的成本计算方法。例如，钢铁厂的产品的原料成本占全部成本的比重较大，又是直接费用，应该直接计入产品成本，其他成本项目则可采用分类法分配计算。

此外，分类法和定额法，是为了简化成本计算工作和加强定额管理而采用的两种辅助方法，它们与生产类型的特点没有直接联系，在各种类型的生产中都可以应用，但必须与基本的成本计算方法结合起来应用。例如，在食品厂中，生产的各种饼干，由于是大量大批单步骤生产，可采用品种法与分类法相结合的方法计算成本，即先用品种法计算饼干这类产品的成本，然后再用分类法分别计算其中各种饼干的成本。

在实际应用成本计算方法时，我们必须结合不同的生产特点和管理要求，并考虑到企业的规模和管理水平等具体条件，灵活地加以运用。为了保证企业成本资料的可比性，企业在采用成本计算方法时应遵循一致性原则。但当生产特点和管理要求发生改变时，我们也应相应地改变成本计算方法。

本项目在以前产品成本计算基本方法的基础上进一步介绍了产品成本计算的分类法和定额法两种成本计算辅助方法。通过学习，应当把握以下要点：

(1) 产品成本计算分类法的特点，分类法的含义、适用范围，产品类别划分的标准。

(2) 分类法的程序和方法：系数分配法中系数的确定、分配计算的方法；定额法分配率的计算、分配方法；联产品及副产品成本计算。

(3) 产品成本计算定额法的特点、含义、适用范围。

(4) 定额成本的计算，若产品的零部件不多，一般先计算零件定额成本，然后再汇总计算部件和产品的定额成本。零部件定额成本还可作为在产品和报废零、部件计价的依据。若产品的零部件较多，可不计算零件定额成本，直接计算部件定额成本，然后汇总计算产品定额成本，或者根据零部件的定额卡和原材料单价、计划的工资率和计划的制造费用率等，直接计算产品定额成本。

一、单项选择题

1. 成本计算的分类法的特点是(　　)。

A. 按产品类别计算产品成本

B. 按产品品种计算产品成本

C. 按产品类别计算各类产品成本，同类产品内各种产品的间接计入费用采用一定方法分配确定

D. 按产品类别计算各类产品成本，同类产品内各种产品的成本采用一定的方法分配确定

2. 产品成本计算的分类法适用于(　　)。

A. 品种、规格繁多的产品　　B. 可按一定标准分类的产品

C. 大量大批生产的产品　　D. 品种、规格繁多并可按一定标准分类的产品

3. 分类法下，在计算同类产品内不同产品的成本时，对于类内产品发生的各项费用(　　)。

A. 只有直接计入费用才需直接计入各种产品成本

B. 只有间接计入费用才需分配计入各种产品成本

C. 无论直接计入费用，还是间接计入费用，都需采用一定的方法分配计入各种产品成本

D. 直接生产费用直接计入各种产品，间接生产费用分配计入各种产品成本

4. 对于分类法下某类别产品的总成本在类内各种产品之间的分配方法，是根据（　　）确定的。

A. 产品的生产特点　　B. 企业管理要求

C. 成本计算对象　　D. 成本计算方法

5. （　　）是系数分配法下的分配标准。

A. 总系数或标准产量　　B. 产品市场售价

C. 产品定额成本　　D. 产品的面积

6. 如果不同质量等级的产品，是由于违规操作，或者技术不熟练等主观原因所造成的，一般采用（　　）。

A. 实物数量的比例分配法　　B. 系数分配法

C. 销售收入分配法　　D. 标准产量分配法

二、多项选择题

1. 等级产品是指（　　）。

A. 使用同一种原材料

B. 使用不同的原材料

C. 经过同一生产过程生产出来的品种相同而质量不同的产品

D. 采用不同的生产工艺技术生产出来的品种相同而质量不同的产品

2. 下列关于副产品及其成本计算的描述，正确的有（　　）。

A. 副产品是指在主要产品生产过程中，附带生产出来的非主要产品

B. 副产品不是企业生产活动的主要目的

C. 副产品的价值比较低时，副产品可以不负担分离前的联合成本

D. 可以按定额成本计算副产品成本

3. 联产品的联合成本的分配方法较多，常用的有（　　）。

A. 实物量分配法　　B. 系数分配法

C. 销售价值分配法　　D. 可实现净值分配法

4. 系数分配法下，用于确定系数的标准可采用（　　）。

A. 产品的定额成本、计划成本等成本指标

B. 产品的重量、体积、长度等经济技术指标

C. 定额消耗量、定额工时等产品生产的各种定额消耗指标

D. 产品的售价等收入指标

5. 在副产品作价扣除法下，副产品的计算成本方法是（　　）

A. 先将副产品与主要产品合为一类，开设成本计算单归集费用

B. 然后把按售价扣除税金和销售费用、利润后的余额作为副产品应负担的成本从联合成本中扣除

C. 副产品的成本既可以从直接材料成本项目中一笔扣除

D. 副产品的成本也可以按比例从联合成本各成本项目中减除

三、实务操作题

【目的】 练习分类法的成本计算方法

【资料】 海东企业所属的第三分厂成本计算采用分类法，其所生产的产品按产品结构分为A和B两大类，每类产品的月末在产品均按所耗直接材料成本计算，其他费用全部由完工产品负担，月末在产品成本按定额成本计价法计算。

本月有关资料见表8-16至表8-19。

表8-16 直接材料定额成本

产品类别	单耗定额(千克)	计划单价(元)	定额成本(元)
A类产品	10	1	10
B类产品	8	2	16

表8-17 产量和单位定额成本

产品类别	规格	产量(件)	单位定额成本(元)
A类产品	A-1	100	12
	A-2	300	10
	A-3	200	14
B类产品	B-1	300	20
	B-2	100	25
	B-3	50	32

表8-18 月初在产品成本及本月发生费用

单位:元

产品类别	月初在产品直接材料定额成本	本月发生费用			
		直接材料	直接人工	制造费用	合计
A类产品	260	5 600	2 300	3 000	10 900
B类产品	180	8 400	2 700	2 000	13 100

表8-19 月末在产品数量及单位定额成本

产品类别	数量(件)		单位定额成本(元)	定额成本(元)
A类产品	A-1	15	12	500
	A-2	18	10	
	A-3	10	14	
B类产品	B-1	3	20	320
	B-2	4	25	
	B-3	5	32	

【要求】 编制成本计算表，完成A、B各类产品成本和类内的各种产品成本计算。

1. 计算A、B类产品的生产成本(见表8-20、表8-21)。

表 8-20 成本计算单

产品:A 类产品　　　　　　　　　　年　　月　　　　　　　　　　单位:元

201×年		摘要	直接材料	直接工资	制造费用	合计
月	日					
7	31	期初在产品成本(定额成本)				
8	31	本月生产费用				
8	31	生产费用合计				
8	31	本月完工产品成本				
8	31	期末在产品成本(定额成本)				

表 8-21 成本计算单

产品:B 类产品　　　　　　　　　　年　　月　　　　　　　　　　单位:元

201×年		摘要	直接材料	直接工资	制造费用	合计
月	日					
7	31	期初在产品成本(定额成本)				
8	31	本月生产费用				
8	31	生产费用合计				
8	31	本月完工产品成本				
8	31	期末在产品成本(定额成本)				

2. 计算各类产品的类内各种产品的系数(见表 8-22)。

表 8-22 各类产品类内各种产品系数计算表

产品类别	规格	产量(件)	单位定额成本(元)	系数	标准产量
A 类产品	A-1				
	A-2				
	A-3				
B 类产品	B-1				
	B-2				
	B-3				

3. 计算各种产品的总成本和单位成本(见表 8-23)。

表 8-23　各类产品类内的各种产成品成本计算表

年　　月　　　　　　金额单位:元

项目	产量(件)	总系数	直接材料分配额	直接工资分配额	制造费用分配额	各种产品总成本	单位成本
A 类产品							
分配率							
A-1							
A-2							
A-3							
合计							
B 类产品							
分配率							
B-1							
B-2							
B-3							
合计							

项 目 9

标准成本法、变动成本法和作业成本法

【知识目标】

了解标准成本法、变动成本法和作业成本法的定义和作用；把握标准成本法、变动成本法和作业成本法的基本内容；掌握标准成本法、变动成本法和作业成本法的计算程序。

【能力目标】

通过本章的学习，能够灵活运用标准成本法、变动成本法和作业成本法进行成本核算。

任务 1 标准成本法

标准成本法产生于20世纪30年代的美国，是泰罗制与会计相结合的产物。20世纪50年代以后，标准成本的概念在西方国家得到了普遍的推广和应用。

一、标准成本法概述

标准成本法是以事先确定的标准成本为基础，将实际发生的成本与之比较，以核算和分析成本差异的一种产品成本计算方法。标准成本法的核心是以标准成本来记录和反映产品成本的形成过程和结果，通过对成本差异的核算和分析揭示存在的问题，查明原因和责任，并采取相应的措施，从而实现对成本的控制。

标准成本法的主要内容包括标准成本的制定、成本差异的计算和分析、成本差异的账务处理等。其中，标准成本的制定是采用标准成本法的前提和关键，成本差异的计算和分析是标准成本法的重点。

（一）标准成本法的主要特点

(1) 在标准成本法下，产品成本明细账只计算各种产品的标准成本，不计算各种产品的实际成本。

(2) 分别按原材料费用、直接人工费用、变动制造费用和固定制造费用计算实际成本脱离标准成本的各种数量差异和价格差异等，并设置各种差异账户予以归集，以便对成本进行日常控制和考核。

(3) 会计期末，对各差异账户归集的成本差异，既可以按标准成本的比例在销售成本、产成品和在产品之间进行分配，也可将其全部结转到销售成本中。

（二）标准成本法的主要作用

(1) 有利于加强成本控制。将实际成本与标准成本比较，能反映出实际成本脱离标准成本的差异，通过对差异进行分析，可揭示存在的问题，查明原因，并采取相应措施，达到降低产品成本的目的。

(2) 有利于推行责任会计制度。通过对各种差异的分析，可以找出产品成本差异的原因，查明责任归属，从而合理地进行业绩评价。

(3) 有利于简化产品成本计算工作。各产品明细账户均按标准成本计价入账，大大简化了日常的账务处理。

二、标准成本的分类

标准成本是运用科学方法预先制定的、以成本项目反映的单位产品成本水平，是成本控制的目标和计算成本差异的依据。标准成本一般有理想标准成本、历史标准成本和现实标准成本三种类型。

1. 理想标准成本

理想标准成本是在现有技术、设备和经营管理达到最优状态的目标成本水平。它是根据资源无浪费、设备无故障、产出无废品、工时全有效的假设前提而制定的最理想的、最低的成本水平。虽然可用这种目标成本来激励员工努力工作，但在实际工作中，这种目标很难实现，所以很少采用。

2. 历史标准成本

历史标准成本是指根据过去若干时期实际成本的平均值，结合未来的变动趋势而制定的目标成本水平，这种目标经过努力一般较易达到。但由于过去的实际成本常常包含了浪费和低效率，将此目标作为企业的控制目标过于保守，达不到有效控制成本的目的，所以也很少采用。

3. 现实标准成本

现实标准成本是根据现有的生产技术水平、正常的生产能力，以有效经营条件为基础而制定的目标成本水平。它是根据合理的耗用量、合理的费用耗费水平和合理的生产能力利用程度制定的切合实际情况的一种标准成本。标准成本法下的标准成本通常是指这种标准成本。

三、标准成本的制定

标准成本是按产品的成本项目反映的单位产品成本水平，所以标准成本的制定通常包括直接材料标准成本、直接人工标准成本、变动制造费用标准成本和固定制造费用标准成本等的制定。制定标准成本的基本方法是以"数量"标准乘以"价格"标准。

1. 直接材料标准成本的制定

直接材料标准成本的计算公式为：

$$直接材料标准成本 = \sum(直接材料标准用量 \times 直接材料标准价格)$$

式中，直接材料标准用量是指在现有的生产技术条件下，生产单位产品所需要的构成产品实体的各种原料和主要材料的数量。企业应按产品耗费的各种直接材料分别制定标准用量。

直接材料的价格标准是指在正常情况下，企业采购材料的单位成本，包括买价和运杂费等。

2. 直接人工标准成本的制定

直接人工标准成本的计算公式为：

直接人工标准成本＝直接人工标准工时×直接人工标准工资率

式中，直接人工标准工时是指在现在的生产技术条件下，生产单位产品所需要的直接生产工人的工作时间。直接人工标准工资率是指某会计期每一工作时间应分配的直接生产工人标准人工成本。其计算公式如下：

直接人工标准工资率＝预计直接生产工人人工成本总额/标准总工时

3. 变动制造费用标准成本的制定

变动制造费用标准成本的计算公式为：

变动制造费用标准成本＝直接人工标准工时×变动制造费用标准分配率

变动制造费用标准分配率是指某会计期每一工作时间应分配的变动制造费用。其计算公式如下：

变动制造费用标准分配率＝变动制造费用预算总额/标准总工时

式中，变动制造费用预算总额应采用弹性预算的方式，按不同的产量水平确定。

4. 固定制造费用标准成本的制定

固定制造费用标准成本的计算公式为：

固定制造费用标准成本＝直接人工标准工时×固定制造费用标准分配率

式中，固定制造费用标准分配率是指某会计期每一工作时间应分配的固定制造费用。其计算公式如下：

固定制造费用标准分配率＝固定制造费用预算总额/标准总工时

固定制造费用预算总额是固定的，不随生产量的变动而变动。

例 9-1 某企业生产 A 产品，耗用甲、乙两种直接材料，其标准用量为 10 千克、20 千克，标准价格为 40 元/千克、50 元/千克。该企业月平均总工时和月平均标准人工成本总额分别为 10 000小时和 80 000 元，A 产品单位产品标准工时为 50 小时。根据弹性预算，该企业月产量为 200 件，月标准总工时和月变动制造费用预算总额分别为 10 000 小时和 30 000 元；月固定制造费用预算总额为 60 000 元。根据以上资料编制 A 产品标准成本计算表(见表 9-1)。

表 9-1 A 产品标准成本计算表

成本项目	用量标准	价格标准	单位标准成本(元)
直接材料：甲材料	10 千克	40 元/千克	400
乙材料	20 千克	50 元/千克	1 000
直接人工	50 小时	80 000÷10 000＝8 元/时	400

续表

成本项目	用量标准	价格标准	单位标准成本(元)
变动制造费用	50 小时	30 000÷10 000=3 元/时	150
固定制造费用	50 小时	60 000÷10 000=6 元/时	300
合计			2 250

四、成本差异的分析

成本差异是指产品的实际成本偏离标准成本的数额，计算时通常以实际成本减去标准成本，如果差额为正，即企业实际成本大于标准成本，是不利成本差异；如果差额为负，即企业实际成本小于标准成本，为有利成本差异。

由于标准成本是根据标准用量和标准价格计算的，实际成本是根据实际用量和实际价格计算的，因此，成本差异总是由数量差异和价格差异引起的。成本差异按成本项目进一步划分为九个差异，如表 9-2 所示。

表 9-2 成本差异分类表

成本项目	数量差异	价格差异
直接材料	直接材料用量差异	直接材料价格差异
直接人工	直接人工效率差异	直接人工工资率差异
变动制造费用	变动制造费用效率差异	变动制造费用耗用差异
固定制造费用	固定制造费用效率差异	固定制造费用能力差异
		固定制造费用预算差异

有时，也将固定制造费用效率差异和固定制造费用能力差异合并为固定制造费用产量差异。

为了分清成本差异的构成，可用连环替代法来计算价格差异和数量差异。计算成本差异的一般模式如图 9-1 所示。

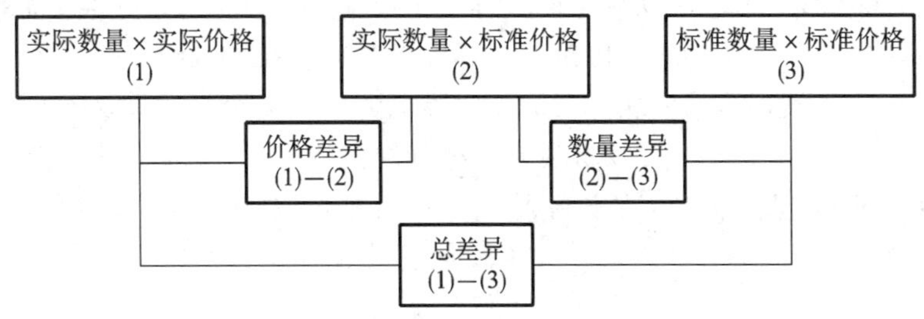

图 9-1 成本差异计算的一般模式

(一) 直接材料成本差异

直接材料成本差异，是指产品直接材料的实际成本与标准成本之间的差异，主要包括材料用量差异和材料价格差异。前者由材料实际耗用量与标准耗用量的不同引起，后者由实际价格与标准价格的不同引起。相关计算公式为：

材料用量差异＝实际耗用量×标准单价－标准耗用量×标准单价
＝(实际耗用量－标准耗用量)×标准单价

材料价格差异＝实际耗用量×实际单价－实际耗用量×标准单价
＝(实际单价－标准单价)×实际耗用量

若计算结果是正数表示超支，为不利成本差异；是负数表示节约，为有利成本差异。

例 9-2 某企业生产 A 产品，单位产品的标准成本如表 9-1 所示。本月投产 210 件，实际消耗甲材料 2 000 千克，实际消耗乙材料 4 100 千克，甲材料实际单价为 41 元，乙材料实际单价为 52 元。直接材料成本差异计算如下：

甲材料成本总差异＝2 000×41－10×210×40＝－2 000(元)

其中：

甲材料用量差异＝2 000×40－10×210×40＝－4 000(元)

甲材料价格差异＝2 000×41－2 000×40＝2 000(元)

乙材料成本总差异＝4 100×52－20×210×50＝3 200(元)

其中：

乙材料用量差异＝4 100×50－20×210×50＝－5 000(元)

乙材料价格差异＝4 100×52－4 100×50＝8 200(元)

材料用量差异一般应由生产部门负责，因为在正常情况下，生产部门可以控制耗用材料的数量。但在某些情况下，如购入的材料在储存过程中变质、损坏等也会造成耗用量增加，这种情况下应由仓储部门负责。材料价格差异一般由采购部门承担主要责任，因为在正常情况下，采购部门可选择价格合理、运输方便、采购费用较低的材料。但材料实际价格客观上受很多因素影响，如市场供求变化、价格变动、紧急订货等，这些因素引起的价格差异不应由采购部门负责。

(二) 直接人工成本差异分析

直接人工成本差异，是指生产工人工资的实际发生额与按实际产量和标准工资率计算的工资额之间的差额，主要包括直接人工效率差异和直接人工工资率差异两部分。前者由产品实际耗用工时与标准耗用工时之间的差异引起；后者由生产工人的实际工资率与标准工资率之间的差异引起。相关计算公式为：

直接人工效率差异＝实际工时×标准工资率－标准工时×标准工资率
＝(实际工时－标准工时)×标准工资率

直接人工工资率差异＝实际工时×实际工资率－实际工时×标准工资率
＝(实际工资率－标准工资率)×实际工时

若计算结果是正数，表示超支，为不利成本差异；若是负数，表示节约，为有利成本差异。

例 9-3 接前例，A 产品投产 210 件，实际耗用的工时为 10 400 小时，实际人工成本为 84 240元，直接人工实际工资率为 8.1 元。单位产品的标准成本如表 9-1 所示。直接人工成本差异的计算如下：

直接人工成本总差异＝10 400×8.1－50×210×8＝240(元)

其中：

直接人工效率差异＝10 400×8－50×210×8＝－800(元)

直接人工工资率差异＝10 400×8.1－10 400×8＝1 040(元)

产生直接人工效率差异的原因主要是劳动生产率的变化、劳动组织和生产管理状况有所改变。直接人工工资率差异是由工种的调配、工资制度的变化和工人工资级别的调整等引起的。

（三）变动制造费用成本差异分析

变动制造费用成本差异是指在变动制造费用的实际发生数和实际产量下，标准变动制造费用总额之间的差额，主要包括变动制造费用效率差异和变动制造费用耗用差异。前者是指实际耗用工时与按实际产量计算的标准工时之间的差异；后者是指变动制造费用实际分配率与标准分配率之间的差异。相关计算公式如下：

变动制造费用效率差异＝实际工时×变动制造费用标准分配率
－按实际产量计算的标准工时×变动制造费用标准分配率
＝(实际工时－按实际产量计算的标准工时)
×变动制造费用标准分配率

变动制造费用耗用差异＝实际工时×变动制造费用实际分配率
－实际工时×变动制造费用标准分配率
＝(变动制造费用实际分配率－变动制造费用标准分配率)
×实际工时

若计算结果是正数，表示超支，为不利成本差异；若是负数，则表示节约，为有利成本差异。

例 9-4 接前例，A 产品投产 210 件，实际耗用工时为 10 400 小时，实际变动制造费用为 30 160元，变动制造费用实际分配率为 2.9 元，变动制造费用成本差异的计算如下：

变动制造费用成本总差异＝10 400×2.9－50×210×3＝－1 340(元)

其中：

变动制造费用效率差异＝10 400×3－50×210×3＝－300(元)

变动制造费用耗用差异＝10 400×2.9－10 400×3＝－1 040(元)

标准变动制造费用是按照标准工时分配的，如果直接人工成本发生效率差异，变动制造费用也会相应地发生效率差异。变动制造费用的耗用差异是标准费用分配率与实际费用分配率之间的差异，它既受到这些费用耗用的节约或超支的影响，也受到生产工时多少的影响。

（四）固定制造费用成本差异分析

固定制造费用成本差异是指固定制造费用实际发生额与实际产量下标准总额之间的差额。由于固定制造费用总额在一定的相关范围内相对固定，一般不随产量的变动而变动，产量的变动只会影响单位固定制造费用：产量增加时，单位产品应负担的固定制造费用会减少；产量减少时，单位产品应负担的固定制造费用会增加。实际产量与预计产量的差异只会对单位产品应负担的固定制造费用产生影响，所以固定制造费用成本差异的计算与其他费用成本差异的计算有所不同。计算方法通常有两种：一种是两差异分析法，一种是三差异分析法。

1. 两差异分析法

两差异分析法是将固定制造费用分为固定制造费用预算差异和固定制造费用产量差异两部分。前者是指固定制造费用实际发生数和预算数之间的差异；后者是指在固定制造费用预算不变的情况下，由实际产量和计划产量不同引起的差异。相关计算公式为：

固定制造费用预算差异＝固定制造费用实际数－固定制造费用预算数

固定制造费用产量差异＝固定制造费用预算数－实际产量标准工时
×固定制造费用标准分配率

若计算结果是正数，表示超支，为不利成本差异；若是负数，表示节约，为有利成本差异。

固定制造费用预算差异同材料价格差异、人工工资率差异和变动制造费用耗用差异类似，是由实际分配率与预算数或预计数偏离引起的固定制造费用产量差异仅仅为成本计算所用，并不意味着真正的节约或浪费。

2. 三差异分析法

三差异分析法是将固定制造费用成本差异分成固定制造费用效率差异、固定制造费用能力差异和固定制造费用预算差异。其中，固定制造费用预算差异分析与两差异分析法相同；固定制造费用效率差异是指实际产量实际工时脱离实际产量标准工时而产生的差异，反映了生产效率高低所造成的成本差异；固定制造费用能力差异是指实际产量的实际工时脱离预计产量的标准工时，即实际总工时脱离预计总工时引起的成本差异，反映了生产能力利用程度不同而导致的成本差异。三差异分析法中固定制造费用效率差异与固定制造费用能力差异之和等于两差异分析法中固定制造费用产量差异。相关计算公式如下：

固定制造费用效率差异＝(实际产量的实际工时－实际产量的标准工时)
×固定制造费用标准分配率

固定制造费用能力差异＝(预计产量的标准工时－实际产量的实际工时)
×固定制造费用标准分配率
＝固定制造费用预算数－实际产量的实际工时
×固定制造费用标准分配率

固定制造费用预算差异＝固定制造费用实际数－固定制造费用预算数

若计算结果是正数，表示超支，为不利成本差异；若是负数，表示节约，为有利成本差异。

例 9-5 某企业 A 产品的固定制造费用预算数为 60 000 元，投产 210 件实际耗用工时为 10 400小时，固定制造费用实际数为 52 000 元，单位产品的标准成本如表 9-1 所示。下面分别用两差异法和三差异法计算固定制造费用成本差异：

固定制造费用实际分配率＝52 000÷10 400＝5(元/时)

固定制造费用成本总差异＝52 000－50×210×6＝－11 000(元)

(1) 用两差异法分析：

固定制造费用产量差异＝60 000－50×210×6＝－3 000(元)

固定制造费用预算差异＝52 000－60 000＝－8 000(元)

(2) 用三差异法进行进一步分析：

固定制造费用效率差异＝10 400×6－50×210×6＝－600(元)

固定制造费用能力差异＝60 000－10 400×6＝－2 400(元)

固定制造费用预算差异＝52 000－60 000＝－8 000(元)

三差异分析法的能力差异与效率差异之和等于两差异分析法的产量差异。利用三差异分析法，能够更好地说明生产能力利用程度和生产效率高低所导致的成本差异情况，并且有利于分清责任:能力差异的责任一般在于管理部门，而效率差异的责任则往往在于生产部门。

五、成本差异的账务处理

在标准成本制度下，在产品成本、产成品成本和销售成本的结转一般都按照标准成本进行，对成本差异单独设立账户加以反映。期末，产品实际成本的计算是通过各项差异的分配摊销来进行的。

（一）标准成本差异的三种转销方法

（1）每月的成本差异按标准成本的比例在销售成本、产成品成本和在产品成本之间分摊。

（2）每月将产品差异全部结转到销售成本中。

（3）成本差异积累到年终时，按比例分摊到销售成本、产成品成本和在产品成本或全部结转到销售成本中去。

为了分别反映标准成本和各项成本差异，在标准成本制度下，除设置"生产成本"等成本核算账户用以反映产品的标准成本外，还需设置有关的成本差异账户用以反映产品实际成本脱离标准成本的差异数额。

（二）标准成本法下产品实际成本的计算程序

（1）为各成本计算对象按成本项目分别制定标准成本。

（2）按成本计算对象分别设置产品成本明细账，按成本差异分别设置成本差异明细账。

（3）编制各成本费用分配表，分别反映其标准成本、实际成本和差异。

（4）将标准成本计入成本明细账，计算并结转完工产品的标准成本。

（5）按成本计算对象分别编制成本差异计算表，计算分析各种成本差异，并将各差异记入各成本差异账户，结出各成本差异账户月末余额。

（6）采用合适的方法，将各成本差异账户的余额予以转销。

根据例9-2至例9-5，编制成本差异汇总表（见表9-3）。

表9-3 成本差异汇总表

单位：元

项目	节约	超支	总差异
直接材料：			
用量差异	9 000		
价格差异		10 200	1 200（超支）
直接人工：			
效率差异	800		
工资率差异		1 040	240（超支）
变动制造费用：			
效率差异	300		
耗用差异	1 040		1 340（节约）
固定制造费用：			
预算差异	8 000		
能力差异	2 400		
效率差异	600		11 000（节约）
合计	22 140	11 240	10 900

假定A产品210件全部销售且全部差异到年终由销售产品成本负担。编制会计分录如下：

（1）借：生产成本—直接材料　　294 000

　　直接材料价格差异　　10 200

贷:原材料		295 200
直接材料用量差异		9 000
(2) 借:生产成本—直接人工	84 000	
直接人工工资率差异	1 040	
贷:应付工资		84 240
直接人工效率差异		800
(3) 借:生产成本—变动制造费用	31 500	
贷:制造费用—变动制造费用		30 160
变动制造费用效率差异		300
变动制造费用耗用差异		1 040
(4) 借:生产成本—固定制造费用	63 000	
贷:制造费用—固定制造费用		52 000
固定制造费用预算差异		8 000
固定制造费用能力差异		2 400
固定制造费用效率差异		600
(5) 借:库存商品—A 产品	472 500	
贷:生产成本		(9 000)
(6) 借:主营业务成本	461 600	
贷:库存商品—A 产品		472 500
直接材料用量差异		(9 000)
直接材料价格差异		10 200
直接人工效率差异		(800)
直接人工工资率差异		1 040
变动制造费用效率差异		(300)
变动制造费用耗用差异		(1 040)
固定制造费用预算差异		(8 000)
固定制造费用能力差异		(2 400)
固定制造费用效率差异		(600)

任务 2 变动成本法

一、变动成本法概述

前述各种传统的成本计算方法都是将产品制造过程中所发生的生产费用全部计入产品生产成本,因此,统称为完全成本法。变动成本法是相对于完全成本法的一种成本计算方法,是管理会计中广泛应用的一种成本计算方法。变动成本法是只将产品生产中发生的直接材料、直接人工和变动制造费用计入产品成本，而将固定制造费用和非生产成本全部作为期间成本，计入当期损益的一种成本计算方法。因此，产品成本只包括变动制造费用，不包括固定制造费用，这是变动成本法和完全成本法的主要区别。

尽管变动成本法不符合公认会计原则和会计制度的要求，不能用来编制对外报告，但它是管理会计用于企业内部管理，为规划和控制企业经济活动而运用的重要方法之一。

二、变动成本法的特点

由于变动成本法与完全成本法的根本区别在于对固定制造费用的处理不同，因而，随着产品的流动，这种对固定制造费用的不同认识和处理，直接影响到产品成本，从而进一步影响企业的财务状况和经营成果。与完全成本法比较，变动成本法主要有以下五个特点：

（一）前提条件不同

变动成本法的前提条件是要进行成本性态分析，将全部成本划分为变动成本和固定成本两大部分；完全成本法的前提条件是要把全部成本按其经济职能划分为生产成本和非生产成本两大部分。

（二）产品成本的组成不同

变动成本法与完全成本法在产品成本组成项目上不同，如表 9-4 所示：

表 9-4　产品成本构成对比

变动成本法下的成本构成	完全成本法下的成本构成
产品成本包括直接材料费用、直接人工费用和变动制造费用	产品成本包括直接材料费用、直接人工费用、变动制造费用与固定制造费用
期间成本包括固定制造费用、销售费用、管理费用和财务费用	期间成本包括销售费用、管理费用和财务费用

例 9-6　某企业生产甲产品 2 000 件，每件产品直接材料费用为 50 元，直接人工费用为 20 元，变动制造费用为 30 元，全年固定制造费用为 60 000 元。在变动成本法和完全成本法下，单位产品成本的计算如表 9-5 所示：

表 9-5　单位产品成本计算表　　单位：元

成本项目	变动成本法	完全成本法
直接材料	50	50
直接人工	20	20
变动制造费用	30	30
固定制造费用	—	30
单位产品成本	100	130

（三）存货的盘存价值不同

采用变动成本法，由于只将变动制造费用在已销产品、期末库存产成品和在产品之间进行分配，固定制造费用全额直接从本期销售收入中扣减，所以期末产成品和在产品存货并没有负担固定制造费用，其金额必然低于采用完全成本法的估价。

例 9-7 沿用前例资料，假设该企业当年生产的 2 000 件甲产品，销售 1 500 件，期末产成品 500 件(假设没有期初产成品存货)。根据所提供的资料，分别采用变动成本法和完全成本法确定产成品期末存货的成本，如表 9-6 所示：

表 9-6 期末存货成本表

项目	变动成本法	完全成本法
单位产品成本(元/件)	100	130
产成品期末存货的数量(件)	500	500
产成品期末存货的金额(元)	50 000	65 000

由上例可见，产成品期末存货的金额采用变动成本法计算为 50 000 元，采用完全成本法计算为 65 000 元，两者差额为 15 000 元，正是由于完全成本法下产成品存货中包括了固定制造费用 15 000 元(500×30＝15 000 元)所造成的。

(四) 损益确定程序不同

(1) 变动成本法下，损益的计算公式为：

边际贡献总额＝销售收入总额－变动成本总额

税前利润＝边际贡献总额－固定成本总额

其中，变动成本总额包括已售产品的变动生产成本和变动期间成本。

(2) 完全成本法下，损益的计算公式为：

销售毛利＝销售收入总额－本期已售产品的生产成本总额

税前利润＝销售毛利－期间成本总额

其中，本期已售产品的生产成本总额包括变动生产成本与固定制造费用；期间成本总额包括全部变动和固定的期间费用。

由于采用变动成本法和完全成本法计算损益的口径不同，因而这两种方法下所编制的利润表的格式也有所不同。

例 9-8 沿用前例资料，假定甲产品的销量为 1 500 件，每件甲产品的售价为 160 元，固定销售费用为 6 000 元，固定管理费用为 4 000 元，期初没有产成品存货，则采用变动成本法和完全成本法编制的损益表如表 9-7 和表 9-8 所示：

表 9-7 损益表(变动成本法下) 单位:元

项目	金额
销售收入	240 000
变动成本：	
变动生产成本	150 000
变动期间费用	3 000
边际贡献	87 000
固定成本：	
固定制造费用	60 000

续表

项目	金额
固定期间费用	10 000
税前利润	17 000

表 9-8 损益表(完全成本法下) 单位:元

项目	金额
销售收入	240 000
销售成本:	
期初存货	
加:本期生产	260 000
减:期末存货	65 000
销售毛利	45 000
期间成本:	
销售费用	9 000
管理费用	4 000
税前利润	32 000

(五) 应用的目的不同

变动成本法主要是满足企业的经营预测与决策,加强内部控制的需要;完全成本法主要是为了满足对外提供报表的需要。

三、变动成本法和完全成本法对利润的影响

由于两种方法对固定制造费用的处理方法不同,因而对损益的影响也有所不同。

(一) 销售量变动而产量稳定的情况下,两种方法对利润的影响

产量稳定意味着在完全成本法下产品单位成本保持不变,这是因为各年的固定制造费用总额相等,而产量相同,单位产品所负担的固定制造费用也就相同。销售量变动则表明各期的期初、期末产成品的库存存货不相同。

例 9-9 某公司最近三年的产销情况和成本消耗数据如表 9-9 所示:

表 9-9 产销情况及成本消耗数据表 单位:元

项目	20×5 年	20×6 年	20×7 年
期初存货	0	500	500
本期生产	3 000	3 000	3 000
本期销售	2 500	3 000	3 500
期末存货	500	500	0
销售单价	160	160	160

续表

项目	20×5 年	20×6 年	20×7 年
生产成本：			
单位变动成本	100	100	100
固定制造费用	60 000	60 000	60 000
变动销售费用	5 000	6 000	7 000
固定销售费用	6 000	6 000	6 000
固定管理费用	4 000	4 000	4 000

根据表 9-9 的资料，按变动成本法和完全成本法编制的汇总损益表分别如表 9-10 和表 9-11 所示：

表 9-10　汇总损益表(变动成本法)

单位：元

项目	20×5 年	20×6 年	20×7 年
销售收入	400 000	480 000	560 000
变动成本：	255 000	306 000	357 000
变动生产成本	250 000	300 000	350 000
变动销售费用	5 000	6 000	7 000
边际贡献	145 000	174 000	203 000
固定成本：	70 000	70 000	70 000
固定制造费用	60 000	60 000	60 000
固定销售费用	6 000	6 000	6 000
固定管理费用	4 000	4 000	4 000
税前利润	75 000	104 000	133 000

表 9-11　汇总损益表(完全成本法)

单位：元

项目	20×5 年	20×6 年	20×7 年
销售收入	400 000	480 000	560 000
销售成本：	300 000	360 000	420 000
期初存货	0	60 000	60 000
本期生产	360 000	360 000	360 000
期末存货	60 000	60 000	0
销售毛利	100 000	120 000	140 000
期间成本：	15 000	16 000	17 000
销售费用	11 000	12 000	13 000
管理费用	4 000	4 000	4 000
税前利润	85 000	104 000	123 000

通过以上两个损益表的比较，可以看出在生产量稳定而销售量变动的情况下，采用变动成本法和完全成本法对损益有着不同的影响，具体表现在以下几个方面：

(1) 如果期末存货大于期初存货，按变动成本法计算的利润小于按完全成本法计算的利润。这是因为在完全成本法下，期末存货增加 500 件，其所负担的固定制造费用随着存货的转移被转到下期。两种方法的差额等于单位固定制造费用乘以期末存货数量与期初存货数量之差。

(2) 如果期末存货等于期初存货，则两种方法计算的利润相等。这是因为当年的产量等于销量，期末存货与期初存货中包括的固定制造费用也相等，则采用完全成本法就没有把固定制造费用当作期末存货结转到下期，而是全部计入销售成本。因此，两种方法计算的利润相等。

(3) 如果期末存货小于期初存货，则按变动成本法计算的利润大于按完全成本法计算的利润。这是因为变动成本法只承担本年的固定制造费用，而完全成本法除了承担本年的固定制造费用外，还需要承担期初存货中转来的固定制造费用。两种方法的差额等于单位固定制造费用乘以期末存货数量与期初存货数量之差。

(二) 销售量稳定而产量变动的情况下，两种方法对利润的影响

在销售单价不变的情况下，销售量稳定意味着各年的销售收入相同，而产量变动则表明在完全成本法下各年的单位生产成本不同。这是因为各年的固定制造费用总额相等，如果产量不同，单位产品所负担的固定制造费用就不同。

例 9-10 沿用例 9-9 中的成本和费用资料，各年生产量和销售量如表 9-12 所示：

表 9-12 生产量和销售量资料表

单位：元

项目	20×5 年	20×6 年	20×7 年
期初存货	0	500	500
本期生产	3 000	2 500	2 000
本期销售	2 500	2 500	2 500
期末存货	500	500	0

假定该公司采用加权平均法进行期末存货的计价，根据上述资料，按变动成本法和完全成本法编制的汇总损益表，分别如表 9-13 和表 9-14 所示：

表 9-13 汇总损益表(变动成本法)

单位：元

项目	20×5 年	20×6 年	20×7 年
销售收入	400 000	400 000	400 000
变动成本：	255 000	255 000	255 000
变动生产成本	250 000	250 000	250 000
变动销售费用	5 000	5 000	5 000
边际贡献	145 000	145 000	145 000
固定成本：	70 000	70 000	70 000
固定制造费用	60 000	60 000	60 000
固定销售费用	6 000	6 000	6 000

续表

项目	20×5年	20×6年	20×7年
固定管理费用	4 000	4 000	4 000
税前利润	75 000	75 000	75 000

表 9-14 汇总损益表(完全成本法)

单位:元

项目	20×5年	20×6年	20×7年
销售收入	400 000	400 000	400 000
销售成本:	300 000	308 333	321 667
期初存货	0	60 000	61 667
本期生产	360 000	310 000	260 000
期末存货	60 000	61 667	0
销售毛利	100 000	91 667	78 333
期间成本:	15 000	15 000	15 000
销售费用	11 000	11 000	11 000
管理费用	4 000	4 000	4 000
税前利润	85 000	76 667	63 333

通过以上两个损益表的比较可以看出,在销售量稳定而产量变动的情况下,采用变动成本法和完全成本法对损益有着不同的影响。具体表现在以下几个方面:

(1) 采用变动成本法,不论当期产量和期末存货有无变动,只要销售量相同,各年的利润就相等。这是因为各年的销售收入相同,在单位产品的售价和变动成本保持不变的情况下,各年的利润相等。可见,采用变动成本法,决定利润大小的主要因素是销售量,产量高低与存货增减的变化,对利润是没有影响的。

(2) 前述的销售量变动而产量稳定的情况下,按两种不同方法计算,对利润影响的规律基本适用,但不完全一致。因为产量发生变动后,各年产品单位生产成本不同,这样即使期初、期末存货数量相同,存货成本也不完全一致。其差额等于期初或期末的存货数量乘以期初存货单位固定制造费用与期末存货单位固定制造费用之差。

除此之外,当期末存货大于期初存货或期末存货小于期初存货时,两种方法对利润影响的规律仍然适用。

综上所述,只有在企业无期初、期末存货或者期初、期末存货相等,且当期生产的产品全部售出的情况下,两种方法计算的利润才会相等。

四、对变动成本法的评价

(一) 变动成本法的优点

1. 有利于进行本量利分析和短期决策

本量利分析是研究成本、业务量、利润之间关系的一种重要方法。企业在进行本量利分析时,必须将产品成本分为变动成本和固定成本。变动成本法正好提供了这方面的资料。短期决策一般不涉及生产能力的变动问题，固定成本相对稳定，因此，只需要比较不同方案的边际贡献即可，边际贡献的资料，也只有在变动成本法下才便于提供。

2. 有利于加强成本控制和科学地进行成本分析

运用变动成本法，可以把由产量变动所引起的成本升降，同由于成本控制工作的好坏造成的成本升降清楚地区别开来，便于对成本责任进行归属和对业绩进行评价。一般来说，变动生产成本的高低应由生产部门和供应部门负责；固定生产成本高低的责任通常由管理部门负责。

3. 能促使管理部门注重销售，防止盲目生产

一般认为，企业产品销售越多，管理部门的业绩越好。但在完全成本法下，有时却不能正确地反映经营业绩，相反会产生一些令人费解的现象。而变动成本法将利润的变动趋势与销售量的变动趋势直接相联系，在销售单价、单位变动成本、销售结构不变的情况下，企业的净利润将随销售量同向变动，这样就会促使管理部门重视销售环节，加强销售工作，防止盲目生产。

例 9-11 某企业生产和销售甲产品，有关资料如表 9-15 所示：

表 9-15 产销量和成本资料表

单位：元

项目	20×6 年	20×7 年
产量	2 000	1 500
销售量	1 500	2 000
销售单价	160	160
单位变动生产成本	100	100
固定制造费用	60 000	60 000
变动销售费用	3 000	4 000
固定销售费用	6 000	6 000
固定管理费用	4 000	4 000

根据表 9-15 中的相关信息，分别按变动成本法和完全成本法编制汇总损益表，分别如表 9-16、表 9-17 所示：

表 9-16 汇总损益表(变动成本法)

单位：元

项目	20×6 年	20×7 年
销售收入	240 000	320 000
变动成本：	153 000	204 000
变动生产成本	150 000	200 000
变动销售费用	3 000	4 000
边际贡献	87 000	116 000
固定成本：	70 000	70 000
固定制造费用	60 000	60 000
固定销售费用	6 000	6 000
固定管理费用	4 000	4 000
税前利润	17 000	46 000

表 9-17　汇总损益表(完全成本法)　　单位:元

项目	20×6 年	20×7 年
销售收入	240 000	320 000
销售成本:	195 000	275 000
期初存货	0	65 000
本期生产	260 000	210 000
期末存货	65 000	0
销售毛利	45 000	45 000
期间成本:	13 000	14 000
销售费用	9 000	10 000
管理费用	4 000	4 000
税前利润	32 000	31 000

从上述计算可以看出,按完全成本法计算,第二年比第一年销售得多,但利润反而减少,这不仅使管理人员难以理解,还不能合理地评价管理人员的经营业绩。采用变动成本法,销售量越大,利润越高,经营业绩也越好,这样就避免了完全成本法下的反常情况,可以促使管理部门重视销售环节,搞好市场预测,做到以销定产。

4. 简化成本计算工作,有助于加强日常控制

采用变动成本法,将固定制造费用全额列作期间成本,不计入产品成本,可以省略很多间接费用的分配。这不仅使得成本计算中的费用分配工作大为简化,还能避免间接费用分摊中的主观随意性。

（二）变动成本法的局限性

1. 不便于编制对外会计报表

按照《企业会计准则》的要求,产品成本应能反映产品在生产过程中的所有耗费,包括变动生产成本和固定生产成本。变动成本法只反映其中的变动部分,且不正规的存货计价也会影响资产计量和收益计量,因而不便于编制对外报表。

2. 不能适应长期决策的需要

长期投资决策要解决生产能力和生产规模问题。从长期看,由于技术进步和通货膨胀等因素的影响,企业的生产能力和生产规模的变化,单位变动成本和固定成本总额不可能一成不变,因此,变动成本法难以适应诸如增加或减少生产能力、扩大或缩小经营规模等长期投资决策的需要。

3. 不能直接据以进行产品定价决策

固定制造费用是为了生产产品而支出的,应该由有关产品负担。由于变动成本法提供的产品成本资料不包括固定制造费用部分,因而不能直接据以进行定价决策。

4. 改变成本计算法可能会影响有关方面的利益

由完全成本法改为变动成本法,一般要降低期末存货的计价,减少企业的当期利润,从而会暂时减少国家的所得税收入和投资者的股利收益,影响有关方面及时取得收益。

尽管变动成本法具有一定的局限性,但它在加强企业内部经营管理方面的重要作用是不容置疑的,因此变动成本法的应用已日益广泛。

任务 3 作业成本法

一、作业成本法产生的原因

20 世纪 70 年代以来，世界科学技术和社会经济环境发生了重大的变化，这些变化对传统的成本计算方法提出了新的要求，作业成本法便应运而生了。

在技术方面，20 世纪 70 年代以来，世界科学技术发生了巨大的变化。随着以电子计算机科技为主要特征的高新技术的蓬勃发展，其在生产领域的广泛应用不但极大地提高了企业的生产效率和产品质量，同时也改变了企业的成本内容和成本结构，使得直接生产成本比重下降，而间接费用的比重大幅上升，并且在构成内容上趋于复杂。在大幅度增加的间接费用中，与产量无直接关系的间接费用所占的比重很大。于是，传统的以单一的产量为基础分配间接费用的方法不能很好地发挥作用，甚至可能导致产品成本严重扭曲，因此，对能科学合理地进行成本分配的新的成本分配方法的需求就显得愈加强烈。

在社会方面，随着人们生活水平的日益提高，消费者对产品的功能和质量的期望值日益增加，其行为变得更具选择性和挑剔性。这就使企业关注的侧重点从努力降低成本转向产品质量与售后服务水平等，尤其是顾客对特殊性能的产品和服务的需求。于是在生产组织方面，能对顾客提出的多样化、迅速变化的需求做出灵敏反应的“顾客化生产”逐步取代传统的以追求“低成本、高产量”为目标的大批量生产方式。而新的成本计算方法也逐步取代原来适应于产品常规化和批量化生产企业的传统计算法。

正是在上述因素的综合作用下，一种以“作业”为基础的成本计算方法——作业成本计算法应运而生。

二、作业成本法的几个概念

作业成本法是一种着眼于“作业”，依据作业资源的消耗情况（资源动因）将资源成本分配到作业，再依据作业对最终成本的贡献方式（作业动因）将作业成本追踪归集到产品，由此得出最终产品成本的计算方法。

（一）作业及其分类

作业是指组织内为完成既定任务而进行的一项消耗资源的活动或工作。作业成本法中的作业是指企业为生产产品或提供劳务而进行的某项生产经营或某道生产工序，是企业为提供一定量的产品和劳务所消耗的原材料、人力、技术、方法和环境等的集合体。

可以从不同角度对作业进行分类：按作业所完成的职能，分为后勤作业、生产作业、质量作业和协调作业；按作业的执行方式和性质，分为重复作业和不重复作业、主要作业和次要作业、必要作业和酌量作业、增值作业和不增值作业；按照作业的受益对象，分为产量层次作业、批量层次作业、产品支持作业和工厂维持作业。其中，按作业的受益对象对作业进行的分类是最常见的分类方法。

(1) 产量层次作业是指能使每单位产品都能受益，从而使产品产量增加的作业，如对产品零部件的制造加工、对每一产品的质量检验等作业。

(2) 批量层次作业是指与产品的生产批量相关，并能使一批产品受益的作业，如为生产某批产品而进行的设备调整、生产准备、订单处理等作业。

(3) 产品支持作业是指为生产特定产品而进行，并能使该种产品受益的作业，如为生产特定产品而进行的产品工艺设计、材料清单编制等作业。这类作业与产品的产量和批次无关，仅与产品品种相关。

(4) 工厂维持作业是指为使各项生产条件保持正常工作状态而发生的作业，如企业管理、厂房维修等作业。

(二) 作业链和价值链

企业的生产经营过程是由各种作业所构成的。这些作业是前后有序、相互联系的有机整体。一系列前后有序、相互联系的作业的集合就称为作业链。比如，常见的作业有产品设计作业、材料采购作业、材料运送作业、产品生产作业、质量检验作业、产品贮存作业和产品销售作业。这些作业构成的作业链如图 9-2 所示：

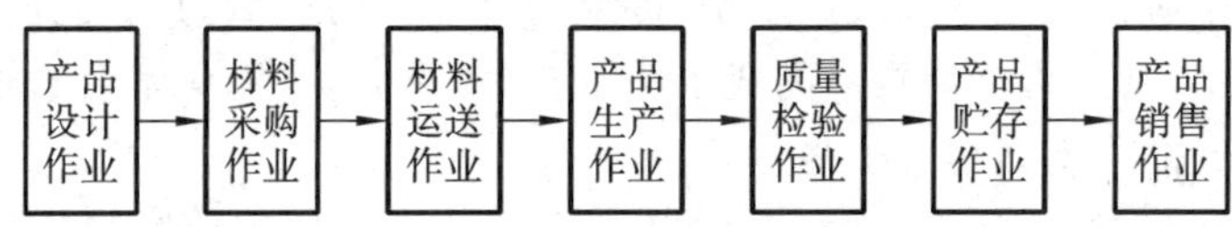

图 9-2 作业链

作业消耗资源，产品消耗作业，每一项作业的完成都需要消耗一定的资源，同时又有一定的价值量和产出转移到下一个作业。价值沿着作业链在各作业之间转移，就构成了一条价值链。因此，作业链的形成过程其实也就是价值链的形成过程。

通过对作业链和价值链的分析，可以确定哪些是增值性作业，哪些是非增值性作业。由于非增值性作业不会增加产品价值，却要消耗资源，所以应该尽量消除这些作业或者减少这些作业。而对于增值性作业，也应努力提高其作业效率，经常进行重新评估以确保这些作业确实增值。

(三) 成本动因

成本动因是作业成本法中的一个重要概念，它是成本驱动因素的简称，是驱动或产生成本、费用的因素，是归集、分配成本的标准。按成本动因所起的作用，可将其分为资源动因和作业动因。

(1) 资源动因反映了作业消耗资源的情况。作为一种分配基础，资源动因是把资源成本归集、分配到作业的标准。通常，在企业的生产经营中，会有多个作业消耗同一资源的情况，这时就需要一个分配标准，将资源成本合理地分配到有关作业中去，这一标准就是资源动因。例如，很多作业都需要消耗电力，企业可以根据作业小时数来分配这一资源消耗。通过对资源动因的分析，可以促使企业合理配置资源，寻求降低作业成本的途径。

(2) 作业动因反映产品消耗作业的情况。同样，作为一种分配基础，作业动因是将作业成本归集、分配到产品的标准。在将资源成本逐项归集、分配到作业，形成作业成本之后，还需将作业成本按一定的标准分配到各产品中去，这一标准就是作业动因。例如，通常机器设备工作一定时间后需要进行保养，如果把设备保养确定为一项作业，则可把机器小时确定为作业动因，按机器小时分配该作业成本。通过对作业动因的分析,可帮助企业发现和减少非增值作业,寻求降低整体成本的途径。表 9-18 列示了常见的成本动因实例。

表 9-18 成本动因实例

资源动因实例	作业动因实例
机器小时	运输吨千米
计算机小时	人工小时
订单数量	产品数量
材料重量	人工成本
材料移动次数	检验小时
生产准备次数	设备调试小时
维修小时	质检数量

三、作业成本法的基本核算程序及应用

(一) 作业成本法的基本核算程序

作业成本法是将着眼点放在作业上,以作业为核算对象,依据作业对资源的消耗情况将资源的成本追溯到作业,再依据作业动因将其分配到产品成本,从而得到最终产品成本。作业成本法与传统成本法最大的不同在于无论是直接成本还是间接成本,传统成本法是直接将它们归集分配到产品中;而作业成本法利用作业为中介,将间接成本先分配到作业中心,再将作业成本分配至最终产品成本。传统成本法的计算原理如图 9-3 所示,作业成本法的计算原理如图 9-4 所示:

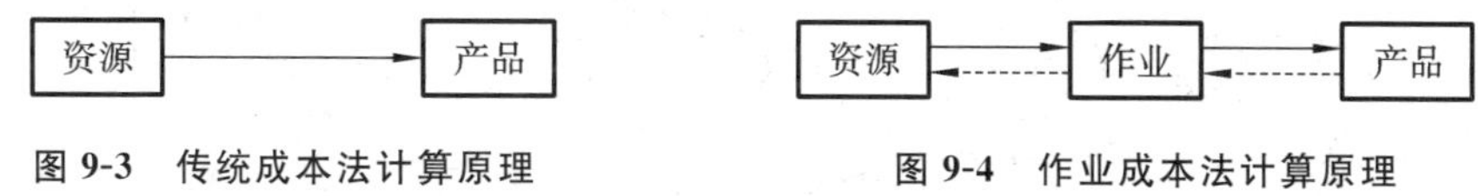

图 9-3 传统成本法计算原理　　图 9-4 作业成本法计算原理

作业成本法的基本核算程序如下:

(1) 确定成本计算对象。明确成本计算对象,如以产品品种、批次或步骤作为成本计算对象。

(2) 确定直接生产成本的类别。将直接资源成本归集到各成本计算对象中。直接生产成本一般包括直接材料费用、直接人工费用等。

(3) 确定资源动因,建立作业成本库。选择确定合理的成本动因,将在作业价值链上所发生的全部间接费用,通过分析、归集费用,建立作业成本库。作业成本库一般按作业中心设置。例如,在制造企业中有订单作业、采购作业、进货作业、生产作业、质量检验作业、销售作业、发货作业和售后服务作业等。通常作业中心可以分为以下几类:

①与产量有关的作业中心。这类作业中心的成本与产品产量相关或属于以产品产量为基础的变动成本,如机器运转成本。

②与产品批次有关的作业中心。这类作业中心的成本与产品的批次有关,但与特定批次的产量多少无关。就生产批次而言,此类成本的性质为变动成本,但就某一批产品而言,此类成本

属于固定成本，如机器的准备成本与材料的处理成本。

③与产品项目有关的作业中心。这类作业中心的成本与产品项目的数量有关，但与某类产品的生产批次和生产数量无关。该类成本随产品的类别增加而增加，但就某类特定产品而言，它属于此类产品的固定成本，如产品设计与产品测试的成本。

④与产品设施有关的作业中心。该类作业中心的成本与提供良好的生产环境有关。它属于各类产品的共同成本，与产品项目的数量、某类产品生产批次和某批产品的产量无关，如厂房的折旧、厂房设备的维护与管理费用。

(4) 确定作业动因。在按作业中心将各资源成本归集到各个作业成本库后，需要选择恰当的成本分配基础，即作业动因，以分配作业成本库的成本。选择作业动因就是根据作业成本产生的原因，选择分配作业中心成本的标准。例如，机器检修作业的作业动因可以是机器的检修次数。

(5) 计算各作业中心的成本分配率。在各作业中心已经确定、作业成本库已经建立、作业动因已经选定后，就可以计算各作业中心的成本分配率了。计算公式为：

成本分配率＝该作业的成本合计数/该作业的成本分配基础

(6) 计算各产品成本。将各产品发生的直接生产成本和分配来的各项间接成本分别汇总，即可得到各产品的总成本；将各产品的总成本除以各产品的数量，即可得到各产品的单位成本。作业成本法的成本计算过程如图 9-5 所示：

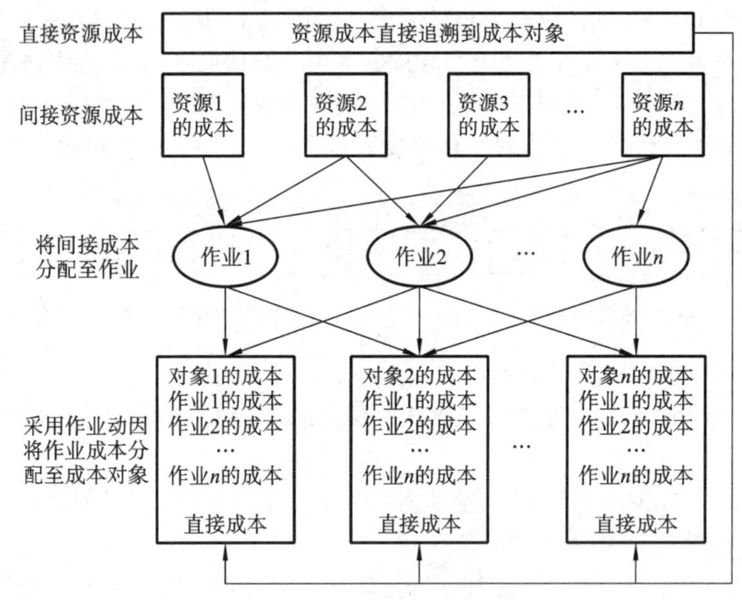

图 9-5 作业成本法成本计算过程

(二) 作业成本法的应用

例 9-12 某制造企业生产甲、乙两种产品，某月份的产量及成本资料如表 9-19 所示：

表 9-19 甲、乙两种产品的产量及成本资料

项目	甲产品	乙产品	合计
产销量(件)	1 000	4 000	5 000

续表

项目	甲产品	乙产品	合计
直接人工(小时)	2 000	8 000	10 000
机器(小时)	2 400	3 600	6 000
直接材料成本(元)	13 000	84 000	97 000
直接人工成本(元)			50 000
间接材料成本(元)			45 280
间接人工成本(元)			48 000
其他成本(元)			81 720

对企业的生产工艺流程和间接成本情况进行分析,确定该企业的作业是由生产订单处理、材料采购、设备调试、设备运行、质量检验五个作业引起的。对该月的资源成本进行分析后,可编制资源成本分配表(见表 9-20)。

表 9-20　资源成本分配表　　单位:元

产品或作业	材料成本	直接人工成本	间接人工成本	其他成本	合计
甲产品	13 000	10 000			23 000
乙产品	84 000	40 000			124 000
订单处理	2 200		6 000	8 000	16 200
材料采购	2 000		10 000	6 000	18 000
设备调试	14 000		6 000	26 000	46 000
设备运行	20 800		10 000	32 000	62 800
质量检验	6 280		16 000	9 720	32 000
合计	142 280	50 000	48 000	81 720	322 000

表 9-20 中,直接材料成本按产品类别进行归集,间接材料成本按作业类别进行归集,直接人工成本以直接人工工时为标准进行分配,间接人工成本按职工所服务的对象计入各作业,其他根据实际情况分析归集到各作业中。

表 9-20 已将资源成本分配到各作业,形成作业成本。现在需要对各作业的成本动因进行分析,并计算出成本分配率。这些作业动因及其成本分配率、作业成本分配与产品成本分配的计算如表 9-21、表 9-22 和表 9-23 所示:

表 9-21　作业成本动因及其成本分配率

作业	作业成本(元)	作业动因	作业动因数			成本分配率
			甲产品	乙产品	合计	
订单处理	16 200	订单张数	40	80	120	135
材料采购	18 000	采购次数	30	120	150	120
设备调试	46 000	调试次数	600	400	1 000	46

续表

作业	作业成本（元）	作业动因	作业动因数			成本分配率
			甲产品	乙产品	合计	
设备运行	62 800	运行小时	3 200	4 800	8 000	7.85
质量检验	32 000	检验次数	1 000	600	1 600	20

表 9-22　作业成本分配表

作业	成本分配率	作业动因	甲产品		乙产品	
			成本动因	作业成本(元)	成本动因	作业成本(元)
订单处理	135	订单张数	40	5 400	80	10 800
材料采购	120	采购次数	30	3 600	120	14 400
设备调试	46	调试次数	600	27 600	400	18 400
设备运行	7.85	运行小时	3 200	25 120	4 800	37 680
质量检验	20	检验次数	1 000	20 000	600	12 000
合计				81 720		93 280

表 9-23　甲、乙两种产品成本计算表　　单位：元

成本项目	甲产品(1 000 件)		乙产品(4 000 件)	
	总成本	单位成本	总成本	单位成本
直接材料	13 000	13	84 000	21
直接人工	10 000	10	40 000	10
其他	81 720	81.72	93 280	23.32
合计	104 720	104.72	217 280	54.32

标准成本法是以事先确定的标准为基础，将实际发生的成本与之相比较，以核算和分析成本差异的一种产品成本计算方法。标准成本法的核心是以标准成本来记录和反映产品成本的形成过程和结果，通过对成本差异的核算和分析揭示存在的问题，查明原因和责任，并采取相应的措施，从而实现对成本的控制。

变动成本法是管理会计中广泛应用的一种成本计算方法。变动成本法是只将产品生产中发生的直接材料、直接人工和变动制造费用计入产品成本，而将固定制造费用和非生产成本全部作为期间成本，计入当期损益的一种成本计算方法。因此，产品成本只包括变动制造费用，不包括固定制造费用，这是变动成本法和完全成本法的主要区别。

作业成本法是一种着眼于“作业”，依据作业资源的消耗情况(资源动因)将资源成本分配到作业，再依据作业对最终成本的贡献方式(作业动因)将作业成本追踪归集到产品，由此得出最终产品成本的计算方法。

一、单项选择题

1. 在成本管理工作中能充分发挥其应有的积极作用，因而在实际工作中得到最广泛应用的标准是(　　)。

A. 基准标准成本　B. 理想标准成本　C. 现实标准成本　D. 历史标准成本

2. 在标准成本差异分析中，材料价格差异是根据实际数量与价格脱离标准的差额计算的，其中，实际数量是指材料的(　　)。

A. 采购数量　B. 入库数量　C. 领用数量　D. 耗用数量

3. 变动制造费用价格差异即为(　　)。

A. 效率差异　B. 耗费差异　C. 预算差异　D. 能力差异

4. 固定制造费用通常是根据事先编制的(　　)来控制其费用总额的。

A. 固定预算　B. 弹性预算　C. 零基预算　D. 滚动预算

5. 作业成本法中作业的意思是(　　)。

A. 生产过程中的一道工序

B. 为完成既定任务而进行的一项消耗资源的活动或工作

C. 为完成任务的一系列工序

D. 消耗资源的生产活动

6. 使用作业成本计算法进行核算的第一步是(　　)。

A. 确定资源动因　B. 确定成本动因

C. 确定成本计算对象　D. 进行作业分析

7. 作业成本法与传统成本法计算过程中最大的区别在于(　　)。

A. 计算方法更为先进　B. 计算结果更准确

C. 更有利于企业展开管理　D. 引入了“作业”这一概念

8. 最常见的作业分类方法是(　　)。

A. 按作业的受益对象分类　B. 按作业的职能分类

C. 按作业是否增值分类　D. 按作业的执行方式分类

9. 在变动成本法下，产品成本不包括(　　)。

A. 直接材料费用　B. 直接人工费用　C. 变动制造费用　D. 固定制造费用

10. 变动成本法和完全成本法对(　　)的处理方法不同。

A. 管理费用　B. 销售费用　C. 变动制造费用　D. 固定制造费用

二、多项选择题

1. 标准成本法的主要内容包括(　　)。

A. 标准成本的制定　B. 成本差异的计算

C. 成本差异的分析　D. 成本差异的账务处理

2. 下列成本差异中，通常不属于生产部门责任的是(　　)。

A. 直接材料价格差异　B. 直接人工工资率差异

C. 直接人工效率差异　　　　　　　　D. 变动制造费用效率差异

3. 固定制造费用的三差异分析法是将固定制造费用差异分为(　　)三部分。

A. 固定制造费用预算差异　　　　　　B. 固定制造费用能力差异

C. 固定制造费用产量差异　　　　　　D. 固定制造费用效率差异

4. 作业成本法是(　　)。

A. 一种成本计算方法　　　　　　　　B. 一种管理思想

C. 既是成本计算方法,又是一种管理思想　D. 现代管理会计的前沿领域之一

5. 按受益对象分类,可将作业分为(　　)。

A. 产量层次作业　B. 批量层次作业　C. 产品支持作业　D. 工厂维持作业

6. 作业成本法与传统成本计算法的区别在于(　　)。

A. 前者比后者更好　　　　　　　　　B. 计算理论不同

C. 前者能提供更详细的成本信息　　　D. 两者适用的环境不同

7. 在变动成本法下,下列各项中对期末存货成本无影响的有(　　)。

A. 变动制造费用　B. 变动销售费用　C. 固定制造费用　D. 固定销售费用

8. 变动成本法与完全成本法的主要区别在于(　　)。

A. 前提条件不同　　　　　　　　　　B. 产品成本的组成不同

C. 存货的盘存价值不同　　　　　　　D. 损益确定程序不同

9. 下列关于变动成本法和完全成本法的表述正确的是(　　)。

A. 采用变动成本法,只要销售量相同,各年的利润就相等

B. 如果期末存货等于期初存货,且每年产量相等,则两种方法计算的利润相等

C. 如果本期生产量等于销售量,则两种方法计算的利润也相等

D. 如果期末存货小于期初存货,则按变动成本法计算的利润一定大于按完全成本法计算的利润

10. 与完全成本法相比,变动成本法具有(　　)等缺点。

A. 不便于编制对外会计报表　　　　　B. 不能适应长期投资决策的需要

C. 不能直接据以进行产品定价决策　　D. 改变成本计算法可能会影响有关方面的利益

三、判断题

1. 成本差异的分析是采用标准成本制度的前提和基础。(　　)

2. 在标准成本制度下,除了要设置"生产成本"等成本核算账户,还需要设置有关的成本差异账户,用以反映实际成本脱离标准成本的差异数额。(　　)

3. 固定制造费用能力差异的责任一般由管理部门承担,而效率差异的责任则往往由生产部门承担。(　　)

4. 作业成本法的产生是因为传统的成本计算法已经完全不适用了。(　　)

5. 在作业成本法中,作业分类越细越好。(　　)

6. 作业成本法适用于间接成本比重较大且与传统的人工工时、机器工时等传统分配基础关系不大的新兴高科技企业。(　　)

7. 变动成本法和完全成本法的主要区别在于对制造费用的处理方法不同。(　　)

8. 在变动成本法下,产品的单位生产成本一般保持不变,而在完全成本法下,产品的单位生产成本一般会随产量的变化而变化。(　　)

9. 按变动成本法和完全成本法计算的利润均同销售量保持同向变动。（　　）

10. 在期末存货和期初存货数量均不为零时，即使单位产品所负担的固定成本相等，按完全成本法计算的损益与按变动成本法计算的损益也可能不等。（　　）

四、实务操作题

1. 某机械制造公司有一个加工部，为汽车部件提供专门的机械加工服务，该部门产品有两个直接成本项目，即直接材料和直接人工，一个间接制造费用成本库。以往产品成本采用完全成本法核算。最近公司的产品设计、机械工程和会计等部门对生产过程进行考察，提出成本计算应采用作业成本法。建议两项直接成本项目仍然保留，间接制造费用分为四个成本库，分别归集该部门四个作业项目成本。该公司采用作业成本法后，有关作业成本分配的资料如表 9-24 所示：

表 9-24　作业成本分配资料

作业项目	成本动因	分配率
资料整理准备	部件数	0.5 元/件
铣削	加工小时	10 元/时
磨光	部件数	0.6 元/件
检测	检测件数	8 元/件

当前有 A、B 两批产品正在生产过程中，有关资料如表 9-25 所示：

表 9-25　A、B 两批产品作业成本资料

项目	A 产品	B 产品
直接材料成本(元)	9 000	60 000
直接人工成本(元)	750	11 250
直接人工工时(小时)	25	375
批量(部件数)	500	2 000
加工时间(小时)	150	1 050
检测件数(件)	10	200

要求：采用作业成本计算法，计算每批产品的生产总成本和产品单位成本。

2. 一家化工厂大量生产某种化工产品，其资料如下：原材料及其他变动成本为 60 元/千克，每月固定制造费用为 750 000 元，产品售价为 100 元/千克。

2017 年 10 月份报告的销售量比 9 月份多 14 000 千克，因此销售经理预期 10 月份的利润会比 9 月份多，他估计会增长 560 000 元。但将 9 月和 10 月的财务结果相比较，该产品 10 月份的利润竟然只比九月份增长了 210 000 元。

经详细调研后发现，该厂采用完全成本法核算系统，而销售经理在计算利润时采用的是变动成本法。

已知 2017 年 9 月份的期初存货为 10 000 千克，生产量为 30 000 千克，销售量为 22 000 千克。10 月份的生产量也为 30 000 千克，期末库存为 12 000 千克。

要求：帮助销售经理解释一下该厂核算的利润增长 210 000 元与经理预期利润增长 560 000 元之间存在 350 000 元差异的原因。

项目 10

成本报表

【知识目标】

明确成本报表的含义及编制要求，掌握工业企业成本报表的种类；熟悉商品产品成本表、主要产品单位成本表及制造费用和期间费用明细表的结构和内容；掌握各成本报表编制的数据来源；熟练掌握成本报表分析的基本方法；掌握成本计划完成情况的分析方法，并能够根据分析结果对企业成本管理水平做出评价。

【能力目标】

1. 能够编制商品产品成本表。
2. 能够编制主要产品单位成本表。
3. 能够编制制造费用明细表、各项期间费用明细表。
4. 能够运用对比分析法、因素分析法对成本计划完成情况进行分析。

任务 1 认识成本报表

一、成本报表的含义

成本报表是根据日常成本核算资料及其他有关资料编制的，反映企业一定时期内产品成本水平和费用支出情况，据以分析企业成本计划执行情况和结果的报告文件。正确、及时地编制成本报表是成本会计的一项重要内容。

成本报表属于内部报表，主要为企业内部管理服务，是商业机密。因此，成本报表在编报的时间、格式与内容上有一定的灵活性。一般来说，商品产品生产成本表等主要成本报表定期按一定格式编报，而其他成本报表则由企业根据生产类型和管理上的具体要求来确定编报时间、格式与内容。

二、成本报表的种类

成本报表的种类和格式不是由国家统一会计制度规定的，成本报表具有灵活性和多样性的特点。但就生产性企业来说，一般可以按以下标准分类：

1. 按报表反映的经济内容分类

成本报表按其反映的经济内容，一般可以分为反映企业费用水平及其构成情况的报表和反映企业产品成本水平及其构成情况的报表两类。

（1）反映企业生产经营过程中费用水平及其构成情况的报表，主要有制造费用明细表、管理费用明细表、销售费用明细表和财务费用明细表等。

（2）反映企业产品成本水平及其构成情况的报表，主要有产品生产和销售成本表、商品产品成本表、主要产品单位成本表等。

2. 按报表编制的时间分类

成本报表按其编制的时间，可以分为年度报表、半年度报表、季度报表、月报，以及旬报、周报、日报和班报。

为了及时向企业有关管理部门提供成本信息，以满足生产经营管理特别是成本控制和成本考核的需要，成本报表除了年度报表、半年度报表、季度报表和月报外，应更注重采用旬报、周报、日报和班报等形式。

三、成本报表的编制要求

为了使企业管理人员正确运用成本报表提供的数据进行分析，并根据分析结果做出正确的决策，编制成本报表时，必须遵循以下要求：

（1）数字真实：是编制成本报表的基本要求，只有报表的数字真实可靠，如实反映企业费用、成本的水平和构成，才有利于企业管理当局正确进行成本分析和成本决策。

（2）计算准确：成本报表中的各项指标数据，必须按照企业在设置成本报表时规定的计算方法计算；报表中的各种相关数据，如本期报表与上期报表之间，同一时期不同报表之间，同一报表不同项目之间具有钩稽关系的数据，应当核对相符。

（3）内容完整：企业成本报表的种类应当完整，能全面反映企业各种费用成本的水平以及构成情况；同一报表的各个项目内容应当完整，必须填报齐全。只有内容完整的报表，才能满足企业经营管理者对成本信息的需求。

（4）报送及时：企业必须及时编制和报送成本报表，以充分发挥成本报表在指导生产经营活动中的作用。为了体现成本报表编制和报送的及时性，企业的成本报表，有的可以定期编报，有的可以不定期编报。例如反映费用支出和成本形成主要指标的报表，既可以按月编制，也可以按旬、周、日、班编制，并及时提供给有关部门负责人和成本管理责任者，以及时采取措施，控制支出，节约费用，降低成本。

总之，企业只有精心设计好成本报表的种类和格式、指标内容和填制方法，合理规定好成本报表的编制时间和报送范围，及时提供内部管理必需的，真实、准确、完整的，具有实用性和针对性的成本信息，才能充分发挥成本报表的作用。

任务 2 成本报表的编制

一、商品产品成本报表的编制

(一) 商品产品成本报表的含义

商品产品成本报表是反映企业在报告期内生产全部产品(包括可比产品和不可比产品)的总成本以及各种主要产品的单位成本和总成本的报表。该表一般分为两种,一种按产品种类反映,另一种按成本项目反映。

根据商品产品成本报表提供的资料,可以考核全部产品和主要产品成本计划的执行结果,分析各种可比产品成本降低任务的完成情况。

(二) 商品产品成本报表的结构

1. 按产品种类反映的商品产品成本报表的结构

按产品种类反映的商品产品成本表,是按产品种类汇总反映企业在报告期内生产的全部商品产品的单位成本和总成本的报表。该表将全部产品分为可比产品和不可比产品,列示各种产品的单位成本、本月总成本、本年累计总成本。

可比产品是指以前年度正式生产过,具有较完备的成本资料的产品。不可比产品是指以前年度没有正式生产过,因而也没有完备的成本资料的产品以及去年试制成功今年正式投产的产品。

按产品种类反映的商品产品成本表的格式见表 10-1。

表 10-1 商品产品成本表(按产品种类反映)

编制单位:××单位　　201×年 12 月　　单位:元

产品名称	计量单位	实际产量		单位成本				本月总成本			本年累计总成本		
		本月 1	本年累计 2	上年实际平均 3	本年计划 4	本月实际 5	本年累计实际平均 6	按上年实际平均单位成本计算 7	按本年计划单位成本计算 8	本月实际 9=1×5	按上年实际平均单位成本计算 10=2×3	按本年计划单位成本计算 11=2×4	本年实际成本 12=2×6
可比产品合计								39 000	39 400	39 500	234 600	236 900	236 840
甲	件	100	620	150	148	145	146	15 000	14 800	14 500	93 000	91 760	90 520
乙	件	200	1 180	120	123	125	124	24 000	24 600	25 000	141 600	145 140	146 320
不可比产品合计													

续表

产品名称	计量单位	实际产量		单位成本				本月总成本			本年累计总成本		
		本月 1	本年累计 2	上年实际平均 3	本年计划 4	本月实际 5	本年累计实际平均 6	按上年实际平均单位成本计算 7	按本年计划单位成本计算 8	本月实际 9＝1×5	按上年实际平均单位成本计算 10＝2×3	按本年计划单位成本计算 11＝2×4	本年实际成本 12＝2×6
丙	件	50	360		60	56	58		3 000	2 800		21 600	20 880
产品成本合计									42 400	42 300		258 500	257 720

补充资料：

①可比产品成本降低额：－2 240 元；②可比产品成本降低率－0.95％

2. 按成本项目反映的商品产品成本报表的结构

按成本项目反映的商品产品成本表，是按成本项目汇总反映企业报告期内发生的全部生产费用以及商品产品生产总成本的报表。

该表可以分为生产费用和生产成本两部分，其格式见表 10-2。

表 10-2　商品产品成本表(按成本项目反映)

编制单位：××单位　　201×年 12 月　　单位：元

项目	上年实际	本年计划	本月实际	本年累计实际
生产费用				
直接材料费用		116 788	21 573	123 705
直接人工费用		64 160	10 152	64 430
制造费用		76 992	11 267	67 316
生产费用合计		257 940	42 992	255 451
加：在产品、自制半成品期初余额		8 000	10 200	10 980
减：在产品、自制半成品期末余额		9 300	10 892	8 771
商品产品生产成本合计		256 640	42 300	257 660

该表可以反映报告期内全部商品产品生产费用的支出情况和各种费用的构成情况。通过该表可以对企业的生产费用进行一般评价。

(三) 商品产品成本报表的编制方法

1. 按产品种类反映的商品产品成本报表的编制

编制商品产品生产成本表，主要依据有关产品的“产品成本明细账”、年度成本计划、上年本表等资料填列下列有关项目。

(1) “产品名称”项目。

该项目应填列主要的“可比产品”与“不可比产品”的名称。

(2)“实际产量”项目。

该项目应根据“产品成本明细账”的记录计算填列。

(3)“单位成本”项目。

①“上年实际平均单位成本”项目:根据上年度本表所列各种可比产品的全年累计实际平均单位成本填列。

②“本年计划单位成本”项目:根据年度计划成本的有关资料填列。

③“本月实际单位成本”项目:根据有关产品成本明细账中的资料,按下述公式计算填列:

某产品本月实际单位成本=该产品本月实际总成本÷该产品本月实际产量

④“本年累计实际平均单位成本”项目,根据有关产品成本明细账资料计算填列,计算方法为:

某产品本年累计实际平均单位成本=该产品本年累计实际总成本÷该产品本年累计实际产量

(4)“本月总成本”项目。

①“按上年实际平均单位成本计算”项目:本月实际产量与上年实际平均单位成本之积。

②“按本年计划单位成本计算”项目:本月实际产量与本年计划单位成本之积。

③“本月实际”项目:根据本月有关产品成本明细账的记录填列。

(5)“本年累计总成本”各项目。

①“按上年实际平均单位成本计算”项目:本年累计实际产量与上年实际平均单位成本之积。

②“按本年计划单位成本计算”项目:本年累计实际产量与本年计划单位成本之积。

③“本年实际成本”项目:根据有关的产品成本明细账资料填列。

2. 按成本项目反映的商品产品成本报表的编制

表中的“本月实际”栏的生产费用数,应根据各种产品成本明细账所记本月生产费用合计数,按照成本项目分别汇总填列。在此基础上,加上在产品和自制半成品的期初余额,减去在产品和自制半成品的期末余额,就可以计算出本月完工的商品产品成本合计。

各项费用和成本,还可以按照上年实际数、本年计划数、本月实际数和本年累计实际数分栏反映。

二、主要产品单位成本表的编制

(一)主要产品单位成本表的含义

主要产品单位成本表是反映企业在报告期内生产的各种主要产品单位成本的构成情况和各项主要技术经济指标执行情况的报表。

主要产品单位成本表是对商品产品生产成本表的有关单位成本所做的进一步补充说明。根据该表可以考核各种主要产品单位成本计划的执行结果,分析各成本项目和消耗定额的变化及其原因,分析成本构成的变化趋势等。总之,该表有助于分析成本变动的内在原因,挖掘降低成本的潜力。

(二)主要产品单位成本表的结构

主要产品单位成本表分为上、下两部分。

上半部分分别按成本项目列示历史先进水平、上年实际平均、本年计划、本月实际和本年累计实际平均的单位成本。下半部分则分别列示主要技术经济指标的历史先进水平、上年实际平均、本年计划、本月实际和本年累计实际平均的单位用量。

主要产品单位成本表的格式和内容见表10-3。

表 10-3 主要产品单位成本表

编制单位：××单位　　　　201×年12月　　　　单位：元

<table>
<tr><td>产品名称</td><td colspan="2">甲产品</td><td colspan="6">本月计划产量</td><td colspan="2">180</td></tr>
<tr><td>规格</td><td colspan="2"></td><td colspan="6">本月实际产量</td><td colspan="2">200</td></tr>
<tr><td>产量单位</td><td colspan="2"></td><td colspan="6">本年计划产量</td><td colspan="2">1 800</td></tr>
<tr><td>销售单价</td><td colspan="2">140</td><td colspan="6">本年累计实际产量</td><td colspan="2">2 200</td></tr>
<tr><td>成本项目</td><td colspan="2">历史先进水平</td><td colspan="2">上年实际平均</td><td colspan="2">本年计划</td><td colspan="2">本月实际</td><td colspan="2">本年累计实际平均</td></tr>
<tr><td>直接材料</td><td></td><td>56</td><td colspan="2">59</td><td colspan="2">58</td><td colspan="2">56</td><td colspan="2">56</td></tr>
<tr><td>直接人工</td><td></td><td>18</td><td colspan="2">20</td><td colspan="2">16</td><td colspan="2">16</td><td colspan="2">15</td></tr>
<tr><td>制造费用</td><td></td><td>12</td><td colspan="2">18</td><td colspan="2">16</td><td colspan="2">16</td><td colspan="2">18</td></tr>
<tr><td>合计</td><td></td><td>86</td><td colspan="2">97</td><td colspan="2">90</td><td colspan="2">88</td><td colspan="2">89</td></tr>
<tr><td>技术经济指标</td><td>用量单位</td><td>单位用量</td><td>金额</td><td>单位用量</td><td>金额</td><td>单位用量</td><td>金额</td><td>单位用量</td><td>金额</td><td>单位用量</td><td>金额</td></tr>
<tr><td>1. A材料</td><td>千克</td><td>15</td><td>3.0</td><td>16</td><td>2.5</td><td>15</td><td>2.4</td><td>14</td><td>2.5</td><td>15</td><td>2.4</td></tr>
<tr><td>2. B材料</td><td>千克</td><td>10</td><td>1.0</td><td>10</td><td>2.5</td><td>11</td><td>2.0</td><td>10</td><td>2.1</td><td>10</td><td>2.0</td></tr>
<tr><td>3. 工时</td><td>小时</td><td>36</td><td>—</td><td>42</td><td>—</td><td>40</td><td>—</td><td>36</td><td>—</td><td>38</td><td>—</td></tr>
</table>

（三）主要产品单位成本表的编制方法

编制主要产品单位成本表，主要依据有关产品的"产品成本明细账"资料、成本计划、历年有关成本资料、上年度本表有关资料及产品产量、材料和工时的消耗量等资料。

主要产品单位成本表应按主要产品分别编制。

主要产品单位成本表各项目的填列方法如下：

(1)"本月计划产量"和"本年计划产量"项目：分别根据本月和本年产品产量计划填列。

(2)"本月实际产量"和"本年累计实际产量"项目：根据统计提供的产品产量资料或产品入库单填列。

(3)"成本项目"各项目：应按规定填列。

(4)"技术经济指标"项目：反映主要产品每一单位产量所消耗的主要原材料、燃料、工时等的数量。

(5)"历史先进水平"栏各项目：反映本企业历史上该种产品成本最低年度的实际平均单位成本和实际单位用量，根据有关年份成本资料填列。

(6)"上年实际平均"栏各项目：反映上年实际平均单位成本和单位用量，根据上年度本表的"本年累计实际平均"单位成本和单位用量的资料填列。

(7)"本年计划"栏各项目：反映本年计划单位成本和单位用量，根据年度成本计划资料填列。

(8)“本月实际”栏各项目:反映本月实际单位成本和单位用量,根据本月产品成本明细账等有关资料填列。

(9)“本年累计实际平均”栏各项目:反映本年年初至本月月末该种产品的平均实际单位成本和单位用量,根据年初至本月月末的已完工产品成本明细账等有关资料,采用加权平均计算后填列。

本表中按成本项目反映的“上年实际平均”、“本年计划”、“本月实际”、“本年累计实际平均”的单位成本合计,应与产品生产成本表中的各该产品单位成本金额分别相等。

三、制造费用明细表的编制

(一)制造费用明细表的含义

制造费用明细表是反映企业在报告期内发生的各项制造费用情况的报表。

根据制造费用明细表,可以了解报告期内制造费用的实际支出水平,可以考核制造费用计划的执行情况,可以判断制造费用的变化趋势,以便加强对制造费用的控制和管理等。

(二)制造费用明细表的结构

制造费用明细表按制造费用各项目列示“本年计划数”、“上年实际数”和“本年实际数”三项资料。其结构和内容见表10-4。

表10-4 制造费用明细表

编制单位:××单位　　　201×年度　　　单位:元

项目	行次	本年计划数	上年实际数	本年实际数
职工薪酬费	1	49 500	52 800	50 600
折旧费	2	1 650	1 600	1 600
修理费	3	4 000	3 000	3 800
租赁费	4	500	—	500
机物料消耗	5	8 000	8 000	8 600
低值易耗品摊销	6	900	920	910
水电费	7	15 000	18 000	15 000
办公费	8	6 000	6 600	6 800
差旅费	9	2 500	2 900	3 200
运输费	10	2 900	2 900	3 000
保险费	11	1 500	1 400	1 600
劳动保护费	12	800	800	880
季节性修理期间的停工损失	13	2 100	—	2 200
其他	14	550	600	450
合计		95 900	99 520	99 140

(三)制造费用明细表的编制方法

(1)“本年计划数”栏项目:根据本年制造费用预算填列。

(2)“上年实际数”栏项目:根据上年度本表的“本年实际数”栏相应数字填列。如果表内所列费用项目与上年度的费用项目在名称和内容上不相一致,应对上年度的各项数字按本年度表内项目的规定进行调整。

(3)“本年实际数”栏项目:根据本年“制造费用明细账”中各费用项目累计数填列。

四、期间费用明细表的编制

(一)期间费用报表的内容和结构

期间费用报表是反映企业在报告期内发生的各种期间费用情况的报表,包括管理费用明细表、财务费用明细表和销售费用明细表。

各种期间费用明细表的结构是:表中分费用项目列示“本年计划数”、“上年实际数”和“本年实际数”三栏。有关报表的格式及内容见表10-5、表10-6、表10-7。

表10-5 管理费用明细表

编制单位:××单位　　201×年度　　单位:元

项目	行次	本年计划数	上年实际数	本年实际数
职工薪酬费	1	99 000	110 000	100 100
差旅费	2	70 000	80 000	64 000
办公费	3	60 000	80 000	58 000
折旧费	4	5 000	5 000	5 000
修理费	5	4 100	3 800	4 600
机物料消耗	6	9 000	7 800	8 500
低值易耗品摊销	7	8 000	8 500	8 200
工会经费	8	3 000	2 120	1 800
职工教育经费	9	2 900	1 300	1 290
劳动保险费	10	15 000	11 300	12 000
咨询费	11	16 000	19 000	20 000
审计费	12	18 000	28 000	22 000
税金	13	60 000	62 000	59 000
土地使用费	14	6 600	6 600	6 600
技术转让费	15	184 000	182 000	156 000
技术开发费	16	150 000	—	140 000
无形资产摊销	17	13 000	12 000	13 000
业务招待费	18	40 000	45 000	35 000
存货盘亏、毁损	19	6 000	2 900	6 100
其他	20	18 000	24 000	16 000
合计		787 600	691 320	737 190

表 10-6　财务费用明细表

编制单位：××单位　　201×年度　　单位：元

项目	行次	本年计划数	上年实际数	本年实际数
		13 600	14 000	16 000
利息支出(减利息收入)	1			
汇兑损失(减汇兑收益)	2	5 000	6 600	
金融机构手续费	3		2 100	4 100
其他	4			
				900
合计		18 600	22 700	21 000

表 10-7　销售费用明细表

编制单位：××单位　　201×年度　　单位：元

项目	行次	本年计划数	上年实际数	本年实际数
职工薪酬费	1	3 410	3 190	3 520
差旅费	2	4 100	5 100	4 700
办公费	3	6 000	6 900	5 600
折旧费	4	610	610	610
修理费	5	300	300	220
机物料消耗	6	700	700	590
低值易耗品摊销	7	120	120	130
运输费	8	21 000	15 000	21 000
装卸费	9	4 000	3 000	4 900
包装费	10	20 000	17 000	19 000
保险费	11	55 000	50 000	55 000
委托代销手续费	12	3 000	2 000	3 300
广告费	13	90 000	40 000	90 000
展览费	14	5 000	—	6 000
租赁费	15	—	—	—
销售服务费	16	8 000	3 100	6 000
其他	17	30 000	37 000	28 000
合计		251 240	184 020	248 570

(二)期间费用报表的编制方法

管理费用明细表、财务费用明细表、销售费用明细表各项目的填列方法为：

(1)“本年计划数”栏项目：根据本年度各项费用预算填列。

(2)“上年实际数”栏项目：根据上年度本表的“本年实际数”栏相应数字填列。如果表内所列费用项目和上年度的费用项目在名称和内容上不一致,应对上年度的各项数字按本年度表内项目的规定进行调整。

(3)“本年实际数”栏各项目:根据本年度“管理费用明细账”、“财务费用明细账”和“销售费用明细账”中各项费用的累计数填列。

任务 3 成本分析

一、成本分析的意义

成本分析是根据成本核算资料和成本计划资料及其他有关资料,运用一系列专门方法,揭示企业费用预算和成本计划的完成情况,查明影响成本计划和费用预算完成的原因,计算各种因素变化的影响程度,寻找降低成本、节约费用的途径,挖掘企业内部增产节约潜力的一项专门工作。成本分析是成本核算工作的继续,是成本会计的重要组成部分。

通过成本分析,可查明费用预算和成本计划的完成情况,找出成本费用管理工作中的成绩和问题,明确成本管理的责任,挖掘企业降低成本、节约费用的潜力,同时为编制成本计划,进行成本预测和决策等提供资料。成本分析有以下三个方面的意义:

1. 查明成本计划和费用预算的完成情况

通过成本分析,可以查明企业费用预算和成本计划的完成情况,找出影响计划(预算)完成的原因,分析影响成本计划和费用预算完成的各种因素的影响程度和影响方向(有利因素或不利因素),评价企业成本计划的先进性和可行性,总结成本管理工作中的经验教训,发现成本管理工作中的问题。

2. 落实成本管理的责任制

通过成本分析,可以明确企业内部各个部门和单位以及责任人在成本管理方面的责任,有利于考核和评估成本管理工作的业绩,落实成本管理责任制。

3. 挖掘内部增产节约潜力

通过成本分析,可以挖掘企业内部增加生产、节约费用、降低成本的潜力,促使企业改进生产经营管理和成本管理,提高经济效益。

二、成本分析的基本方法

成本分析方法多种多样,具体选用哪种方法,取决于企业成本分析的目的、费用和成本形成的特点、成本分析所依据的资料性质等。常用的方法有对比分析法和因素分析法等。

(一)对比分析法

对比分析法也称比较分析法,它是通过实际数与基数的对比来揭示实际数与基数之间的差异,借以了解经济活动的成绩和问题的一种分析方法。

对比基数由于分析的目的不同而有所不同,一般有计划数、定额数、前期实际数、以前年度同期实际数以及本企业的历史先进水平和国内外同行业的先进水平等。将本期实际数与前期实际数或以前年度同期实际数对比，可以考察经济活动的发展变化情况。将本企业实际数与国内外同行业的先进水平对比，可以发现与先进水平之间的差距，从而促进学习先进、赶上和超过先进。

对比分析法只适用于同质指标的数量对比，例如产品实际成本与产品计划成本对比，原材料实际成本与原材料定额成本对比等。运用这种分析方法时，应该注意指标的可比性。进行对比的各项指标在经济内容、计算期和影响指标形成的客观条件等方面，应有可比的共同基础。如果相比的指标之间有不可比因素，应先按可比的口径进行调整，然后再进行对比。

在成本分析中运用比较分析法，主要有以下几种对比方式：

1. 分析期实际数据与计划(预算)数据对比

分析期实际数据与计划(预算)数据比较，是基本的比较方法。这种方法可以找出分析期实际成本或费用与计划(预算)成本或费用之间的差异，查明成本计划和费用预算的执行情况。在具体比较时，可以计算出下列指标：

(1) 实际脱离计划的差异额，即实际与计划比较增加或减少的数额。其计算公式为：

$$\text{实际较计划增减的数额}=\text{分析期指标的实际数据}-\text{分析期指标的计划数据}$$

在费用总额和产品单位成本的分析中，经常要用到上述公式。分析期实际费用总额大于预算中费用总额或产品实际单位成本大于计划单位成本时，称为费用或成本的超支，反之为费用的节约或成本的降低。

(2) 实际脱离计划的差异率，即实际较计划增加或减少的百分比。其计算公式为：

$$\text{实际较计划增减的百分比}=\frac{\text{分析期指标的实际数据}-\text{分析期指标的计划数据}}{\text{分析期指标的计划数据}}\times 100\%$$

将分析期实际数据与计划(预算)数据比较，如果实际数据与计划数据的差异额较大，必须对计划(预算)的编制情况进行检查。

2. 分析期实际数据与前期实际数据对比

将分析期实际成本、费用，与前期(上月、上季、上年同期)实际成本、费用比较，可以反映企业成本、费用的变动趋势。

在成本分析中，将分析期实际数据与前期实际数据对比，除了可以计算出分析期实际数据较前期增加或减少的数额(差异额)和增加或减少的百分比(差异率)外，主要产品(可比产品)成本降低额和降低率也是这种对比方式的另一种表现形式。企业主要产品(可比产品)成本降低额和降低率，无论是计划降低额(降低率)还是实际降低额(降低率)，都是与上年实际进行比较来计算的。其计算公式为：

$$\text{可比产品实际成本降低额}=\text{实际产量按上年实际平均单位成本计算的总成本}-\text{实际总成本}$$

$$\text{可比产品实际成本降低率}=\frac{\text{可比产品实际成本降低额}}{\text{实际产量按上年实际平均单位成本计算的总成本}}\times 100\%$$

$$\text{可比产品计划成本降低额}=\text{计划产量按上年实际平均单位成本计算的总成本}-\text{计划总成本}$$

$$\text{可比产品计划成本降低率}=\frac{\text{可比产品计划成本降低额}}{\text{计划产量按上年实际平均单位成本计算的总成本}}\times 100\%$$

在成本分析中，分析期实际数据还应当与本企业历史先进水平的成本、费用指标比较。历史先进水平是指本企业生产的该种产品，成本水平最低的年度实际成本；或在生产规模、生产条件大致相同的情况下，某种费用总额最低的年度费用额。

3. 分析期实际数据与本行业(企业集团)实际平均数据和本行业(企业集团)先进企业实际数据对比

将分析期实际数据与计划数据和前期实际数据进行内部的纵向比较,还不能充分说明企业成本管理工作的成绩和成本、费用的水平,只有将企业实际数据与行业实际平均数据和同行业先进企业的实际数据进行横向对比,才能找出本企业的差距,才能确定企业成本管理水平在同行业同类企业中的位置。因为企业对于成本数据通常是保密的,所以,成本数据在企业之间的这种横向比较,只有在行业内各企业之间达成了某种协议,同行业同类企业之间有成本数据交换的情况下才有可能。至于企业集团(或总公司)内部各企业之间的成本数据,则应当是公开的,这种企业之间的横向比较也应当是经常进行的。

(二)因素分析法

因素分析法是依据分析指标与其影响因素之间的关系,确定各因素对各分析指标影响程度的一种技术方法。因素分析法是经济活动分析中最重要的方法之一,也是成本分析中可运用的方法。连环替代法是因素分析法的一种主要形式。为正确理解连环替代法,首先应明确连环替代法的一般程序或步骤。

1. 连环替代法的程序

(1) 确定分析指标与其影响因素之间的关系。通常采用指标分解法,即将经济指标在计算公式的基础上进行分解或扩展,得出各影响因素与分析指标之间的关系式。如对于材料费用指标,要确定它与影响因素之间的关系,可分解为:

材料费用=产品产量×单位产品材料费用
=产品产量×单位产品材料消耗量×材料单价

分析指标与影响因素之间的关系式,既说明哪些因素影响分析指标,又说明这些因素与分析指标之间的关系及顺序。如上式中影响材料费用的有产品产量、材料单耗和材料单价三个因素。它们都与材料费用成正比关系。它们的排列顺序是:首先是产品产量,其次是材料单耗,最后是材料单价。

(2) 根据分析指标的报告期数值与基期数值列出关系式或指标体系,确定分析对象。如材料费用的指标体系是:

基期材料费用=基期产品产量×基期材料单耗×基期材料单价
实际材料费用=实际产品产量×实际材料单耗×实际材料单价
分析对象(材料费用差异额)=实际材料费用-基期材料费用

(3) 连环顺序替代,计算替代结果。连环顺序替代,就是以基期指标体系为计算基础,用实际指标体系中的每一因素的实际数顺序地替代其相应的基期数。每进行一次替代,替代的实际数保留下来。有几个因素就替代几次,并相应确定计算结果。

(4) 比较各因素的替代结果,确定各因素对分析指标的影响程度。比较替代结果是连环进行的,即将每次替代所计算的结果与这一因素被替代前的结果进行对比,二者的差额就是替代因素对分析对象的影响程度。

(5) 检验分析结果,即将各因素对分析指标的影响额相加,其代数和应等于分析对象。如果二者相等,说明分析结果可能是正确的;如果二者不相等,则说明分析结果一定是错误的。

连环替代法的程序或步骤是紧密相连、缺一不可的,尤其是前四个步骤,任何一个步骤出现错误,都会出现错误结果。

连环替代法的程序和原理也可用简单的数学公式表示。

设某一经济指标 N 由相互联系的 a、b、c 三个因素组成(假定该经济指标是以组成因素的乘积的形态出现),其计划指标 N_0 是 a_0、b_0、c_0 三个因素综合影响的结果,其实际指标 N_1 是 a_1、b_1、c_1 三个因素综合影响的结果,即

$$N_0 = a_0 \times b_0 \times c_0 \tag{1}$$

$$N_1 = a_1 \times b_1 \times c_1 \tag{2}$$

该指标实际脱离计划差异 $d = N_1 - N_0$,同时受 a、b、c 三个因素变动的影响。现在要测定各因素变动对 N 的影响,必须补充两个中间环节。

假定变动 a 因素,有

$$N_2 = a_1 \times b_0 \times c_0 \tag{3}$$

在 a 因素变动的基础上再变动 b 因素,有

$$N_3 = a_1 \times b_1 \times c_0 \tag{4}$$

这样就可以计算各个因素的影响程度,计算结果是:

式(3)－式(1)$=N_2-N_0$,是由 $a_0 \rightarrow a_1$ 产生的影响。

式(4)－式(3)$=N_3-N_2$,是由 $b_0 \rightarrow b_1$ 产生的影响。

式(2)－式(4)$=N_1-N_3$,是由 $c_0 \rightarrow c_1$ 产生的影响。

把各个因素加以综合

$$(N_2 - N_0) + (N_3 - N_2) + (N_1 - N_3) = N_1 - N_0 = d$$

下面举例说明连环替代法的步骤和应用。

例 10-1 某企业 201×年 5 月和 6 月有关材料费用、产品产量、材料单耗和材料单价的资料见表 10-8。

表 10-8 材料成本资料

指标	201×年 5 月	201×年 6 月
材料费用(元)	9 000	8 415
产品产量(件)	100	110
材料单耗(千克)	10	9
材料单价(元)	9	8.5

要求:分析各因素变动对材料费用的影响程度。

根据连环替代法的程序和上述对材料费用的因素分解式,可得出:

实际指标体系:110×9×8.5=8 415(元)

基期指标体系:100×10×9=9 000(元)

分析对象:8 415－9 000=－585(元)

在此基础上,进行连环顺序替代,并计算每次替代后的结果:

基期指标体系:100×10×9=9 000(元)

替代第一因素:110×10×9=9 900(元)

替代第二因素:110×9×9=8 910(元)

替代第三因素:110×9×8.5=8 415(元)

确定各因素对材料费用的影响程度:

产品产量的影响:9 900－9 000＝900(元)

材料单耗的影响:8 910－9 900＝－990(元)

材料单价的影响:8 415－8 910＝－495(元)

各因素对材料费用的综合影响:900－990－495＝－585(元)

采用实际数与计划数进行因素分析,可以了解各因素脱离计划的变动对分析指标的影响程度。

2. 应用连环替代法应注意的问题

连环替代法作为因素分析方法的主要形式,在实践中应用比较广泛。但是,在应用连环替代法过程中必须注意以下几个问题:

(1) 因素分解的相关性。所谓因素分解的相关性,是指分析指标与其影响因素之间必须真正相关,即有实际经济意义,各影响因素的变动确实能说明分析指标差异产生的原因。这就是说,经济意义上的因素分解与数学上的因素分解不同,不是在数学算式上相等就行,而要看经济意义。例如,将影响材料费用的因素分解为下面两个等式,从数学上是成立的:

材料费用＝产品产量×单位产品材料费用

材料费用＝工人人数×每人消耗材料费用

但是从经济意义上说,只有前一个因素分解式是正确的,后一个因素分解式在经济上没有任何意义。因为工人人数和每人消耗材料费用到底是增加有利还是减少有利,无法从这个式子说清楚。当然,有经济意义的因素分解式并不是唯一的,经济指标从不同角度看,可分为不同的有经济意义的因素分解式。这就需要我们在因素分解时,根据分析的目的和要求,确定合适的因素分解式,以找出分析指标变动的真正原因。

(2) 分析前提的假定性。所谓分析前提的假定性,是指分析某一因素对经济指标差异的影响时,必须假定其他因素不变,否则就不能分清各单一因素对分析对象的影响程度。实际工作中,有些因素对经济指标的影响是共同作用的结果,共同影响的因素越多,各种假定的准确性就越差,分析结果的准确性也就会越低。因此,在因素分解时,并非分解的因素越多越好,而应根据实际情况,具体问题具体分析,尽量减少相互影响较大的因素再分解。否则因素分解过细,从表面上看有利于分清原因和责任,但在共同影响因素较多时,反而影响了分析结果的正确性。

(3) 因素替代的顺序性。前面谈到,因素分解不仅要因素确定准确,而且因素排列顺序不能交换,这里特别强调的是不存在乘法交换率问题。因为分析前提假定性的原因,按不同顺序计算结果是不同的。那么,如何确定正确的替代顺序呢?这是一个在理论上和实践中都没有很好解决的问题。传统的方法是依据数量指标在前、质量指标在后的原则进行排列的。

(4) 顺序替代的连环性。连环性在确定各因素变动对分析对象的影响时,都是将某因素替代后的结果与该因素替代前的结果对比,一环套一环,这样才能保证各因素对分析对象影响结果的可行性,又便于检验分析结果的准确性。因为只有连环替代并确定各因素影响额,才能保证各因素对经济指标的影响之和与分析对象相等。

三、全部商品成本报表的分析

全部商品成本报表是按产品类别和成本项目分别编制的,全部商品成本计划完成情况的分析,也应当按照产品类别和成本项目分别进行。通过分析,查明全部商品和各种产品成本计划的完成情况;查明全部商品总成本中,各个成本项目的成本计划完成情况,同时还应找出成本超支或降低幅度较大的产品和成本项目，为进一步分析指明方向。

（一）按产品品种总括分析成本计划的完成情况

全部商品按产品品种进行的成本计划完成情况的分析，依据是分析期商品产品生产成本表（或产品生产成本及销售成本表）和按产品类别编制的全部产品成本计划表。下面举例说明分析方法。

例 10-2 某企业到201×年12月产品实际生产成本资料见表10-9，产品计划成本资料见表10-10。

根据实际成本、计划成本资料，编制全部产品成本计划完成情况分析表（按产品类别分析）（见表10-11）。

表 10-9 全部商品产品成本表（按产品品种类别）

编制单位：××单位　　201×年12月　　单位：元

产品名称	计量单位	实际产量	单位成本			本年累计总成本		
			上年实际	本年计划	本年实际	按上年实际单位成本计算	按本年计划单位成本计算	本年实际
可比产品						1 000 000	972 500	969 250
甲产品	件	625	1 200	1 164	1 158	750 000	727 500	723 750
乙产品	件	250	1 000	980	982	250 000	245 000	245 500
不可比产品							277 500	265 500
丙产品	件	250		1 110	1 060		277 500	265 500
合计							1 250 000	1 234 750

表 10-10 产品成本计划表

编制单位：××单位　　201×年12月　　单位：元

产品名称	计量单位	计划产量	单位成本		计划产量的总成本		成本降低任务	
			上年实际	本年计划	按上年实际单位成本计算	本年计划	成本降低额	成本降低率
可比产品					900 000	875 520	24 480	2.72%
甲产品	件	540	1 200	1 164	648 000	628 560	19 440	3%
乙产品	件	252	1 000	980	252 000	246 960	5 040	2%
不可比产品								
丙产品	件	240		1 110		266 400		×
合计						1 141 920		×

表 10-11　全部产品成本计划完成情况分析表(按产品类别分析)

编制单位:××单位　　201×年 12 月　　单位:元

产品名称	计量单位	实际产量	单位成本			实际产量的总成本			与计划成本比		
			上年实际	本年计划	本年实际	按上年实际单位成本计算	按本年计划单位成本计算	本年实际	成本降低额	成本降低率(%)	降低成本的构成(%)
可比产品						1 000 000	972 500	969 250	3 250	0.334 2	0.26
甲产品	件	625	1 200	1 164	1 158	750 000	727 500	723 750	3 750	0.515 5	0.3
乙产品	件	250	1 000	980	982	250 000	245 000	245 500	−500	−0.204 1	−0.04
不可比产品							277 500	265 500	12 500	4.504 5	1
丙产品	件	250		1 110	1 060		277 500	265 500	12 500	4.504 5	1
合计							1 250 000	1 234 750	15 750	1.26	1.26

在全部产品成本计划完成情况分析表(表 10-11)中,总成本都是按实际产量来计算的,因为只有同一实物量的总成本才可以比较。在企业全部产品中,有的以前年度没有正式生产过,没有上年成本资料。因此,企业全部产品成本计划完成情况的分析,是与计划比较,计算出全部产品的成本降低额和降低率,查明成本计划的完成情况。在本例(表 10-11)中,该企业本年全部产品总成本完成了计划。实际成本与计划成本比较,成本降低额为 15 750 元,成本降低率为 1.26%。在全部产品中,不可比产品成本计划完成较好,实际成本较计划降低了 4.504 5%,成本降低额为 12 500 元;而可比产品虽然完成了成本计划,但仅降低了 0.334 2%,成本降低额为 3 250 元;在可比产品中,乙产品成本比计划还超支 500 元,超支 0.204 1%,应进一步查明原因。

(二) 全部产品按成本项目分析

全部产品总成本按成本项目进行分析的依据是企业编制的按成本项目反映的产品生产成本表和产品成本计划表。下面举例说明分析方法。

例 10-3　某企业根据成本计划和成本报表的有关资料,编制截至 201×年 12 月按成本项目反映的全部产品总成本计划完成情况分析表(见表 10-12)。

表 10-12　全部产品总成本计划完成情况分析表(按成本项目分析)

编制单位:××单位　　201×年 12 月　　单位:元

成本项目	实际产量的总成本		与计划成本比		
	按本年计划单位成本计算	本年实际	成本降低额	成本降低率(%)	降低成本的构成(%)
直接材料	500 000	485 825	14 175	2.835	1.13
直接人工	362 500	363 625	−1 125	−0.310 3	−0.09
制造费用	387 500	384 750	2 750	0.709 7	0.22
合计	1 250 000	1 234 200	15 800	1.26	1.26

从表 10-12 中可以看到,该企业按成本项目反映的全部产品成本计划完成情况,与计划比较的成本降低额为 15 800 元,成本降低率为 1.26%,与该厂按产品类别反映的全部产品成本计划

完成情况的分析计算结果基本相同。进一步分析可以发现，构成产品总成本的三个成本项目，直接材料项目和制造费用项目完成了计划，与计划比较的降低率分别为2.835%和0.709 7%；但直接人工项目超支1 125元，超支0.310 3%，对于直接人工项目超支的原因，应当进一步分析。

四、可比产品成本分析

(一) 可比产品成本降低情况的总括分析

企业通常在制订成本计划时，规定了可比产品成本比上年成本降低的任务，即计划降低额和计划降低率。因此，可比产品成本的分析，首先要计算出实际降低额和实际降低率，以便与计划降低额和计划降低率相比较，从而了解可比产品降低任务的完成情况。计划降低额、计划降低率、实际降低额和实际降低率的计算公式如下：

计划降低额＝$\sum$可比产品计划产量×(上年实际平均单位成本－计划单位成本)

＝可比产品计划产量按上年平均单位成本计算的总成本－可比产品计划总成本

计划降低率＝计划降低额÷$\sum$(全部可比产品计划产量×上年实际平均单位成本)×100%

＝计划降低额÷可比产品计划产量按上年平均单位成本计算的总成本×100%

实际降低额＝$\sum$可比产品实际产量×(上年实际平均单位成本－本年实际单位成本)

＝可比产品实际产量按上年平均单位成本计算的总成本－可比产品实际总成本

实际降低率＝实际降低额÷$\sum$(全部可比产品实际产量×上年实际平均单位成本)×100%

＝实际降低额÷可比产品实际产量按上年实际平均单位成本计算的总成本×100%

根据上述公式及表10-9、表10-10中的相关数据，可比产品成本降低任务完成情况如下：

计划降低额＝540×1 200＋252×1 000－(540×1 164＋252×980)＝24 480(元)

计划降低率＝24 480÷900 000×100%＝2.72%

实际降低额＝625×1 200＋250×1 000－(625×1 158＋250×982)＝30 750(元)

实际降低率＝30 750÷1 000 000×100%＝3.075%

实际与计划比较：

	计划	实际	差异
降低额	24 480	30 750	＋6 270
降低率	2.72%	3.075%	＋0.355%

由此可知，企业可比产品成本实际降低额和实际降低率都超额完成了计划，其中，实际降低额比计划多降低6 270元，实际降低率比计划多降低0.355%。

(二) 影响可比产品成本降低情况的因素分析

尽管可比产品的实际降低额和实际降低率都超额完成了计划，那么，影响可比产品成本各主要因素的变动情况怎样？它们各自对产品成本的影响程度又怎样呢？这需要做进一步的分析。影响可比产品成本的主要因素有三个：产品产量、产品品种结构和产品单位成本。由于可比产品的计划降低额是根据各种产品的计划产量确定的，可比产品的实际降低额是根据各种产品的实际产量确定的，在产品品种结构和产品单位成本不变的情况下，产量变动将会使成本降低额发生同比例变动，因而产量变动将不会影响成本降低率的变动。此外，由于各种产品的成本降低程度不同，因而产品品种比重变动，将会使成本降低额与成本降低率同时发生变动。成本降低程度大的产品比重增加会使成本降低额和降低率增加，反之则减少。最后，产品单位成本降低会使成本降低额和成本降低率增加，反之会减少。因此，影响成本降低额的因素有三个，即产品产量变动、产品品种结构变动和产品单位成本变动；影响成本降低率的因素有两个，即产品品种结构变动和产品单位成本变动。

1. 产品产量变动的影响

产品产量变动是指从计划产量变为实际产量的增加数或减少数。产品产量变动只影响降低额，而不影响降低率。产品产量变动的影响程度可按下列公式计算：

$$\begin{aligned}\text{产量变动后计划降低额} &= \text{成本计划降低率} \times \sum(\text{全部可比产品实际产量} \\ &\quad \times \text{上年平均单位成本}) \\ &= \text{成本计划降低率} \\ &\quad \times \text{可比产品实际产量按上年平均单位成本计算的总成本}\end{aligned}$$

产量变动对成本降低额的影响＝产量变动后计划降低额－产量变动前计划降低额

以上述举例的数据为例：

产量变动后计划降低额＝2.72%×1 000 000＝27 200(元)

产量变动对成本降低额的影响＝27 200－24 480＝2 720(元)

2. 产品品种结构变动的影响

产品品种结构变动是指产品各品种在总产量所占比重的变动。这种变动不仅影响降低额，也会影响降低率。产品品种结构变动的影响程度可用下列公式计算：

$$\begin{aligned}\text{产品品种结构变动后的计划降低额} &= \sum(\text{全部可比产品实际产量} \times \text{上年平均单位成本}) \\ &\quad - \sum(\text{全部可比产品实际产量} \times \text{本年计划单位成本}) \\ &= \text{可比产品实际产量按上年平均单位成本计算的总成本} \\ &\quad - \text{可比产品实际产量按本年计划单位成本计算的总成本}\end{aligned}$$

$$\begin{aligned}\text{产品品种结构变动对成本降低额的影响} &= \text{产品品种结构变动后的计划降低额} \\ &\quad - \text{产量变动后的计划降低额}\end{aligned}$$

$$\begin{aligned}\text{产品品种结构变动对成本降低率的影响} &= \frac{\text{产品品种结构变动对成本降低额的影响}}{\sum(\text{全部可比产品实际产量} \times \text{上年平均单位成本})} \\ &\quad \times 100\% \\ &= \frac{\text{产品品种结构变动对成本降低额的影响}}{\text{可比产品实际产量按本年计划单位成本计算的总成本}} \\ &\quad \times 100\%\end{aligned}$$

根据上述数据计算如下：

产品品种结构变动后的计划降低额＝1 000 000－972 500＝27 500(元)

产品品种结构变动对成本降低额的影响＝27 500－27 200＝300(元)

产品品种结构变动对成本降低率的影响＝300÷1 000 000×100%＝0.03%

3. 产品单位成本变动的影响

产品单位成本变动就是实际单位成本高于或低于计划单位成本的数额。单位成本的变动既会影响到计划成本降低额，也会影响到计划成本降低率。单位成本变动的影响程度可用下列公式计算：

$$\text{单位成本变动后的计划降低额} = \sum \text{可比产品实际产量} \times (\text{上年实际平均单位成本} - \text{本年实际单位成本})$$
$$= \text{可比产品实际产量按上年平均单位成本计算的总成本} - \text{可比产品实际总成本}$$

$$\text{单位成本变动对成本降低额的影响} = \text{单位成本变动后的计划降低额} - \text{产品品种结构变动后的计划降低额}$$

$$\text{单位成本变动对成本降低率的影响} = \frac{\text{单位成本变动对成本降低额的影响}}{\sum(\text{全部可比产品实际产量} \times \text{本年实际单位成本})} \times 100\%$$
$$= \frac{\text{单位成本变动对成本降低额的影响}}{\text{可比产品实际总成本}} \times 100\%$$

根据上述数据计算如下：

单位成本变动后的计划降低额＝1 000 000－969 250＝30 750(元)

单位成本变动对成本降低额的影响＝30 750－27 500＝3 250(元)

单位成本变动对成本降低率的影响＝3 250÷1 000 000×100%＝0.325%

经上述计算和分析，可以得出成本超计划降低 6 270 元的原因是：

产品变动影响降低额　＋2 720

产品品种结构变动影响降低额　＋300

单位成本变动影响降低额　＋3 250

合计　＋6 270

成本降低率超计划降低 0.355%的原因是：

产品品种结构变动对成本降低率的影响　＋0.030%

单位成本变动对成本降低率的影响　＋0.325%

合计　＋0.355%

从以上分析可以看出，该企业成本降低额与成本降低率都超额完成了计划，成本降低额比计划增加 6 270 元，成本降低率比计划增加 0.355 个百分点。该厂成本降低任务的超额完成，是产品产量、产品品种结构、产品单位成本三个因素变动共同影响的结果。在三因素中，主要是产品单位成本和产品产量较好地完成计划的结果。但在两种主要产品中，仅是甲产品的单位成本和产品产量完成了计划；乙产品单位成本较计划超支 2 元，产量比计划减少 2 件，没有完成成本降低目标和产品产量计划，应进一步对其成本超支的原因进行分析。

五、主要产品单位成本分析

一定时期产品单位成本的高低，是与企业的生产技术、生产组织状况和经营管理水平等情况密切相关的，因此结合企业的各种经济资料，在对企业全部产品及可比产品成本降低任务完成情况进行全面分析的基础上，还应对企业主要产品单位成本进行深入分析，以便寻求降低产品成本的具体途径和方法。

主要产品单位成本分析的目的，在于揭示各种主要产品单位成本和它所包括的各个成本项目的变动情况，查明单位成本升降的具体原因。

主要产品单位成本分析包括两个方面的内容：一是单位成本完成情况的分析；二是技术经济指标变动对单位成本的影响分析。

主要产品单位成本计划完成情况分析的主要依据是企业编制的主要产品单位成本表、成本计划和各项消耗定额资料等。分析的一般程序是：首先，从总体上分析主要产品单位成本与计划、上年实际平均、历史最好水平比较的升降情况；然后，再按成本项目分别进行比较分析，考察每个项目的升降情况；最后，针对某些主要项目的升降情况，做进一步深入的分析，查明造成单位成本升降的原因。

例 10-4 某企业根据本年主要产品单位成本表编制的产品单位成本计划完成情况分析表见表 10-13。

表 10-13 产品单位成本计划完成情况分析表

成本项目	单位成本			与上年实际比		与本年计划比	
	上年实际	本年计划	本年实际	成本降低额	降低率(%)	成本降低额	降低率(%)
甲产品	1 200	1 164	1 158	42	3.500	6	0.515
其中：直接材料	470	439	445	25	5.319	−6	−1.367
直接人工	370	375	372	−2	−0.541	3	0.800
制造费用	360	350	341	19	5.278	9	2.571
乙产品	1 000	980	982	18	1.800	−2	−0.204
其中：直接材料	400	385	371.4	28.6	7.150	13.6	3.532
直接人工	250	255	258	−8	−3.200	−3	−1.176
制造费用	350	340	352.6	−2.6	−0.743	−12.6	−3.706

表 10-13 的分析计算结果表明，与上年实际比较，企业甲、乙两种主要产品的单位成本都有所降低，降低额分别为 42 元和 18 元，降低率分别为 3.5%和 1.8%；但与上年实际比较，两种产品的直接人工费都有所增加，影响了产品单位成本的降低幅度。与本年计划比较，甲产品单位成本降低 6 元，降低率为 0.515%；乙产品单位成本超支 2 元，超支 0.204%。甲产品单位成本超额完成计划，主要是直接人工和制造费用完成计划较好，成本降低额分别为 3 元和 9 元；但直接材料项目较计划超支 6 元，超支 1.367%，应当进一步分析原因。乙产品虽然直接材料项目超额完成计划，比计划降低 13.6 元，降低 3.532%，但直接人工和制造费用分别超支 3 元和 12.6 元，超支 1.176%和 3.706%，使乙产品没有完成单位成本计划，对于乙产品直接人工和制造费用超计划的原因，应重点分析。

1. 直接材料项目的分析

降低材料成本是降低产品成本的重要途径，特别是直接材料费用占产品成本比重较大的产品，直接材料项目更应作为产品单位成本分析的重点。影响产品单位成本中直接材料费用变动的因素，主要是单位产品材料消耗量(用量)和单位材料价格两个因素。分析这两个因素变动对材料成本的影响程度，根据连环替代法的原理，可以按下列公式计算：

用量变动对材料成本的影响＝(单位产品材料实际用量－单位产品材料计划用量)
×材料计划价格

价格变动对材料成本的影响=(材料实际价格-材料计划价格)×单位产品材料实际用量

例 10-5 根据表 10-13 提供的资料，该企业截至 201×年 12 月生产的甲产品实际与计划比较，直接材料费用超支 6 元，超支 1.367%。甲产品消耗 A、B、C、D 四种材料，根据各种材料耗用量和价格资料，编制直接材料费用分析表(见表 10-14)。

表 10-14 直接材料成本分析表

201×年 12 月

编制单位：××单位　　　　产品：甲产品　　　　单位：元

材料名称	计量单位	材料消耗量		材料价格		材料成本		成本差异		差异额分析	
		计划	实际	计划	实际	计划	实际	差异额	差异率(%)	用量影响	价格影响
(栏次)		①	②	③	④	⑤=①×③	⑥=②×④	⑦=⑥-⑤	⑧=⑦÷⑤	⑨=(②-①)×③	⑩=(④-③)×②
A 材料	千克	40	42	5	4.9	200	205.8	5.8	2.9	10	-4.2
B 材料	千克	33	35	3	3	99	105	6	6.06	6	0
C 材料	千克	20	18	4	4.2	80	75.6	-4.4	-5.5	-8	3.6
D 材料	千克	10	10	6	5.86	60	58.6	-1.4	-2.33	0	-1.4
合计						439	445	6	1.367	8	-2

表 10-14 的分析计算结果表明，企业甲产品单位成本中，直接材料费用实际比计划超支 6 元，超支 1.367%，主要是 A、B 两种材料成本超支引起的。A、B 两种材料的实际成本比计划成本分别超支 5.8 元和 6 元，合计为 11.8 元。超支的主要原因是单位产品的材料消耗量没有完成计划。两种材料的消耗量增加使直接材料费用增加达 16 元(A 材料 10 元、B 材料 6 元)，应当进一步查明原因。C、D 两种材料，实际成本比计划成本降低了 5.8 元(4.4+1.4)，但由于 C 材料价格超计划，使 C 材料成本增加 3.6 元，应当进一步分析价格上升的原因。C 材料耗用量减少，使产品单位成本降低了 8 元，也应分析原因，以便总结经验，进一步挖掘企业内部降低成本的潜力。

2. 直接人工项目的分析

产品单位成本中的直接人工费用，受工人劳动生产率和工人平均工资两个因素影响。这两个因素，也可以用单位产品生产工时消耗和小时平均工资(小时工资率)来表示。根据连环替代法的原理，分析单位产品工时消耗和小时工资率变动对成本的影响，计算公式如下：

单位产品工时消耗变动对成本的影响=(单位产品实际工时-单位产品计划工时)×计划小时工资率

小时工资率变动对成本的影响=(实际小时工资率-计划小时工资率)×单位产品实际工时

例 10-6 根据表 10-13 提供的资料，该企业截至 201×年 12 月生产的乙产品单位产品成本中的直接人工费用实际比计划超支 3 元，超支 1.176%。为了分析成本超支的原因，收集整理有关乙产品产量、工时、工资等资料(见表 10-15)。

表 10-15　产品产量、工时、工资资料表

编制单位：××单位　　201×年 12 月　　产品：乙产品

项目	本年计划	本年实际	差异
产品产量（件）	252	250	－2
产品生产总工时（小时）	22 176	21 500	－676
产品生产工人工资及福利费（元）	64 260	64 500	＋240
单位产品直接人工成本（元）	255	258	＋3
单位产品工时消耗（小时）	88	86	－2
小时工资率（元/时）	2.898	3	＋0.102

根据表 10-15 提供的资料，分析企业乙产品单位成本中直接人工费用超计划的原因，分析计算过程如下：

乙产品单位成本中直接人工费用实际脱离计划的差异额：258－255＝3（元）

乙产品单位产品工时消耗降低的影响：（86－88）×2.898＝－5.8（元）

小时工资率提高的影响：（3－2.898）×86＝＋8.8（元）

两个因素共同影响数额＝－5.8＋8.8＝3（元）

上述计算结果表明，企业乙产品单位成本中直接人工费用实际比计划超支 3 元，主要是小时工资率超计划所造成的。由于小时工资率实际比计划提高 0.102 元/时，使乙产品单位成本增加8.8元；而乙产品单位产品工时消耗实际比计划减少 2 小时，使产品单位成本降低 5.8 元。这说明该企业工人劳动生产率（表现在单位产品工时消耗上）比计划有所提高，但由于工人平均工资（表现为小时工资率）的增长幅度超过了工人劳动生产率（表现为单位产品工时消耗）的增长幅度，使单位成本中的直接人工费用仍超支 3 元。

3. 制造费用项目的分析

制造费用是生产单位为生产产品和提供劳务所发生的各项间接费用，通常应当按照一定标准分配到该生产单位所生产的各种产品成本之中。根据制造费用计入产品成本的方式，分析各因素变动对单位产品成本中制造费用的影响时，可以分析产品产量和制造费用总额两个因素，也可以分析单位产品工时消耗和小时费用率两个因素。按照连环替代法的原理，分析单位产品工时消耗和小时费用率两个因素变动对单位产品成本中制造费用的影响，计算公式如下：

单位产品工时变动对成本的影响＝（单位产品实际工时－单位产品计划工时）×计划小时费用率

小时费用率变动对成本的影响＝（实际小时费用率－计划小时费用率）×单位产品实际工时

例 10-7　根据表 10-13 提供的资料，该企业到 201×年 6 月生产的乙产品，单位成本中的制造费用实际比计划超支 12.6 元，超支 3.706％。表 10-15 提供的乙产品单位产品工时消耗本年实际为 86 小时，本年计划为 88 小时；根据制造费用总额资料，乙产品小时制造费用分配率本年实际为 4.1 元，本年计划为 3.864 元。分析乙产品单位成本中制造费用超支 12.6 元的原因，计算过程如下：

乙产品单位成本中制造费用实际脱离计划的差异：352.6－340＝12.6（元）

单位产品工时消耗降低对成本的影响：（86－88）×3.864＝－7.7（元）

小时制造费用分配率提高对成本的影响：(4.1－3.864)×86＝20.3(元)

两个因素共同影响数额＝－7.7＋20.3＝12.6(元)

上述计算结果表明，企业乙产品单位成本中制造费用实际比计划超支12.6元，主要是小时制造费用分配率超计划所造成的。由于小时制造费用分配率实际比计划超支0.236元(4.1－3.864)，使乙产品单位成本超支20.3元。这说明该企业在控制制造费用总额和增加产品产量方面还大有潜力可挖。对企业制造费用总额增加和乙产品未完成产量计划的原因，还应进一步分析。

成本报表编制是会计核算程序的最后一个环节，通过本项目学习，应把握以下要点：

(1) 成本报表是企业为了满足经营决策的需要而编制的内部会计报表，其格式及编制时间一般由企业自行确定。

(2) 成本报表主要包括商品产品成本表、主要产品单位成本表、制造费用明细表及期间费用明细表等。

(3) 商品产品成本表的结构一般包括可比产品成本、不可比产品成本和补充资料这三部分内容，是反映企业报告期内全部商品产品总成本的报表。可比产品成本降低额和可比产品成本降低率是商品产品成本表中两个重要的分析指标。

(4) 主要产品单位成本表是反映企业报告期内生产的主要商品产品单位成本构成情况的报表。该表按主要产品分别编制，是对商品产品成本表的补充说明。

(5) 制造费用明细表是反映企业生产单位在报告期内为组织和管理本单位生产所发生的各项费用及其构成情况的报表。该表只反映基本生产车间的制造费用，不包括辅助生产车间的制造费用。

(6) 成本分析的基本方法有比较分析法、比率分析法、因素分析法等，比较分析法和因素分析法是分析报表较常用的方法。

(7) 影响可比产品成本降低任务完成情况的因素通常有产品产量变动、产品品种结构变动和产品单位成本变动等，其中产品产量变动只影响成本降低额，不影响成本降低率。

(8) 主要产品单位成本分析是从成本项目的组成内容入手，采用因素分析法计算各因素变动对成本费用造成的影响。

一、单项选择题

1. 可比产品成本降低额与降低率之间的关系是(　　)。

A. 成反比　　B. 成正比　　C. 同方向变动　　D. 无直接关系

2. 企业成本报表(　　)。

A. 是对外报送的报表

B. 是对内编报的报表

C. 是有关部门规定哪些指标对外公布，哪些指标不对外公布的报表

D. 是根据债权人和投资人的要求，确定哪些指标对外公布，哪些指标不对外公布的报表

3. 经济技术指标变动对产品成本的影响主要表现在对(　　)指标的影响上。

A. 产品总成本　　B. 产品单位成本

C. 产品产量　　D. 产品总成本和产品产量

4. 主要产品单位成本的计划完成情况分析，通常首先采用(　　)进行分析。

A. 对比分析法　　B. 趋势分析法　　C. 比率分析法　　D. 连环替代法

5. 企业成本报表的种类、项目、格式和编制方法(　　)。

A. 由国家统一规定　　B. 由企业自行制定

C. 由企业主管部门统一规定　　D. 由企业主管部门与企业共同制定

6. 采用连环替代法，可以揭示(　　)。

A. 产生差异的因素　　B. 实际数与计划数之间的差异

C. 产生差异的因素和各因素的影响程度　　D. 产生差异的因素和各因素的变动原因

7. 可比产品是指(　　)

A. 企业过去曾经正式生产过，有完整的成本资料可以进行比较的产品

B. 企业过去曾经生产过的产品

C. 有完整的定额成本资料可以进行比较的产品

D. 在行业中正式生产过，有完整的成本资料可以进行比较的产品

8. 下列关于主要产品单位成本表的说法，错误的是(　　)。

A. 主要产品单位成本表是反映企业在报告期内生产的各种主要产品单位成本构成情况的报表

B. 主要产品单位成本表应按主要产品分别编制

C. 主要产品单位成本表是对产品生产成本表的补充说明

D. 主要产品单位成本表是反映企业在报告期内全部产品单位成本构成情况的报表

9. 生产单一品种情况下，影响可比产品成本降低额变动的因素仅是下列的(　　)。

A. 产品产量　　B. 产品单位成本

C. 产品产量和产品单位成本　　D. 产品产量、单位成本和品种结构

10. (　　)是进行成本分析的主要依据。

A. 成本制度　　B. 成本预测　　C. 成本报表　　D. 企业会计准则

二、多项选择题

1. 工业企业成本报表一般包括(　　)。

A. 产品生产成本表　　B. 主要产品单位成本表

C. 制造费用明细表　　D. 各种期间费用明细表

2. 主要产品单位成本表反映的单位成本包括(　　)。

A. 本月实际　　B. 历史先进水平　　C. 本年计划　　D. 上年实际平均

3. 生产多品种情况下，影响可比产品成本降低额变动的因素有(　　)。

A. 产品产量　　B. 产品单位成本　　C. 产品价格　　D. 产品品种结构

4. 期间费用明细表，一般按照期间费用项目分别反映费用项目的(　　)。

A. 计划数　　B. 上年同期实际数　C. 本月实际数　　D. 本年累计实际数

5. 下列财务指标中，属于相关比率指标的有(　　)。

A. 产值成本率　　B. 销售收入成本率

C. 成本利润率　　D. 制造费用构成比率

6. 连环替代法的顺序性表现在(　　)。

A. 先替代数量指标，后替代质量指标　B. 先替换基本因素，后替换从属因素

C. 先替换实物量指标，后替换价值量指标　D. 先替代质量指标，后替代数量指标

7. 成本报表分析的主要内容包括(　　)。

A. 成本计划完成情况分析　　B. 主要产品单位生产成本分析

C. 费用预算执行情况的分析　　D. 成本效益分析

8. 下列费用项目中，属于生产性费用的有(　　)。

A. 生产车间的折旧费、修理费　　B. 劳动保护费

C. 生产车间的机物料消耗　　D. 职工教育经费

9. 技术经济指标变动对产品单位成本影响的分析，主要包括(　　)。

A. 产量变动对单位成本的影响

B. 废品率变动对单位成本的影响

C. 原材料利用率变动对单位成本的影响

D. 劳动生产率和工资水平变动对产品单位成本的影响

10. 主要产品单位生产成本表中反映的内容主要包括(　　)。

A. 产品产量　　B. 产品单位生产成本

C. 主要技术经济指标　　D. 产品的销售价格

三、实务操作题

(一) 练习主要产品单位成本的分析

【资料】 海东企业生产甲产品，有关资料如表 10-16、表 10-17 所示。

表 10-16　主要产品单位成本表

成本项目	上年实际平均	本年计划	本年实际
原材料	1 862	1 890	2 047
工资及福利费	150	168	164
制造费用	248	212	209
合计	2 260	2 270	2 420

表 10-17　单位甲产品耗用原材料的资料表

项目	上年实际平均	本年计划	本期实际
原材料消耗量(千克)	950	900	890
原材料单价(元)	1.96	2.10	2.30

【要求】 1. 根据上述资料，分析甲产品单位生产成本的计划完成情况；

2. 分析影响原材料费用变动的因素和各因素对材料费用变动的影响程度。

（二）练习可比产品成本降低率计划完成情况分析

【资料】 海东企业生产甲、乙产品两种可比产品的成本资料如下：

(1) 可比产品成本计划降低率为7%。

(2) 可比产品生产成本资料见表10-18。

表10-18 可比产品成本资料表

可比产品	产量(件)		单位成本		
	计划	实际	上年实际平均	本年计划	本年实际
甲	15	25	200	185	175
乙	20	18	100	95	97.5
合计	—	—	—	—	—

【要求】 计算可比产品成本降低率计划完成情况，分析其升降原因。

综合实训

实训1 产品成本计算的品种法

一、实训目的

熟悉品种法的一般核算程序，学会品种法计算产品成本。

二、实训内容：品种法

（一）实训资料

资料1 利民食品厂生产甲、乙、丙三种产品，均是单步骤大量生产，采用品种法计算产品成本。厂内设有两个基本生产车间，第一车间生产甲、乙两种产品，第二车间生产丙产品，同时设一个锅炉车间为各车间部门提供劳务，辅助生产费用全部直接计入辅助生产成本。2017年8月份有关资料如下：

资料2 月初在产品成本见表综1-1。

表综1-1 月初在产品成本

单位：元

产品名称	直接材料	直接人工	制造费用	合计
甲产品	8 144	1 880	3 013	13 037
乙产品	5 056	1 830	1 343	8 229
丙产品	6 000	1 908	3 665	11 573

资料3 产品产量资料表见表综1-2。

表综1-2 产品产量资料表

单位：件

产品名称	月初在产品	本月投入量	完工产品数量	月末在产品数量
甲产品	400	1 200	1 100	500
乙产品	1 400	1 400	2 000	800

资料 4 甲、乙两种产品共耗原材料费用按定额耗用量比例分配，外购动力费用、基本车间生产工人工资、制造费用按生产工时比例分配。

资料 5 甲、乙单位产品 A 材料消耗定额资料见表综 1-3。

表综 1-3 甲、乙单位产品 A 材料消耗定额资料

产品名称	单位	单位消耗定额
甲产品	千克	3
乙产品	千克	1

资料 6 发出材料费用明细表见表综 1-4。

表综 1-4 发出材料费用明细表

领料部门和用途	材料类别	发出数量	单位成本(元/千克)
生产甲产品	B 材料	2 000 千克	13
生产乙产品	C 材料	8 000 千克	2.5
生产甲、乙产品共用	A 材料	1 000 千克	4.8
生产丙产品	D 材料	160 千克	100
第一车间领用	机物料	90 千克	20
	低值易耗品	10 件	100
第二车间领用	机物料	35 千克	20
	低值易耗品	9 件	100
锅炉车间领用	E 材料	60 千克	50
	机物料	30 千克	20
	低值易耗品	14 件	100
管理部门	低值易耗品	5 件	100

资料 7 工资结算汇总表见表综 1-5。

表综 1-5 工资结算汇总表

单位：利民食品厂　　2017 年 8 月 31 日　　计量单位：元

单位		标准工资	各种补贴	扣款		应付工资	代扣款项			实发工资
				病假	事假		房租	水电	借款	
第一车间	生产工人	14 212	1 568	106		15 674				15 674
	管理人员	4 447	480		50	4 877				4 877
第二车间	生产工人	8 068	885		100	8 853				8 853
	管理人员	3 150	352			3 502				3 502
锅炉车间		7 031	778	30		7 779				7 779
管理部门		2 200	300			2 500				2 500
合计		39 108	4 363	136	150	43 185				43 185

资料 8 产品生产工时资料见表综 1-6。

表综 1-6 产品生产工时资料

产品名称	实际耗用工时总数
甲产品	12 000
乙产品	8 000
丙产品	10 000

资料 9 固定资产折旧计算表见表综 1-7。

表综 1-7 固定资产折旧计算表

使用部门	月初应计提固定资产原值(元)	月分类折旧率(%)	月折旧额(元)
第一车间	200 000	0.4	800
第二车间	180 000	0.4	720
锅炉车间	120 000	0.4	480
管理部门	50 000	0.4	200
合计	550 000		2 200

资料 10 外购动力(电力)抄表电量统计表见表综 1-8。

表综 1-8 外购动力(电力)抄表电量统计表

单位:度

基本生产用电	第一车间	第二车间	锅炉车间	管理部门	合计
30 000	2 500	2 000	1 500	1 000	37 000

(注:每度电 0.50 元)

资料 11 辅助生产费用采用直接分配法分配,辅助生产车间的劳务供应量资料如表综 1-9 所示。

表综 1-9 辅助生产车间劳务供应量统计表

受益单位	第一车间	第二车间	合计
计量单位(吨)	1 000	600	1 600

资料 12 有关其他费用资料(假设其他费用支出均以银行存款支付)如表综 1-10 所示。

表综 1-10 其他费用统计表

单位:元

车间	办公费	水费	劳保费	合计
第一车间	600	50	120	770
第二车间	400	36	80	516
锅炉车间	500	74	100	674
管理部门	200	30	50	280
合计	1 700	190	350	2 240

资料 13 甲产品原材料生产开始时一次投入,在产品完工程度为 60%,甲产品按约当产量比例法分配完工产品及月末在产品成本。

资料 14 乙产品期末单位在产品成本定额分别为：直接材料 10 元，直接人工 1.5 元，制造费用 2 元。乙产品按定额成本法计算月末在产品成本。

资料 15 丙产品原材料在生产开始时一次投入，丙产品按定额比例法分配完工产品及月末在产品成本。丙产品有关产量和消耗定额资料见表综 1-11。

表综 1-11 丙产品有关产量和消耗定额资料

产品名称	完工产品（件）	期末在产品（件）	单位产品材料定额	单位产成品工时定额	单位在产品工时定额
丙产品	400	200	40	4	2

（二）实训要求

分配率保留四位小数，金额保留两位小数。

1. 设置甲、乙、丙产品基本生产成本明细账，并登记期初余额。

2. 根据本月发生的经济业务，登记基本生产成本明细账、辅助生产成本明细账、制造费用明细账。

3. 根据上述资料编制各种费用分配表，并登记有关明细账。

4. 按要求将费用在完工产品及在产品之间分配，并计算各种产品总成本和单位成本。

5. 编制产品成本汇总表。

6. 编制有关业务的记账凭证。

（三）填制表格

填制表综 1-12 至表综 1-26。

表综 1-12 材料费用分配表

单位：元

应借科目 \ 耗用材料		A 材料			B 材料	C 材料	D 材料	E 材料	机物料	低值易耗品	合计
		定额消耗量	分配率	金额							
生产成本—基本生产成本	甲产品										
	乙产品										
	小计										
	丙产品										
生产成本—辅助生产成本	锅炉车间										
制造费用	第一车间										
	第二车间										
管理费用											
合计											

表综 1-13　工资及职工福利费分配表　　单位:元

费用分配 产品或部门	生产工时	分配率	工资	福利费 (14%)	合计
甲产品					
乙产品					
小计					
丙产品					
第一车间					
第二车间					
锅炉车间					
管理部门					
合计					

表综 1-14　折旧费用分配表　　单位:元

费用分配 应借账户		应计提折旧的 固定资产原值	应计提折旧额 (月分类折旧率 0.4%)
制造费用	第一车间		
	第二车间		
生产成本—辅助生产成本	锅炉车间		
管理费用			
合计			

表综 1-15　动力费用分配表

车间及产品名称		生产工时	分配率	分配额
生产用电	甲产品			
	乙产品			
	丙产品			
	小计			
照明用电	第一车间			
	第二车间			
	小计			
锅炉车间				
管理部门				
合计				

表综 1-16　其他费用分配表

单位:元

应借账户		办公费	水费	劳保费	合计
制造费用	第一车间				
	第二车间				
生产成本—辅助生产成本	锅炉车间				
管理费用					
合计					

表综 1-17　辅助生产明细账

车间名称:锅炉车间

单位:元

月	日	摘要	材料	工资	福利费	折旧费	水电费	办公费	低值易耗品	机物料	劳保费	合计
		分配材料费										
		分配工资及福利费										
		分配折旧费										
		分配动力费										
		分配其他费用										
		本月发生										
		本月转出										

表综 1-18　辅助生产费用分配表

车间名称:锅炉车间

单位:元

分配费用	蒸汽总吨数	费用分配率	第一车间		第二车间	
			蒸汽吨数	分配费用	蒸汽吨数	分配费用

表综 1-19　制造费用明细账

车间名称:第一车间

单位:元

月	日	摘要	工资	福利费	折旧费	水电费	办公费	低值易耗品	机物料	劳保费	其他	合计
		分配材料费										
		分配工资及福利费										
		分配折旧费										
		分配动力费										
		分配其他费用										
		分配辅助生产费用										
		本月发生										
		本月转出										

表综 1-20　制造费用明细账

车间名称:第二车间　　单位:元

月	日	摘要	工资	福利费	折旧费	水电费	办公费	低值易耗品	机物料	劳保费	其他	合计
		分配材料费										
		分配工资及福利费										
		分配折旧费										
		分配动力费										
		分配其他费用										
		分配辅助生产费用										
		本月发生										
		本月转出										

表综 1-21　制造费用分配表

单位:元

费用分配 产品	生产工时	分配率	分配费用
甲产品			
乙产品			
小计			
丙产品			
合计			

表综 1-22　基本生产成本明细账

完工产品数量:1 100 件

在产品完工程度:60%

产品名称:甲产品　　月末在产品数量:500 件

月	日	摘要	直接材料	直接人工	制造费用	合计
		月初在产品成本				
		分配材料费				
		分配工资及福利费				
		分配动力费				
		分配制造费用				
		生产费用合计				
		约当产量合计				
		产成品总成本				
		产成品单位成本				
		月末在产品成本				

表综 1-23　基本生产成本明细账

完工产品数量：2 000 件

产品名称：乙产品

月末在产品数量：800 件

月	日	摘要	直接材料	直接人工	制造费用	合计
		月初在产品定额成本				
		分配材料费				
		分配工资及福利费				
		分配动力费				
		分配制造费用				
		生产费用合计				
		完工产品总成本				
		完工产品单位成本				
		月末在产品定额成本				

表综 1-24　基本生产成本明细账

完工产品数量：400 件

产品名称：丙产品

月末在产品数量：200 件

月	日	摘要	直接材料	直接人工	制造费用	合计
		月初在产品成本				
		分配材料费				
		分配工资及福利费				
		分配动力费				
		分配制造费用				
		生产费用合计				
		完工产品定额耗用量(或工时)				
		月末在产品定额耗用量(或工时)				
		定额耗用量(或工时)合计				
		分配率				
		完工产品总成本				
		完工产品单位成本				
		月末在产品成本				

表综 1-25　产品成本汇总表

单位：元

产品名称	产量	成本	直接材料	直接人工	制造费用	合计
甲产品	1 100 件	总成本				
		单位成本				
乙产品	2 000 件	总成本				
		单位成本				

续表

产品名称	产量	成本	直接材料	直接人工	制造费用	合计
丙产品	400 件	总成本				
		单位成本				

表综 1-26　管理费用明细账

单位：元

月	日	摘要	工资	福利费	折旧费	水电费	办公费	低值易耗品	劳保费	合计
		分配材料费								
		分配工资及福利费								
		分配折旧费								
		分配动力费								
		分配其他费用								
		本月发生								
		本月转出								

实训 2　产品成本计算的分批法

一、实训目的

掌握简化分批法计算产品成本。

二、实训内容：简化分批法

（一）实训资料

资料 1　佳鑫服装加工厂是小批生产企业，由于产品批数多，采用简化的分批法计算产品成本。有关资料如下：

资料 2　9 月份生产情况见表综 2-1。

表综 2-1　9 月份生产情况

产品批号	产品名称	投产情况		完工情况		
		投产日期	投产批量(件)	完工数量(件)	完工日期	完工产品生产工时
9201	甲产品	7 月	6	6	9 月	31 000
9211	乙产品	8 月	8			

续表

产品批号	产品名称	投产情况		完工情况		
		投产日期	投产批量(件)	完工数量(件)	完工日期	完工产品生产工时
9241	丙产品	8月	12	2		10 460
9261	丁产品	9月	4			

资料3 9月末累计原材料费用(原材料在生产开始时一次投入)和生产工时见表综2-2。

表综2-2 9月末累计原材料费用(原材料在生产开始时一次投入)和生产工时

产品批号	产品名称	耗用原材料(元)	生产工时(小时)
9201	甲产品	8 140	31 000
9211	乙产品	12 820	61 150
9241	丙产品	13 350	42 770
9261	丁产品	9 910	28 580

资料4 9月末,累计工资及福利费65 400元,制造费用81 750元。

(二)实训要求

1. 根据上述资料,登记基本生产成本二级账和各批产品成本明细账。
2. 计算和登记累计间接费用分配率。
3. 计算各批完工产品成本。

(三)填制表格

填制表综2-3至表综2-7。

表综2-3 基本生产成本二级账

单位:元

月	日	摘要	直接材料	生产工时	直接人工	制造费用	合计

表综2-4 产品成本计算单

产品批号:9201

产品名称:甲产品

批量:6件

投产日期:7月

完工日期:9月

单位:元

月	日	摘要	直接材料	生产工时	直接人工	制造费用	合计

续表

月	日	摘要	直接材料	生产工时	直接人工	制造费用	合计

表综 2-5　产品成本计算单

产品批号:9211　　投产日期:8 月

产品名称:乙产品　　完工日期:

批量:8 件　　单位:元

月	日	摘要	直接材料	生产工时	直接人工	制造费用	合计

表综 2-6　产品成本计算单

产品批号:9241　　投产日期:8 月

产品名称:丙产品　　完工日期:9 月完工 2 件

批量:12 件　　单位:元

月	日	摘要	直接材料	生产工时	直接人工	制造费用	合计

表综 2-7　产品成本计算单

产品批号:9261　　投产日期:9 月

产品名称:丁产品　　完工日期:

批量:4 件　　单位:元

月	日	摘要	直接材料	生产工时	直接人工	制造费用	合计

实训 3 产品成本计算的分步法

一、实训目的

掌握综合逐步结转分步法计算产品成本的方法。

二、实训内容

利用综合逐步结转分步法计算产品成本及成本还原。

（一）实训资料

资料 1 蓝天机械厂生产甲产品，生产工艺为三个步骤，分别由三个车间进行生产：第一车间加工完成的半成品 A，交半成品仓库验收；第二车间按照所需数量向半成品仓库领用，第二车间所耗半成品费用按全月一次加权平均单位成本计算；第二车间加工完成的半成品 B 全部直接转入第三车间，继续加工成甲产品。第一车间的月末在产品成本按定额成本计算，第二、三车间的月末在产品按约当产量法计算，原材料在第一车间生产开始时一次投入。在产品的完工程度为 50%，该厂 8 月份有关资料如下：

资料 2 产量记录见表综 3-1。

表综 3-1 产量记录 单位：件

步骤 项目	第一车间	第二车间	第三车间
月初在产品数量	50	100	200
本月投入数量	550	520	500
本月完工数量	500	500	550
月末在产品数量	100	120	150

资料 3 月初在产品成本资料见表综 3-2。

表综 3-2 月初在产品成本资料 单位：元

项目	直接材料	自制半成品	直接人工	制造费用	合计
第一车间：A 半成品	25 000		6 250	5 000	36 250
第二车间：B 半成品		95 000	20 000	15 000	130 000
第三车间：甲产成品		330 000	40 000	30 000	400 000

资料 4 第一车间（半成品 A）月末在产品的定额成本资料如下：

直接材料单位成本为 500 元，直接人工单位成本为 125 元，制造费用单位成本为 100 元。

资料 5 各车间本月发生费用资料如表综 3-3 所示。

表综 3-3　耗用材料费用分配表

单位:元

材料类别 / 耗用情况		原料及主要材料	其他材料	专用材料	合计
第一车间	生产产品耗用	275 000	25 000	2 000	302 000
	车间一般耗用		10 000		10 000
第二车间	车间一般耗用		5 000	7 500	12 500
第三车间	车间一般耗用		4 000	3 000	7 000
合计		275 000	44 000	12 500	331 500

资料 6　工资及福利费分配表见表综 3-4 所示。

表综 3-4　工资及福利费分配表

单位:元

费用 / 用途		工资	福利费(14%)	合计
第一车间	生产工人工资	131 250	18 375	
	车间管理人员工资	42 000	5 880	
第二车间	生产工人工资	200 000	28 000	
	车间管理人员工资	85 000	11 900	
第三车间	生产工人工资	210 000	29 400	
	车间管理人员工资	22 000	3 080	
行政管理人员工资		14 000	1 960	
合计		704 250	98 595	

资料 7　固定资产折旧费用计算表见表综 3-5。

表综 3-5　固定资产折旧费用计算表

单位:元

项目	应计提折旧固定资产原值	月综合折旧率	月折旧额
第一车间	2 400 000		9 600
第二车间	2 500 000		10 000
第三车间	1 080 000		4 320
管理部门	4 000 000		16 000
合计	9 980 000	0.4%	39 920

资料 8　各车间发生其他支出(假设均用银行存款支付)如表综 3-6 所示。

表综 3-6　其他费用汇总表

单位:元

项目	差旅费	办公费	水电费	其他	合计
第一车间	1 200	2 100	1 600	1 600	6 500
第二车间	1 650	4 000	1 800	2 300	9 750

续表

项目	差旅费	办公费	水电费	其他	合计
第三车间	3 200	4 400	3 000	1 760	12 360
合计	6 050	10 500	6 400	5 660	28 610

资料 9 财产保险费用分配表见表综 3-7。

表综 3-7 财产保险费用分配表

单位:元

车间类别 应贷科目	第一车间	第二车间	第三车间	合计
预付账款	1 060	940	1 150	3 150

(二) 实训要求

分配率保留四位小数,金额保留两位小数,还原分配率保留六位小数。

1. 设制造费用明细账、基本生产成本明细账、自制半成品明细账并登记期初余额。
2. 根据各费用分配表,编制记账凭证,登记制造费用和基本生产成本明细账。
3. 按要求计算各步骤半成品或产成品成本并编制记账凭证。
6. 进行成本还原。

(三) 填制表格

填制表综 3-8 至表综 3-15。

表综 3-8 自制半成品明细账

半成品名称:A

单位:元

月	日	摘要	收入		发出		结存		
			数量	金额	数量	金额	数量	单价	金额
8	1	月初结存					125	912	114 000

表综 3-9 制造费用明细账

车间名称:第一车间

单位:元

月	日	摘要	材料费	工资	福利费	水电费	折旧费	办公费	差旅费	保险费	其他	合计

续表

月	日	摘要	材料费	工资	福利费	水电费	折旧费	办公费	差旅费	保险费	其他	合计

表综 3-10　制造费用明细账

车间名称:第二车间　　　　单位:元

月	日	摘要	材料费	工资	福利费	水电费	折旧费	办公费	差旅费	保险费	其他	合计

表综 3-11　制造费用明细账

车间名称:第三车间　　　　单位:元

月	日	摘要	材料费	工资	福利费	水电费	折旧费	办公费	差旅费	保险费	其他	合计

续表

月	日	摘要	材料费	工资	福利费	水电费	折旧费	办公费	差旅费	保险费	其他	合计

表综 3-12　第一车间产品成本计算单(半成品 A)

产品数量：

月末在产品数量：

单位：元

月	日	摘要	直接材料	直接人工	制造费用	合计

表综 3-13　第二车间产品成本计算单(半成品 B)

完工产品数量：

月末在产品数量：

单位：元

月	日	摘要	自制半成品	直接人工	制造费用	合计

续表

月	日	摘要	自制半成品	直接人工	制造费用	合计

表综 3-14　第三车间产品成本计算单(产成品甲)

完工产品数量:

月末在产品数量:

单位:元

月	日	摘要	自制半成品	直接人工	制造费用	合计

表综 3-15　产品成本还原计算表

单位:元

项目	产量(件)	还原分配率	自制半成品	直接材料	直接人工	制造费用	合计
1.还原前产成品成本							
2.第二步骤所产半成品成本							
3.第一次成本还原							
4.第一步骤所产半成品成本							
5.第二次成本还原							
6.还原后产成品总成本							
7.还原后产成品单位成本							

参考文献

[1] 任月君.成本会计[M].北京:清华大学出版社,2014.
[2] 喻晶.成本会计[M].北京:机械工业出版社,2015.
[3] 蒋国发.成本会计[M].2版.北京:清华大学出版社,2010.
[4] 郭春林.成本会计[M].南京:南京大学出版社,2010.
[5] 宋建琦.成本会计[M].天津:天津大学出版社,2011.
[6] 方清.成本会计[M].长春:东北师范大学出版社,2011.
[7] 胡中艾,蒋小芸.成本核算[M].北京:高等教育出版社,2011.
[8] 江希和,向有才.成本会计教程与案例[M].上海:立信会计出版社,2009.
[9] 万寿义,任月君.成本会计[M].3版.大连:东北财经大学出版社,2013.
[10] 林志宏.成本会计[M].成都:西南财经大学出版社,2010.
[11] 杨全德.成本会计实务[M].苏州:苏州大学出版社,2014.
[12] 丁增稳,凌学军,刘颖.成本会计实务[M].北京:电子工业出版社,2017.